生物魚尾獅到底是啥米碗糕◎新加坡人常以魚尾獅指稱嘔吐的地方◎你能找到新加坡所有的魚
？◎開放賭權，世上大概沒有其他國家訂出這麼多規矩◎想在濱海灣金沙酒店的無邊際泳池游
快去訂房吧！◎看來新加坡人真的很喜歡在高樓頂上開趴
◎進入賭場之前，你得注意這些事◎什麼？濱海灣花
好看而已◎新加坡摩天觀景輪，你想怎麼搭？◎新加

必體驗：去財富之泉沾沾財氣◎衝啊~新加坡F1大獎賽◎新加坡環球影城門票是到了現場買，還
在網路上買好呢？◎中國城為什麼會叫牛車水這種怪名字？◎什麼是紅頭巾？誰又是媽姐？◎
坡獨特的店屋建築◎牛　　　　　　　　　　　　　　　　　　　　車水老街，老店掃街地圖攻略
別一次買太多，因為你　　　　　　　　　　　　　　　　　　還是得在當地吃完！◎買紀念
便鍛鍊殺價功力◎娘　　　　　　　　　　　　　　　　　　惹、峇峇，土生華人到底算不
在專人解說下看展，更　　　　　　　　　　　　　　　　能體會其中奧妙◎新加坡最
規劃，居然只有一位建　　　　　　　　　　　　　　　　築師！◎滿街都是萊佛士，
是萊佛士？◎你一定不　　　　　　　　　　　　　　　會對加文納橋畔的銅雕視而
因為實在太有意思了◎　　　　　　　　　　　　　　在酒吧區裡搞彈跳，是要讓
快嗎？◎一年中最好的　　　　　　　　　　　　　購物時間點：新加坡熱賣會

新加坡

濱海灣 聖淘沙
新加坡河岸

39 City Target

坡也有黑店？◎24小時的百貨公司？在哪裡？◎不同文化匯聚衝擊，引爆不可思議的超現實感◎
人早餐都吃些什麼？◎小販中心桌上的衛生紙，可別隨便拿啊！◎新加坡人的華語，為何有些單
；老一輩新加坡人的英語，又豈止是單字聽不懂◎在新加坡，到處都有外幣兌換處◎星耀樟宜
個停車場！◎驚!西元2000年才被新加坡政府發現的自然寶藏◎Kopi-O？Kopi-C？來學學在地
咖啡◎謎樣生物魚尾獅到底是啥米碗糕◎新加坡人常以魚尾獅指稱嘔吐的地方◎你能找到新
的魚尾獅嗎？◎開放賭權，世上大概沒有其他國家訂出這麼多規矩◎想在濱海灣金沙酒店的
池游泳，趕快去訂房吧！◎看來新加坡人真的很喜歡在高樓頂上開趴◎金沙酒店一號塔樓的傾
實暗藏風水◎進入賭場之前，你得注意這些事◎什麼？濱海灣花園有野生水獺！◎濱海灣花園
樹可不只是好看而已◎新加坡摩天觀景輪，你想怎麼搭？◎新加坡摩天觀景輪的數字藏有奧
坡接地氣的必體驗：去財富之泉沾沾

MOOK

財氣◎衝啊~新加坡F1大獎賽◎新加坡
門票是到了現場買，還是事先在網路上買好呢？◎中國城為什麼會叫牛車水這種怪名字？◎什
巾？誰又是媽姐？◎欣賞新加坡獨特的店屋建築◎牛車水老街，老店掃街地圖攻略◎肉乾別
，因為你還是得在當地吃完！◎買紀念品時順便鍛鍊殺價功力◎娘惹、峇峇，土生華人到底算不
在專人解說下看展，更能體會其中奧妙◎新加坡最初的城市規劃，居然只有一位建築師！◎滿

新加坡

濱海灣 聖淘沙
新加坡河岸

39 City Target

Contents

本書所提供的各項可能變動性資訊,如交通、時間、價格(含票價)、地址、電話、網址,係以2024年7月前所收集的為準,如果你在旅行中發現資訊已更動,或是有任何內文或地圖需要修正的地方,歡迎隨時指正和批評。你可以透過下列方式告訴我們:

寫信: 115台北市南港區昆陽街16號7樓 MOOK編輯部收
傳真: 02-25007796
E-mail: mook_service@hmg.com.

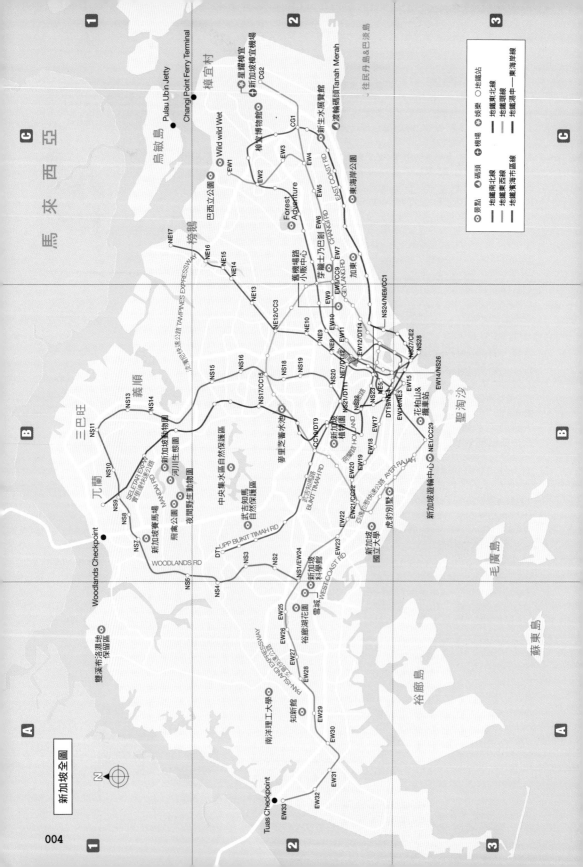

航向新加坡的偉大航道

護照辦理

什麼狀況下需要辦？

1.未持有護照　2.護照效期不足6個月時

哪裡辦？

◎外交部領事事務局

⌖台北市濟南路一段2之2號3~5樓(中央聯合辦公大樓北棟) ☏(02) 2343-2888(總機)、(02) 2343-2807~8(護照查詢專線) ⏰週一至週五08:30~17:00，週三延長至20:00，以下各區辦事處皆同。 🌐www.boca.gov.tw

◎外交部中部辦事處

⌖台中市黎明路二段503號1樓(行政院中部聯合服務中心廉明樓) ☏(04) 2251-0799

◎外交部雲嘉南辦事處

⌖嘉義市東區吳鳳北路184號2樓之1 ☏(05)225-1567

◎外交部南部辦事處

⌖高雄市苓雅區政南街6號3~4樓 ☏(07) 715-6600

◎外交部東部辦事處

⌖花蓮市中山路371號6樓 ☏(03) 833-1041

簽證

凡持中華民國護照(有效期限6個月以上)，可免簽證入境新加坡，唯停留時間以30天為限。若計畫待在新加坡超過30天以上者，請前往新加坡駐台北商務辦事處辦理相關簽證。

◎ 新加坡駐台北商務辦事處

⌖臺北市大安區仁愛路四段85號9樓

☏(02) 2772-1940 🌐www.mfa.gov.sg/taipei

旅遊諮詢

新加坡旅遊局

新加坡旅遊局(Singapore Tourism Board)官網上的資訊非常豐富，除了介紹當地的歷史文化、景點、餐飲購物、節慶活動和住宿種類等，還囊括交通指南和各類應用程式的下載，並詳列所有旅客諮詢中心的位置與電話，適合出發前做行程規劃參考。

⌖1 Orchard Spring Lane ☏新加坡境內免付費電話：1-800-736-2000 🌐www.visitsingapore.com

飛往新加坡的航空公司

從桃園機場直飛新加坡的航空公司，包括新航、長榮、華航、星宇、酷航，單程飛行時間約4小時30分鐘。詳細班機時刻請洽各航空公司或上官網查詢。

航空公司	電話	網址
新加坡航空	(02)7750-7708	www.singaporeair.com
中華航空	(02)412-9000	www.china-airlines.com
長榮航空	(02)2501-1999	www.evaair.com
星宇航空	(02)2791-1199	www.starlux-airlines.com
酷航	(02)7753-5370	www.flyscoot.com

填寫電子入境卡

所有旅客抵達新加坡時，必須填妥新加坡電子入境卡（SG Arrival Card）才能通關。可在出發前三天事先前往官方網站免費填寫；如果來不及提前填寫，可在抵達樟宜機場後，在通關

大廳旁的櫃台電腦填寫，但經常需要排隊，等候時間較長。

◎移民與檢驗站管理局

🌐 eservices.ica.gov.sg/sgarrivalcard

從樟宜機場進入市區

從新加坡樟宜機場前往市區的方式眾多，包括地鐵、公車、計程車及機場巴士等，可斟酌個人需求來選擇。

◎ 樟宜機場 Changi Airport (機場代碼SIN)

🌐 www.changiairport.com

地鐵

如果下榻的旅館距離地鐵站不遠，那麼搭乘地鐵絕對又快又省錢。樟宜機場地鐵站(CG2, Changi Airport)可由第二、三航廈步行抵達，如果班機由第一航廈入境，必須搭乘免費的輕軌列車(Skytrain)前往第二航廈。

從樟宜機場地鐵站乘坐樟宜機場支線(Changi Airport Branch Line)有兩種選擇：一是搭到丹那美拉站(EW4, Tanah Merah)下車，在相同月台的另一邊轉搭東西線，可前往市區。二是搭到博覽站(CG1/DT35, Expo)下車，轉搭濱海市區線，可前往市區各站。

💲依搭乘距離遠近而不同，票價約1.3~2.4元。

🕐05:31~23:18 (週日05:59起)

機場巴士

機場轉乘巴士的價錢比計程車便宜，在四座航廈的入境大廳1樓均設有櫃台(第一航廈在地下樓)，旅客可到Ground Transport Concierge登記候車，城市大巴(City Shuttle)行駛路線涵蓋新加坡大多數飯店，市區車程約25分鐘。另有4人座和7人座轎車，可前往任何地點。

💲City Shuttle成人10元、12歲以下7元；4人座每趟55元，7人座每趟60元。

飯店巴士

如果是向航空公司購買「機票＋酒店」的自由行產品，產品中即提供了機場至飯店的來回接送服務。如果機票與飯店是分開來訂購，記得事先詢問飯店或旅行社是否有提供接送。

公車

樟宜機場在第一、二、三航廈的地下樓設有公車站牌，第四航廈的站牌位於停車場4B旁，皆可搭乘36號公車前往烏節路、市政區、濱海灣等地，平均10分鐘一班。

💲依搭乘距離遠近而異，票價約1.09~2.4元。

🕐約06:00~23:58

❶可在樟宜機場地鐵站購買ez-link Card或新加坡遊客通行卡，上車刷卡；若要上車付現，請準備剛好的車資，因為車上不找零錢。

計程車

在所有航廈的入境大廳1樓可找到計程車招呼站 (Taxi Stand)。新加坡的計程車一律以跳表計費，開往市區的價格除車資外，需另外收取機場附加費 (Airport taxi surcharge) 6元，如果在17:00過後搭乘，則加收8元。計程車的跳表規格與機場附加費皆有公開的固定準則，旅客可安心乘坐。

💲依地點遠近、車種和計程車公司而不同，約新幣25~53元。

私人租車

可以從Apple Store或Google Play，免費下載Grab、Gojek、TADA、CDG Zig或ryde等私人叫車服務的應用程式，進行預約；或從機場入境大廳豎立的QR code看板直接掃描和預訂，再前往入境大廳候車處搭乘。

新加坡行前教育懶人包

基本旅遊資訊

正式國名
新加坡共和國 (Republic of Singapore)

地理位置
位於馬來半島最南端,鄰近馬六甲海峽南口,其南面以新加坡海峽與印尼相隔,北面隔著柔佛海峽與馬來西亞相望,新馬兩岸之間由一條長堤緊密連接。

面積:約718平方公里

人口:約568多萬人

種族
由眾多種族組成,華人約佔74.2%,馬來人約佔13.4%,印度人約佔9.2%,歐亞混血及土生華人約佔3.3%。

宗教
信仰佛教的人口最多,約佔33.3%,信徒基本上都是華人;穆斯林佔人口的14%;基督教則佔18%;信奉道教的人口約為總人口的10%;印度教徒佔總人口的5%,約8萬多人。

語言
英語、華語、馬來語、淡米爾語是新加坡四大主要語言,國語為馬來語(Bahasa Melayu),而英語是對外的官方語言,使用最為普遍,淡米爾語則是印度裔常用的語言。除了英語和華語,新加坡華人平日也會以福建、海南、廣東或潮州等家鄉話交談。

時差:新加坡時間與台灣時間相同,無時差。

電壓:220~240V,50HZ。插座為3孔扁型。

貨幣及匯率
新加坡貨幣單位為Singapore Dollar,簡寫成SGD。1台幣≒0.042新加坡幣、1新加坡幣≒23.9台幣(匯率僅供參考)。紙鈔面額有2、5、10、50、100、1,000、10,000元,硬幣則有1分、5分、10分、20分、50分、1元。

電話
台灣撥打新加坡:002-65-電話號碼

新加坡打回台灣:001-886-區域號碼(去0)+電話號碼

(若以手機撥打,可用「+」來代替國際冠碼002或001)

氣候
新加坡地理位置接近赤道,屬熱帶海洋性氣候,溫暖潮溼,全年如夏,溫度約在24~32℃之間。12至3月東北季風盛行,雨季約在11至1月;6至9月受西南季風影響,氣候較為乾燥,午後時有短暫雷陣雨,夜晚均涼爽舒適。

吃飯時可能會遇到的事

歡迎光臨小販中心
玩新加坡怎能不去小販中心?如果說各類型美食是一首首單曲,小販中心就是一整張精選集。

在小販中心(又稱為熟食中心)用餐時,有時會有服務人員主動來座位詢問「要不要喝水」,其中「水」為飲料的意思,可以點罐裝飲料或是咖啡、紅茶、薏米水、馬蹄水等,當然也可以選擇不點。點餐時店家可能會問是要「吃的還是包的(打包)」,意思是要內用或是外帶,當地人也常簡化成「吃」、「包」。若要外帶的話,部分店家會酌收約0.2元左右的餐具費用。

新加坡的佔位文化
在小販中心看到桌上留有面紙等物品的話,千

萬別傻傻地拿起來用，這可不是店家的貼心準備，而是其他客人「Chope」用的。Chope在新加坡式英語中有「佔位」的意思，新加坡人在小販中心用餐時，大多習慣先佔位再去排隊點餐，最常拿來佔位子的就是面紙了。總而言之，只要在桌上或座位上看到有私人物品時，就表示這個位子已經有人捷足先登了。

衛生環境分級

在新加坡，無論是餐廳、超市、小販中心內的攤販等，只要是販售或加工食品的店家，都必須申請國家環境局的檢查評估，評比結果分為ABCD四個等級，A級分數為85以上，B為70～84，C為50～69，D為40～49，可作為選擇餐廳的參考。

沒有白用的濕紙巾

新加坡的餐飲店大多不提供紙巾，不過在販售肉骨茶、海鮮的餐館，客人入座後，服務人員除了遞上菜單、餐具外，還會一併送上濕紙巾、花生等小菜或茶水，而這些都是要付費的！濕紙巾一個約0.2～0.4元不等，有些店家直接算在費用內，即使退掉還是照樣收費，有些店家則是退還後即不計入帳單。記得詢問清楚，如果不需要可直接請店員收走，結帳時也別忘了確認帳單上這些項目是否已被扣除。

用餐的消費稅與服務費

在餐廳、酒吧等處用餐時，通常會看到菜單上的金額後面加上「++」符號，或是在菜單的最底下標註，譬如「$24.80++」。這是因為菜單上所列的價格並不含消費稅(GST)，因此結帳金額還要再加上7%，而有些餐廳還要另外再加收10%的服務費，用餐前可先計算一下是否超出預算。至於外帶則不加收服務費。

在少數情況下，你甚至會看到「+++」，這是在消費稅和服務費外，還要加上1%的政府稅金。而商品價錢若是標註「nett」，則代表沒有額外費用，菜單上的數字就是你實際買單的價錢。

在新加坡要給小費嗎？

答案是不用。

除非你真的對服務感動得痛哭流涕，覺得不給會對不起良心的話，那麼留下找零的零錢也就足夠了。

22:30之後禁止在公眾場所飲酒！

自2015年起，新加坡政府規定22:30至隔天早上07:00，在公共場所(包括小販中心、公園、海灘等)禁止喝酒，此時間內就連零售商、超市也禁止販售酒精飲品，違法者最高可處新幣1000元罰款，但酒吧、餐廳、咖啡廳等則不在此限。

被列為禁酒區的小印度、芽籠的規定更是嚴苛，除了上述管制外，從週六07:00到週一07:00之間、國定假日前夕19:00到國定假日隔天早上07:00，也禁止在公共場所飲酒，店家在國定假日前夕與當天也不可售酒；在這兩區違法飲酒者，罰鍰更是其他區域的1.5倍。

旅行中可能會遇到的事

到處都有外幣兌換處

不像台灣只能去銀行兌換外幣，新加坡幾乎到處都可以換錢，無論是百貨公司、大型商場、景點區等，都可看到寫著大大「Money Exchange」的兌換處，不僅數量多，營業時間也很長。不過每家的匯率不太一樣，且不一定都可用台幣兌換，如果需要換錢的話，建議先多家比價，並選擇百貨公司內或人潮較多的匯兌所比較安心。像是牛車水的珍珠坊、烏節路上的Lucky Plaza、「Raffles Place」地鐵站的The Arcade皆有多間匯兌所聚集，匯率也不錯，建議可來此比價後再換錢。

手機預付SIM卡

如果在當地必須經常撥打電話和收發簡訊，可以在機場四大航廈、超市、便利商店、通訊行和電信公司的零售櫃台等處，購買短期使用的手機預付SIM卡，售價依天數和使用量而不同。而新加坡的三大電信業者為Singtel、StarHub與M1。

突然想要上廁所

新加坡的百貨公司、觀光景點、地鐵站都設有免費洗手間，有些地鐵站的洗手間不是在地下樓層，而是設於地面樓層。稍具規模的小販中心同樣也有洗手間，不過有些必須付費才可使用，價格約0.1～0.2元不等。

新加坡買東西可以殺價嗎？

在觀光區如牛車水老街、小印度拱廊等地的紀

念品店與攤販,賣的東西有不少是工廠製作,像是迷你的魚尾獅像、蘭花造型配件、金沙酒店造型擺飾等,像這類全新加坡都買得到、專門賣給觀光客的紀念品,基本上是可以討價還價的,因此不用猶豫,給他殺下去就對了!

不同於台灣的地鐵體驗

新加坡地鐵雖然跟台灣的捷運差不多,但仍有許多讓台灣人不適應的地方。首先是其電扶梯速度飛快,每秒0.75公尺,甚至比香港的還要快;其次,在新加坡搭乘電扶梯要靠左側站立,將右側空出來供他人通行,與台灣人的習慣剛好相反;而最令人不舒服的是有些人沒有先下後上、排隊上車的觀念,即使排隊站在第一個,門一開還是會有人突然冒出來插隊。除此之外,地鐵各線之間的轉乘距離通常都不短,有些差了好幾個樓層,有些則距離長到設有電動步道,在規劃行程時記得將轉乘時間考慮進去。

在新加坡要避免的行為

新加坡是個「Fine City」,既是美好城市,同時也是個罰款城市,從隨處可見的No標誌就略知一二。使用公共廁所後不沖水、亂丟垃圾、在禁菸處抽菸、在公共場所吐痰、餵鳥、穿越馬路、帶口香糖入境或販售口香糖等都要罰錢。而破壞公物(包含塗鴉、噴漆等)在新加坡是很嚴重的罪,除了坐牢還要鞭刑伺候,千萬不要以身試法。不過遊客也無須擔心,只要維持基本禮儀都不會有事。

水龍頭的生水可以喝嗎?

新加坡的自來水符合世界衛生組織WHO的飲用水水質標準,水龍頭的水一打開即可直接飲用。若不習慣的話可先煮開,或是在超市、便利商店購買瓶裝水,價格依販售地點、品牌而略有差異。

若不幸發生緊急事故

旅外國人急難救助全球免付費專線:001-800-0885-0885 (在新加坡,市話限SingTel公司的客戶免費撥打,公共電話限SingTel卡式公共電話,當地申辦之手機需先在SingTel註冊)

中華民國旅外國人緊急服務專線:+886-800-085-095 (國外撥打回國須自付國際電話費用)

◎駐新加坡台北代表處:

⌂460 Alexandra Rd #23-00, PSA Building, Singapore 119963

☎(+65) 6500-0100、急難救助專線(+65) 9638-9436

當地報案電話:999

緊急救護服務:995

有沒有推薦的觀光導覽行程?

介紹幾個適合遊客搭乘的觀光交通工具:

◎鴨子船 Duck Tours

利用越戰時期美軍的兩棲作戰船改裝而成,既可在馬路上行駛,又能在水面上航行,完美結合「遊城」與「遊港」的概念。路線行經魚尾獅公園、財富之泉、新加坡摩天觀景輪、濱海藝術中心與市政區等。

⌂售票處和乘車處:BIG BUS & DUCK Tourist Hub, Suntec City Tower 2, #01-K8 ☎6338-6877 ◷10:00~18:00,每小時出發。 ⑤成人45元,2~12歲兒童35元,2歲以下15元。另推出其他套票優惠行程,請查詢官網。 🌐www.ducktours.com.sg ❶建議事先上網預約

◎Big Bus Tours

坐上敞篷的雙層觀光巴士，周圍景觀一覽無遺。只要購買Big Bus Tours一日票，即可在指定路線的任何站牌無限次上下車，參觀市區景點、歷史文化街區，每25~40分鐘一班車。另有推出Night City Tour，18:15從新達城出發，暢遊濱海堤壩，拜訪老巴剎享用沙嗲，觀賞濱海灣花園音樂聲光秀，最後在克拉碼頭或烏節路下車，體驗夜生活和購物。導遊隨車解說，全程約3小時。

ⓐ售票處位於3 Temasek Boulevard #01-K8 Suntec City Mall, Tower 2 ☎(65)6338-6877 ⓢBig Bus Tours（紅線或黃線二選一）：1日票成人45元、2~12歲兒童37元、2歲以下免費。Night city Tour：1日票成人38.7元、2~12歲兒童32.4元、2歲以下免費。以上為官網優惠價。 ⓦwww.bigbustours.com/en/singapore/singapore-bus-tours

◎新加坡遊河之旅 Singapore River Cruise

搭乘昔日載運貨物的駁船（Bumboat），航行於新加坡河與濱海灣一帶，無疑是飽覽新加坡水上風情最熱門的方式。「Singapore River Experience」遊河行程歷時40分鐘，航行於克拉碼頭、駁船碼頭及濱海灣一帶。

ⓐ售票及登船處位於克拉碼頭 ☎6336-6111 ⓞ週一至週四13:00~22:00、週五至週日10:00~22:30。 ⓢSingapore River Experience：航程約40分鐘，成人28元、3~12歲18元。 ⓦwww.rivercruise.com.sg

◎新加坡主題散步之旅

由Journeys Pte Ltd推出「The Original Singapore Walks」，帶領遊客步行探索市政區、甘榜格南、牛車水、小印度等歷史景區，以及造訪樟宜博物館、地獄博物館和福康寧山等行程。

請上網查詢時間、價格和集合地點，會有專業解說員帶你展開行程。此外，Let's Go Tour公司也推出三大歷史區域散步行程以及單車、美食和烹飪等多種主題之旅，專業導遊解說，2人即可成行。

ⓦwww.journeys.com.sg、www.letsgotoursingapore.com
ⓘ時間價格偶有變動，請提前上網確認資訊。

新加坡購物可以退稅嗎？

在新加坡買東西都要另外收取8%的消費稅（簡稱GST），但旅客在貼有「Tax Free」或「Tax Refund」的同一家商店消費滿新幣100元即可享有退稅。許多沒貼免稅標誌的小商店也有各自的退稅方案，記得向店家詢問。退稅方式如下：

透過遊客電子退稅計畫(eTRS)：只要消費商家有加入此系統，就能以同一張信用卡消費，作為各項消費的憑證。消費後向商家索取eTRS票據和原始發票，離境前即可至機場的GST Refund專區，透過eTRS自助服務機自行辦理退稅。如選擇將稅款退還到信用卡者可直接登機，無需再辦理任何手續，退款將於10內退至指定的信用卡；如選擇現金退稅，請到候機中轉大廳的GST Cash Refund Counter領取退還的現金。自2013年起，eTRS已完全取代填寫表格的做法，遊客現在無需再填寫不同商店的各種表格。

與新加坡人溝通
新加坡式華語的特殊用法

在新加坡，使用華語幾乎可以跟華人溝通無礙，不過由於新加坡的多元背景，語源複雜，有時還是會碰上讓人一頭霧水或是需要多思考三秒鐘的情形。像是如果有人說現在是一點三個字，就表示現在時間為一點十五分，其中的「字」即代表五分鐘，這是源自粵語；另外由於閩南話的緣故，這裡也習慣用「拜」來表示「星期」，像是「拜二」即是「星期二」；而在描述多位數的數字時，又接近英語的用法，一萬習慣講「十千」，十萬則說成「一百千」。

以下介紹幾個常見的新加坡式華語單字，下次到當地旅遊時不妨講講看吧！

新加坡式華語	意思
水	飲料
水草(較常使用英文Straw)	吸管
羅里(源自英文Lorry)	卡車、貨車
子袋	袋子
樂齡人士	銀髮族
巴剎(源自馬來文Pasar)	菜市場
沖涼(源自廣東話)	洗澡
還錢	結帳、付款
黃梨	鳳梨
做工	工作、上班
巴仙(源自英文Percent)	百分比
固本(源自英文Coupon)	折價券
散錢	零錢
看戲	看電影
安哥(源自英文Uncle)	(上了年紀的)叔叔
安娣(源自英文Aunty)	(上了年紀的)阿姨

新加坡式英語：Singlish

Singlish參雜了福建話、馬來語、華語、粵語、淡米爾語等方言用字，充分反映出文化多樣性，其中有些用字更被納入牛津英語大辭典中。此外，星式英語音調的抑揚頓挫、文法結構、發音也自成一格，是新加坡的一大特色，以下介紹幾個常見的詞彙：

新加坡式英語	意思
Bo Jio	福建話發音為「沒招」，表示沒有相約、沒有邀請。
Jialat	福建話發音為「吃力」，表示糟糕了、慘了。
Boh Liao	福建話發音為「無聊」，表示吃飽太閒。
Blur	源自英語，發音似「ㄅ嘞」，表示糊塗、迷糊。
Sian	福建話發音為「閒」，表示無聊。
Buay Tahan	Buay源自福建話「袂」，Tahan源自馬來語，表示受不了。
Makan	源自馬來語，意指「吃」或「食物」。
Alamak	源自馬來語，意指「慘了」，有絕望的語氣。
Boleh	源自馬來語，意指「可以」、「能否」。
Hau Lian	福建話發音為「好練」，意指囂張。
Shiok	源自馬來語，表示「爽」。
Wet Market	意指傳統市場。
Ang Moh	福建話發音為「紅毛」，指西方人、洋人。
Wah Lau	福建話發音為「哇咾」，驚訝時的感嘆詞，表示哇靠、天哪。
Die Die Must Try	Die Die為福建話融合英文，意指「打死都要」，表示無論如何都要吃或嘗試。

畫龍點睛的星式英語語助詞

Singlish最有趣的就是那些獨特的感嘆詞，在同一句話的句末加上Lah、Meh、Leh等字眼，意思便完全不一樣。想入門星式英語的話，不妨就從這些語助詞開始學起吧！

語助詞	意思
Lah	句末語助詞，相當於華語的「啦」，沒有特別的涵義，有強調的作用，且讓聽者感覺比較親切。
Meh	反問性語助詞，表示「咩」，用於表達疑問。
Leh	用於祈使句及疑問句的句末語助詞，表示「咧」，有軟化語句口氣的作用。
Lor	句末語助詞，相當於華語的「囉」，用於強調所敘述的狀況，並且含有「一定會如此」的態度。
Hah	相當於閩南語的「蛤」，表示懷疑或疑問。
Hor	語氣助詞，用於徵求聽話者的同意、同感。

新加坡人的日常日活
新加坡人早餐吃什麼？

除了知名的咖椰吐司與半熟蛋外，新加坡人的早餐選擇其實相當多樣。外食族的簡便選擇有麵包、便利商店的微波食品，在小販中心則可點份便宜的經濟米粉、麵等(多見於住宅區與辦公區)，最便宜1元即可吃到，還可加點荷包蛋、炸雞翅等配菜。另外也常吃叻沙、椰漿飯、湯麵等。到了週末想吃頓豐盛的話，點心是最受歡迎的選擇，點個糯米雞、豬腸粉、燒賣、大包、粉蒸排骨，全家人一起享用。而最常搭配的飲料就是咖啡、茶和美祿。

新加坡肉骨茶 vs. 馬來西亞肉骨茶

肉骨茶分為幾種流派，在新加坡流行潮州派，湯頭顏色較為清澈，喝來有很重的白胡椒或大蒜味。馬來西亞則流行福建派，因為湯底用黑醬油調味，顏色較深，喝來有濃郁的藥材味，還可加點蘑菇、金針菇、豬肚等放在湯裡面。馬來西亞肉骨茶在新加坡比較少見，有興趣的話可以到聖淘沙的馬來西亞美食街品嚐看看。

新加坡的水源

新加坡淡水資源嚴重不足，過去高度依賴馬來西亞進口，在連結兩國的新柔長堤旁，即設有白色的輸水道。新加坡當局從建國以來便積極開

關水源，如今已發展出其他3種水源管道：雨水、新生水NEWater與淡化海水，其中新生水約佔30%，淡化海水約為25%，目標在2061年與馬來西亞供水合約結束前，要達到水資源100%自給自足。

新加坡開車大不易

為了解決交通堵塞，新加坡不僅發展四通八達的大眾運輸系統，還祭出許多政策以抑制汽車數量。首先，買車前需先向政府申請，並由車商競標數量有限的擁車證COE，使用效期為十年，而汽車售價（含擁車證費用）約為台灣的2～3倍多。開車上路後，還要面對比台灣高2倍的油價、牌照稅、主要道路徵收的過路費等，在新加坡開車幾乎是種奢侈。

市區道路上的ERP奇景

新加坡於1998年開始實施電子道路收費系統ERP，藉由徵收擁堵費的方式紓解市區交通。目前大約有80道門架，設於中心商業區的平面道路、高速公路等處，收費依不同道路、車種、時段、擁擠程度而有所不同，每通過一道門架即須收費一次，當行經門架密集的烏節路等幹道時，過路費更是可觀，因此有人將ERP戲稱為「Everyday Rob People」。由於ERP只在交通繁忙時段計費，所以每到收費時段即將結束時，在ERP的門架附近常會看到刻意龜速的車陣，希望能藉此逃過一劫。

政府組屋

為了讓新加坡公民與永久居民擁有自己的住所，政府推出了組屋HDB，相當於台灣的公共住宅，由政府規劃、發標興建。新加坡有超過八成民眾住在組屋內，常見類型為三房式或四房式，使用權為99年。因組屋買賣有所限制，像是每個家庭限購1間、購入後要住滿5年才可轉售等，加上申請新組屋BTO (Build-To-Order)更有身分與收入的限制，因此得以將房價控制在合理範圍內。

新加坡的萬國旗奇景

旅途中如果經過住宅區，一定會看到家家戶戶用竹竿或鋁竿把衣服撐出窗外晾曬的奇景，因為新加坡組屋幾乎沒有陽台，空間也比較狹小，所以便有了這個奇妙的設計。將衣服掛在曬衣竿上，用夾子固定後，即可將桿子伸出去插在支撐口中，不僅通風又可曬太陽，衣服很快就能晾乾。由於每次這樣曬衣服也挺費力，於是也有許多人選擇在室內窗口旁或門口晾衣。

無所不在的警察人形立牌

在各大超市與商場門口，幾乎都可見到寫著「Shop Theft Is A Crime」的警察人形立牌，從2014年推出至今，已在全島設置超過800座，藉以嚇阻宵小行竊，若有竊案發生，也會公告於立牌上。這位被譽為新加坡最帥警員的許穎昭，帥氣外型讓他在網路上爆紅，甚至還曾出演電視劇，2016年傳出婚訊時不僅被各家媒體大肆報導，更讓一票女粉絲心碎不已。

新加坡簡史年表

1325年：龍牙門遣使至元朝，龍牙門可能就在今日的新加坡。

1330年：航海家汪大淵著《島夷志略》，將這座小島稱為「淡馬錫(Temasek)」。

14~16世紀：小島先後成為暹羅、滿者伯夷、馬六甲、柔佛的領土。

1819年：英屬東印度公司的史丹福‧萊佛士在新加坡登陸，他與天猛公訂約，並擁立侯賽因當蘇丹，造成柔佛王朝分裂。

1824年：《英荷條約》瓜分南洋勢力，新加坡正式成為英國殖民地。

1826年：新加坡、麻六甲、檳城合併為海峽殖民地。

1867年：海峽殖民地成為英國的皇家殖民地。

1941年：馬來亞戰役，日本擊敗英軍，開始向新

加坡進攻。

1942年：英軍統帥白思華投降，日本佔領新加坡，並改名為「昭南島」。

1945年：日本戰敗投降，新加坡重歸英國。

1946年：海峽殖民地解散，新加坡成為直轄殖民地。

1948~1956年：新加坡經歷馬共威脅、政府改組、勞資衝突，社會動盪。

1958年：首席部長林有福與英國簽約，新加坡成為自治邦。

1959年：新加坡舉行大選，自治政府成立，末代總督顧德為元首，李光耀為首相，人民行動黨成為最大黨。

1961年：馬來西亞聯邦成立，李光耀技術性推動公投，使新加坡加入合併，但合併後的星馬，矛盾衝突不斷。

1964年：華人與馬來人在芽籠爆發大規模衝突，後續發展導致巫統與李光耀正式決裂。

1965年：馬來西亞將新加坡逐出聯邦，新加坡共和國被迫成立，尤索夫伊薩為總統，李光耀為首任總理。同年加入聯合國與大英國協。

1990年：吳作棟為第二任總理

2004年：李顯龍為第三任總理

2015年：李光耀與世長辭

2024年：李顯龍卸任，由黃循財接手第四任總理。

新加坡國定假日與節慶日曆

時間	節慶	備註
1月1日	元旦 New Year's day	國定假日，放假2天。
1月	印度豐收節 Pongal Festival	小印度，為期4天。
1月或2月	華人農曆新年 Chinese New Year 妝藝大遊行Chingay Parade 春到河畔River Hongbao	牛車水、濱海灣，國定假日(華人放假至初五)。
1月或2月	印度大寶森節 Thaipusam	小印度，為期2天。
4月(回曆9月)	開齋節Hari Raya Aidilfitri	芽籠士乃、甘榜格南，隔日為國定假日。
4月	耶穌受難日 Good Friday	國定假日
4月~5月	世界名廚高峰會 World Gourmet Summit	多個地點
5月1日	勞動節 Labour Day	國定假日
5月	衛塞節 Vesak Day	各大佛寺，國定假日。
5~7月	新加坡熱賣會 Great Singapore Sale	多個地點
5~6月	新加坡國際藝術節 Singapore International Festival of Arts	多個地點
6月	端午節Dragon Boat Festival	勿洛蓄水池
6月(回曆12月)	哈芝節 Hari Raya Haji	各大清真寺，國定假日。
7月	新加坡美食節 Singapore Food Festival	全島
8月9日	國慶日National Day	國定假日
8月或9月	中元節Hungry Ghost Festival	牛車水、華人區
9月	新加坡大賽車季 Grand Prix Season Singapore	濱海灣、市政區，為期3天。
9月或10月	中秋節Mid-Autumn Festival	牛車水
10月或11月	印度屠妖節 Deepavali	小印度，國定假日。
12月25日	聖誕節 Christmas Day	國定假日

※以上節慶的項目內容和日期，每年會有些許更動，請以當地公告時間為準。

新加坡市區交通

地鐵MRT

新加坡地鐵由陸路交通管理局規劃，自1987年開通至今，已有6條地鐵路線營運，分別交由新加坡地鐵公司(SMRT)和新捷運公司(SBS)經營，前者負責南北線、東西線、環線和湯申-東海岸線，後者負責東北線和濱海市區線。而在東北郊區的榜鵝、盛港以及西北郊區的武吉班讓，也有無人駕駛的輕軌系統LRT，方便當地居民進出。新加坡地鐵還有多條路線仍在興建與規劃，預計在2024至2027年間將陸續完工。

車票種類

「SimplyGo」是新加坡陸路交通管理局(Land Transport Authority)推出的便民措施，提供一系列交通電子支付選項，為通勤者帶來更多便利。將舊有的交通儲值卡全面升級為SimplyGo EZ-Link Card，對當地居民來說宛如電子錢包，只要下載EZ-Link應用程式註冊認證(類似實名制)，就能在手機或智慧型手錶上加值。

 新加坡地鐵相關資訊

🕐 地鐵營運時間大約05:30~00:50，但各路線和各路段略有不同，請事先上網確認，或下載應用程式：MyTransport.SG。
🌐 www.smrt.com.sg、www.sbstransit.com.sg

對於旅客來說，新加坡地鐵已不發行普通單程車票，目前搭乘地鐵的購票支付方式，包括：交通儲值卡(易通卡和萬捷通預付卡)、遊客通行卡、信用卡、手機行動支付共四種。無論使用哪一種方式，車資皆依照搭乘路程遠近計算，每趟1.09~2.37元。至於遊客通行卡，則在效期內可無限次數搭乘。

🌐 www.transitlink.com.sg

◎交通儲值卡Stored Value Travel Card

1.易通卡SimplyGo EZ-Link Cards

如果計畫在新加坡停留6天以上且乘坐大眾交通工具會超過8次，或者不想使用信用卡的旅客，建議購買一張易通卡(類似台灣的悠遊卡)，可持卡搭乘地鐵、公車、輕軌及部分計程車，有效期限為5年。卡片餘額若低於3元時，必須再加值才能繼續使用，每次加值最少10元。離開新加坡之前，將卡片拿到地鐵站的Ticket Office辦理退費，可取回沒用完的餘額，但要注意有5元為不可退的卡片費。

🔲 樟宜機場地鐵站內設有EZ-Link自動專賣機，可在此自行購買；或至各地鐵站內的SimplyGo Ticket Office窗口購買和加值，也可利用自動售票機加值。 💲每張卡10元(其中5元為不可退還的卡片費，其餘為加值車資)
🌐 www.ezlink.com.sg

2. 萬捷通預付卡NETS Prepaid Cards

這是當地人使用的多用途預付卡，可搭乘地鐵、公車、輕軌及部分計程車，也可在眾多指定商店、餐廳、超市和便利商店以卡消費，可消費的店家數量比易通卡多，有效期限為5年。適合搭乘地鐵和公車次數

非常頻繁的人。

⌂可至各大地鐵站內的SimplyGo Ticket Office或7-11購買和加值，或下載NETS App，直接在手機上加值。

💲每張卡10元(其中5元為不可退還的卡片費，其餘為加值車資) 🌐www.nets.com.sg

◎遊客通行卡Singapore Tourist Pass

1.新加坡遊客通行卡Singapore Tourist Pass

此卡適合短天數的遊客，提供1日、2日及3日卡三種選擇，購買後可於效期內無限次搭乘地鐵、公車、輕軌(不包括聖淘沙捷運、特快車或夜間巴士)，還能享有許多商店、餐廳的優惠。1日卡的使用期限為當天公共交通營運結束的時間，而2日卡與3日卡必須在連續天數內使用。

卡片費用含有10元押金，若在購卡後的6天內至各大SimplyGo Ticket Office退還卡片，便可領回押金，若想繼續使用，可在各地鐵站辦理加值。

⌂可至樟宜機場地鐵站內的自動售卡機(Automated STP Kiosks)購買，或前往指定地鐵站的SimplyGo Ticket Office購買，包括樟宜機場、烏節、牛車水、政府大廈、萊佛士坊、武吉士、麥士威、海灣舫、港灣、花拉公園等。 💲1日卡22元、2日卡29元、3日卡34元(價格適用於成人和身高超過90公分的兒童)，以上費用均含10元押金。 🌐www.thesingaporetouristpass.com.sg

2.新加坡旅遊卡SG Tourist Pass

由EZ-link公司和新加坡旅遊局合作推出的通行卡，僅提供3日卡，3天必須連續使用。購買後可於效期內無限次搭乘地鐵、公車、輕軌(不包括聖淘沙捷運、特快車或夜間巴士)，還能享有許多商店、餐廳的優惠。過期後的通行卡仍可加值繼續使用。卡片費用不含押金，倘若離境前卡內金額未用完，則無法退還餘額。

⌂可在樟宜機場四座航廈入境的便利商店Cheers購買

💲3日卡29元(適用於成人和身高超過90公分的兒童)

🌐www.thesingaporetouristpass.com.sg

◎手機行動支付

如果你的手機上有綁定Apple Pay、Google

Pay、Fitbit Pay或Samsung Pay等應用程式，乘車前只需開啟行動支付，就可以感應讀卡器直接進入閘門。這是最省時便利的支付方式，風險是萬一手機故障或沒電，就無法使用。

◎信用卡

如果搭乘地鐵和公車的次數不多，使用感應式信用卡最為方便，無須排隊購票或加值。只要你的信用卡卡片上印有「)))))」這個圖案，就是感應式信用卡，可在上下公車、進出地鐵閘門時，拿信用卡在讀卡器上輕觸，即可支付車資。如何判別在海外能否使用，可直接詢問Mastercard 或Visa，或上其官網查詢。

如果擔心自己的信用卡無法刷過，建議到地鐵站時先拿去自動售票機上，利用加值功能來判定能否使用。雖然刷卡即可搭乘，但提醒你許多信用卡銀行會收取海外交易手續費(額度每家不同)；同時，新加坡的SimplyGo也會每天酌收管理費(約新幣0.6元)。相關資訊可下載SimplyGo的App，或上網查詢。

🌐www.simplygo.com.sg

如何利用自動售票機加值

各大地鐵站裡的自動售票機，在三、四台之中通常只有一台會提供現金支付(Cash Accepted)，其他台則是以信用卡支付。因此在加值前，先預備好自己的付款方式。自動售票機以觸碰式螢幕操作，有華語頁面可以選擇，無需擔心語言問題。

1：當易通卡或遊客通行卡餘額不足時，先找到自動售票機，點選「華語」選項，將卡片放在中央下方的感應台或立式凹槽上。

2：點選螢幕裡的「充值」選項，會同時出現「現金

「(Cash)」和「信用卡 (Credit Card)」選項。無論選擇哪一種，都要先點選欲加值的金額（最少新幣10元），再從右上角輸入欲加值的紙鈔，或由螢幕右側的感應器以信用卡感應支付。

3：加值動作完成，即可移出卡片。

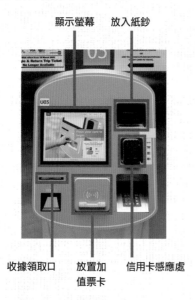

顯示螢幕　　放入紙鈔

收據領取口　放置加值票卡　信用卡感應處

如何搭乘新加坡地鐵

研究好地鐵地圖，選購好個人欲使用的票卡、信用卡或手機支付等方式，確認起站和目的地，準備進入站內搭乘地鐵。操作過程和在台北乘坐捷運差不多。

1：從顯示綠色箭頭的閘門進入。

2：持票卡、信用卡或手機支付頁面，在閘門右方的讀卡器上輕觸感應，待閘門自動開啟即可快速通過。

3：確認搭乘的路線方向，依箭頭標示，找到上車的月台。

新加坡地鐵乘車須知

新加坡地鐵和台北捷運一樣，車廂內不得抽煙、吃東西、喝飲料，違者將處以新幣500~5000元不等的罰款。另外要提醒你，可別大剌剌地帶著榴槤上車，雖然沒有明訂罰則，但在新加坡最好不要以身試法。

4：地鐵車廂內有行駛路線圖，每站停靠前也都會有廣播。

5：出站前，也要拿相同的票卡、信用卡或手機支付放在閘門旁的讀卡器上感應，閘門才會開啟。（進出站請使用同一張卡）

6：尋找最接近目的地的出口，出口大多數以英文字母標示（少數地鐵站以數字標示），可循指標前往。

公車(巴士)

新加坡的兩大客運公司分別是SBS與SMRT，路線遍及全島。站牌上除了有站名外，也寫有5位數的車站編號，部分公車上有顯示站名的電子跑馬燈，但新加坡人還是比較習慣看車站編號。另有巴士營運商Tower Transit和Go-Ahead Singapore，是近年才加入服務行列的客運公司。

若要上車投幣付現，請事先確認票價、備好車資，並告知司機，因為公車上不找零。最方便的方式是使用易通卡、信用卡或遊客通行卡，上、下車時各刷一次（必須刷同一張卡），還能享有票價優惠。建議下載NextBus、新加坡巴士通、SG BusLeh等應用程式，可搜尋公車路線和班車抵達時間。

🔵SBS境內免付費熱線1800-287-2727　💲依搭乘距離遠近而不同，票價約1.09~2.37元，付現車資約1.90~3元。　🌐www.sbstransit.com.sg、www.smrt.com.sg、www.towertransit.sg、www.go-aheadsingapore.com

計程車

新加坡的計程車稱為德士、Taxi或Cab，是方便舒適的交通工具之一。但計程車在中央商業區（CBD）的路邊並不能隨招隨停（尤其是距離公車站9公尺以內的範圍，以及地上畫有雙條黃色鋸齒線條的路邊），乘客必須到計程車招呼站排隊等候，招呼站多設於購物中心、飯店門口或觀光景點附近，一旦遇上週末假日或上下班尖峰時段，招呼站經常大排長龍仍然等不到車。

新加坡人通常會打電話叫車，或透過手機下載App來預約計程車或私家車，有車的話通常幾分

鐘內就可叫到，相當方便。

新加坡有5~6家計程車公司，常見的車身有藍色和黃色，綠色和紅色次之，計程車車資一律以跳表計價，費率依照不同公司和車型而有差異，一般分成普通計程車（Standard）和豪華計程車

（Premium），普通計程車起跳價4.1元起，賓士車的起跳價為3.9元、雪佛蘭的起跳價為3.6元、克萊斯勒的起跳價為5元，在所有計程車的後座或車窗上都貼有計價表，上車前可留意一下。

特別注意的是，週一至週五06:00~09:29、週六假日10:00~13:59，以及每天17:00~23:59都是交通尖峰時段，計程車除了跳表車資外，會加收25%的附加費，00:00~05:59則加收50%。在尖峰時間，市區部分繁忙路段及樟宜機場、動物園、濱海灣金沙、聖淘沙名勝世界等特定地點也會額外收取3~8元的附加費。預約時或上車前最好先向司機詢問應付哪些附加費，或乾脆避開這些時段，可省下不少錢。付款方式包括：現金、易通卡、信用卡。

◎計程車基本費率

車資計算法	普通計程車	豪華計程車
起跳首公里	4.1~4.8元	4.5~5元
每400公尺（10公里之內）	0.24~0.26元	0.35~0.36元
每350公尺（超過10公里）	0.24~0.26元	0.35~0.36元
每45秒等候時間	0.24~0.26元	0.35~0.36元

◎計程車附加費

尖峰時段	週一至週五06:00~09:29、週六假日10:00~13:59、每日17:00~23:59	加成25%
深夜時段	每天00:00~05:59	加成50%
以地點計算	每天17:00~00:00從市區出發	3元
	任何時段前往濱海灣花園、聖淘沙名勝世界	3元
	每天13:00~午夜前往動物園、飛禽公園	3元
	每天17:00~00:00往返機場	8元
	其他時段從機場出發或前往機場	6元
電話叫車或App預約		依車款和不同時段2.3~4.5元

◎計程車公司與叫車App

計程車公司名稱	24小時預約專線	網址
CDG Taxi	(65)6552-1111或App預約	www.cdgtaxi.com.sg
Strides Taxi	(65)6555-8888	stridespremier.com.sg
Trans Cab	(65)6287-6666	www.transcab.com.sg
Strides Premier	(65)6555-8888	stridespremier.com.sg
Prime Taxi	(65)6778-0808	primetaxi.sg
私人計程車App	網址	
Grab	www.grab.com/sg/transport	
Gojek	www.gojek.com/sg	
ryde	rydesharing.com	
TADA	tada.global	

※參考網址：www.ptc.gov.sg

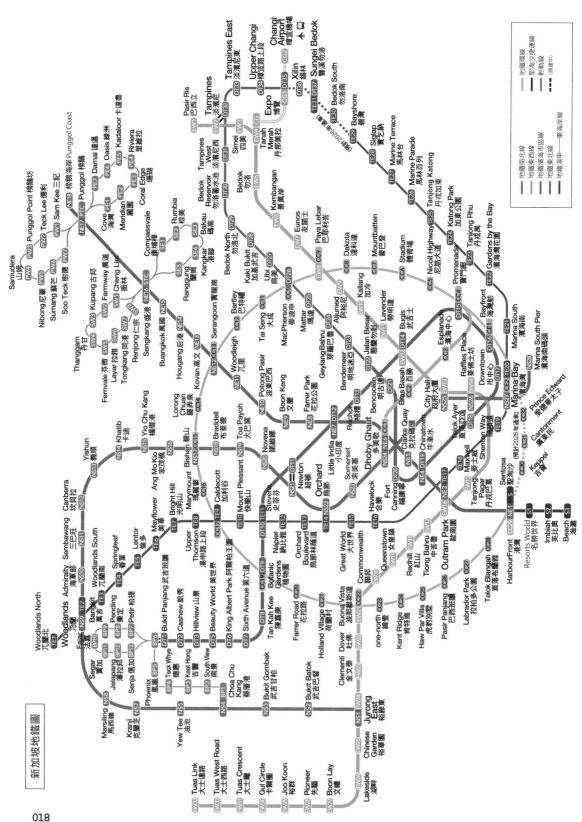

玩新加坡要吃什麼？

既然都已經出國來新加坡了，當然就別再吃麥當勞、台菜館或普通的西餐廳，這些等你回台灣有的是時間慢慢吃。來新加坡就是要吃道地的、特別的、台灣吃不到的。以下這幾頁就來告訴你，在新加坡就該吃什麼。

華人料理

新加坡華人以米飯為主食，但受到當地馬來和印度文化影響，飲食習慣還添加了幾分辛辣，無論炒粿條、炒蝦麵或海南雞飯，都會搭配一碟辣椒做佐料。

海南雞飯

最初是由海南移民帶來的料理，受了在地各種族飲食影響，逐漸脫離原型，演變成「新加坡式」海南雞飯。將雞肉以小火慢煮，水滾開後，撈起浸入冷水約2分鐘，再放進熱水繼續滾，這樣重複3~5次，肉質就變得滑嫩好吃，且肉和骨頭很容易分開。熬煮過程中產生的雞汁還能澆在飯上，吃起來更香。隨盤附上醬油、蒜末、辣椒3種醬汁，讓不同風味在口中交會。

著名店家
天天海南雞飯 見P.123
威南記雞飯餐室 見P.173
文東記 見P.185
Chatterbox 見P.170
黎記雞飯粥品 見P.173

咖椰吐司

新加坡式早餐吐司通常塗上牛油和咖椰醬(kaya，一種以椰漿、雞蛋、糖和香蘭葉，慢火熬煮而成的塗抹果醬)，口味較甜。點咖啡時要告知是否加糖或加奶(通常是加煉乳)，桌上不提供糖或奶精。通常還會搭配一碗半熟蛋，加點醬油，可以直接喝，也可以沾著吐司吃。詳細介紹請見P.28。

著名店家
亞坤 見P.125
土司工坊 見P.193
基里尼咖啡店 見P.169
真美珍 見P.213
喜園咖啡店 見P.153
東亞餐室 見P.128
南洋老咖啡 見P.126

肉骨茶

雖名為肉骨茶，其實是豬骨湯。豬骨加上肉桂棒、丁香、八角、胡椒等香料，以及當歸、枸杞等藥材熬煮，通常配上白飯和油條食用，並附上醬油泡紅辣椒作為沾醬。肉骨茶名稱的由來眾說紛紜，有一說是源自馬來西亞一名攤商李文地，他因為販賣豬肉湯而被稱作「肉骨地」，由於福建話中「地」和「茶」發音相同，時間一久就被稱為肉骨茶。

著名店家
黃亞細肉骨茶餐室 見P.181、松發肉骨茶 見P.159
發起人肉骨茶 見P.173、歐南園亞華肉骨茶 見P.126
老亞弟肉骨茶 見P.185

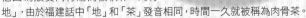

辣椒螃蟹&黑胡椒螃蟹

辣椒螃蟹使用薑、蒜和新鮮辣椒，黑胡椒螃蟹則使用大量黑胡椒調味，濃郁的醬汁滲入蟹肉裡，不但入味，而且特別刺激食慾，建議點一盤小饅頭來沾著醬汁吃，非常夠味。此外，採用大量黑胡椒調味的黑胡椒螃蟹也擄獲許多人心，人氣不輸辣椒螃蟹。

著名店家
珍寶海鮮樓 見P.159、紐頓小販中心 見P.172
Makansutra Glutton's Bay 見P.72、棕櫚灘海鮮餐廳 見P.43

©Jumbo Seafood

客家釀豆腐

釀豆腐由廣東客家移民引進，其做法是將魚漿或絞肉塞進豆腐或腐皮內，再加上其他配料煮成湯。許多釀豆腐攤位還提供魚丸、蟹肉棒、魷魚、魚板、高麗菜、空心菜等食材，類似台灣的滷味攤。湯頭則有清湯、叻沙等口味可選擇。

著名店家
各大小販中心和美食廣場

炒粿條

炒粿條以寬扁的麵條加入豆芽菜、魚板、蛤蜊、臘腸、雞蛋及鮮蝦等配料下鍋快速翻炒，通常還會添加豬油與黑醬油，讓味道更香濃鮮美。

著名店家
中峇魯炒粿條 見P.132、老夫子炒粿條 見P.215
歐南園炒粿條 見P.129

水粿

水粿是先將米磨成粉漿，再倒入一個個半圓形的鋁製模子，放進蒸籠蒸熟後，香Q有彈性的水粿就出爐了。淋上油蔥醬料，口感一級棒。

著名店家
楗柏水粿 見P.132

炒蘿蔔糕

做法是以鍋鏟邊炒蘿蔔糕邊將之切成一塊塊，並加入蛋及蘿蔔乾翻炒。炒蘿蔔糕共有黑、白兩種口味，白的是原味，口味較鹹，黑的則加入甜醬油快炒。

著名店家
各大小販中心和美食廣場

炒福建蝦麵

福建蝦麵大多使用黃色油麵，加入豆芽菜、韭菜、豬肉、蝦子、花枝去炒，再淋上豬骨湯悶煮，最後附上半顆金桔與辣椒醬當佐料。

著名店家
南星福建炒蝦麵 見P.215、各大小販中心和美食廣場

福建薄餅

　　福建薄餅類似台灣常吃的潤餅，先在白色麵皮上塗一層蒜蓉、辣椒醬與甜醬油，再將豆芽菜、香菇、鮮蝦片、雞蛋泥、沙葛、紅蘿蔔絲、花生粉等餡料包進麵皮內，捲成長條狀，切成幾小段，即大功告成。

著名店家
郭源發如切薄餅　見P.216
麥士威熟食中心　見P.123
牛車水大廈　見P.124

肉脞麵

　　新加坡的肉脞麵又稱肉碎麵，有點類似台灣的肉燥麵，但配料相對豐富許多，分為乾和湯兩種，將黃細麵或扁麵燙熟後，加入肉末、肉絲、肉丸、豬肝、魚乾、蘑菇和豬油等，再淋上烏醋與特調醬汁，口感濃郁。

著名店家
大華豬肉粿條麵　見P.195

印度料理

　　新加坡多數印度人口來自南印度，主要食物是米飯，通常搭配豆類或蔬菜食用。南印度口味比北印度更辣，香料使用頻繁，椰漿和優格是最常見的食材。北印度口味比較溫和，代表料理有tandoori和naan。

著名店家
MTR Restaurant　見P.182、Lagnaa...barefoot dining　見P.182
Samy's Curry　見P.203、阿波羅蕉葉餐廳　見P.182
Singapore Zam Zam Restaurant　見P.194

印度煎餅 Murtabak

Murtabak有多種餡料如雞蛋、洋蔥、羊肉、雞肉或沙丁魚、羊肉咖哩、雞肉咖哩、蔬菜咖哩等可以選擇，但由於是穆斯林的食物，豬肉當然除外。

黃薑飯 Nasi Briyani

黃澄澄的黃薑飯，是將米、香料和印度酥油放進鍋內一起翻炒，香料包括肉桂、薑、香蘭葉、番紅花等，接著再全部泡進雞骨湯中，並加入雞肉或羊肉一同蒸煮。

蔬菜咖哩佐米煎餅 Vegetable Isutu with Appam

蔬菜咖哩滋味甜甜酸酸的，這是印度的一種調味料，由葡萄乾、芒果、糖、檸檬汁或醋相拌而成。至於米煎餅的口味則偏酸，和蔬菜咖哩配著吃，味道很合。

咖哩魚頭 Curry Fish Head

魚頭的肉又細又嫩，咖哩烹調更增美味，連湯頭都很好喝。烹調手法每家餐廳各異，訣竅在於加了哪些咖哩，光是細微的差異就會有很大不同。其他配料如椰奶等，讓湯頭香醇濃郁，加上檸檬草、蔥、香菜、辣椒、蕃茄等配料，更是香氣四溢。

印度薄餅 Roti Pratha

　　將揉好的麵糰邊拉邊甩成一張薄片,將之折成四方形,放到平底鍋上煎至金黃色,內軟外脆,口感極佳。Roti Canai不加任何餡料,直接沾咖哩或白糖吃,品嚐餅皮樸實口感;Roti Telur是在中間加一顆蛋下去煎;Roti Bawang Telur加的則是蛋和洋蔥。另外也有加香蕉的Roti Pisang與加奶油的Roti Planta,就像可麗餅一樣,變化非常多。

印度拉茶 Teh Tarik

　　這種茶飲是將熱騰騰的奶茶在兩只鋼杯中來回傾倒,傾倒時一只鋼杯高於師傅的肩膀,另一只則低於師傅的腰。透過高低反覆拉扯,讓奶茶與空氣混合,溢滿泡沫,溫度也恰到好處,口感更加滑順。

著名店家
Bhai Sarbat Teh Tarik　見P.193

印度烤雞 Tandoori Chicken

　　Tandoori是北印度烹調食物的方法,也就是使用泥爐炭火來烤肉。在Tandoori料理中,雞肉和羊肉是最常見的食材,因為能保留大量肉汁,所以特別美味。此外還有大家熟悉的印度烤餅naan,也是使用Tandoori烘烤出來的麵餅。

印度甜點 Dessert

　　在小印度可以找到販售北印度甜點的老店,其中以玫瑰水和番紅花糖漿調味的Gulab Jamun,口感超甜;而方形的Pattisa Soan Papdi表面鋪了一層果仁,酥鬆香脆,味道略甜。

著名店家
Moghul Sweet Shop　見P.178

Thosai & Vadai

　　Thosai也稱Dosai,是將白米與黑扁豆調配後烘烤而成的煎餅,拉成宛如一片薄紙,有的折疊平放於盤上,有的捲成圓錐高帽狀,口感清爽,可搭配木豆或咖哩入口。Vadai以扁豆和麵粉揉製後下鍋油炸,號稱印度版甜甜圈,提供蝦、魚、洋蔥、起士等多種口味。

著名店家
Ananda Bhavan　見P.183
Komala's Restaurant　見P.181
The Original Vadai　見P.130

馬來料理

馬來人多為穆斯林，不能食用豬肉，而且滴酒不沾。其食物深受印度、華人、阿拉伯人影響，料理中使用許多香料。香料分為新鮮和乾燥兩種，主要的料理概念是先把新鮮原料如蔥頭、生薑、蒜頭、辣椒、黃薑等充分混合，過油炒過，再加入胡荽種子、小茴香、洋茴香、丁香、肉桂、荳蔻等乾燥香料。

著名馬來餐館
Hajah Maimunah Restaurant 見P.195、馬來西亞美食街 見P.90

椰漿飯 Nasi Lemak

在馬來語中nasi是「飯」的意思，lemak是「椰漿」。馬來人通常把椰漿飯當作早餐，傳統吃法是用芭蕉葉包成三角狀，並附有魚乾、花生、黃瓜、煎蛋等小菜，再加上一些辣醬食用。

著名店家
Coba Kedai Kopi 見P.184
Ponggol Nasi Lemak 見P.184
Coconut Club 見P.196

烏打 Otak

烏打是以魚肉漿加上香料、椰汁，包裹在芭蕉葉裡，再用小火慢烤而成。

沙嗲 Satay

沙嗲是先將以各種香料醃過的牛、羊、雞肉串成一串，再用炭火碳烤而成的烤肉串。醬料是濃濃的花生醬和辣醬，通常會再配上小黃瓜或米飯，讓口感清爽些。

著名店家
老巴剎 見P.43
Makansutra Glutton's Bay 見P.72

羅惹 Rojak

羅惹由炸豆腐、鳳梨、豆芽菜、小黃瓜、蝦片、油條等組成，算是一種沙拉，不過醬汁十分與眾不同。由蝦醬和醋調製成的黑色醬汁，吃起來酸酸甜甜，通常還會再灑上一堆花生粉，使整體口味偏甜。

著名店家
大巴窯羅惹 見P.215

珍多 Chendol

珍多又稱煎蕊，是加了紅豆與椰糖的黑糖漿刨冰，淋上香濃的椰奶，再加上綠色粉條。可以選擇原味，或是當地流行的榴槤口味。

紅豆冰 Ice Kacang

在碗底鋪上紅豆、玉米醬、亞答籽與多種配料後，再撒上細密的刨冰雪霜，最後淋上如彩虹般的糖漿及濃郁甜蜜的煉乳，搭配起來既漂亮又好吃。

著名店家
雪花飛昌記冷熱甜品 見P.124
甜甜園甜品屋 見P.132

娘惹料理

娘惹菜既保留中華菜的特色，又加入許多馬來族常用的香料，包括椰漿、檸檬草、亞參、羅望子、蝦醬、藍薑、黃薑、班蘭葉等，使娘惹料理擁有更深奧的味道。

著名的娘惹餐廳
Blue Ginger 見P.125、True Blue Cuisine 見P.151、金珠肉粽 見P.211、Violet Oon Singapore 見P.167

叻沙 Laksa

湯頭做法是以咖哩湯汁混合椰漿，口味甜、鹹、辣兼而有之。材料則有油豆腐、魚丸、蝦子、豆芽菜等，再加上米粉或麵，就是材料豐富、色香味俱全的佳餚。

著名店家
328加東叻沙 見P.213
結霜橋三輪車叻沙 見P.129

娘惹雜菜 Nonya Chap Chye

娘惹餐廳必備的家常菜，通常是將高麗菜、豆角等蔬菜加入馬來香料下去烹煮，融合了湯汁的青菜吃起來鮮甜又爽口。

參峇茄子 Sambal Terong Goreng

參峇醬(Sambal)基本上是由辣椒、醋、鹽組成，可依個人喜好加入其他香料，所以每間餐廳的參峇醬都各有千秋。而這道參峇茄子就是利用參峇醬來增加茄子的香味，鮮豔的顏色讓人食慾大開。

酸辣魚或酸辣蝦 Ikan/Udang Masak Assam Gulai

Ikan是魚，Udang是蝦，可以任選一種當作主菜。烹調時以黃薑、檸檬草等各種香料入菜，酸酸辣辣的，非常下飯，湯頭也很好喝。

印尼黑果雞 Ayam Buah Keluak

Buah Keluak是一種黑色果實，在印尼隨處可見，食用前必須先浸泡後打開，味道有點苦，通常用來和雞肉一起料理，是很傳統的娘惹食物。

亞參咖哩魚頭 Curry Asam Fish Head

亞參(Asam)是一種黑色的果實香料，既可入菜，也能煮湯，常被用來增加料理的鮮美度。魚頭是土生華人家庭中常見的主食，與亞參、咖哩、椰漿等香料融合，有一股淡淡的酸辣香甜，口感絕佳。

娘惹糕 Nyonya Kuih

典型的娘惹甜點，種類繁多，口味大都是椰子、芒果、香蕉、蜜瓜等東南亞常見的水果，其中尤以椰子的運用最為廣泛，例如以椰奶製成的娘惹糕，再灑上一層椰子粉，滿嘴都是椰子的味道。娘惹糕不僅口感層次豐富，色彩更是鮮豔，最受歡迎的包括千層糕(Kueh Lapis)、九層糕(Lapis Sagu)等。

玩新加坡要買什麼？

出國旅遊，總有些土特產不買手會癢，彷彿將這些紀念品帶回家後，就能睹物思遊，重溫旅行的美好記憶。或是乾脆帶回當地食材與調味料，用味覺來延續意猶未盡的旅程。

伴手禮 & 紀念品

肉乾

新加坡的三大肉乾品牌分別是林志源、胡振隆和美珍香，三間店鋪各有其擁護者。不過由於防檢署禁止旅客從海外帶肉製品進台灣，建議購買後，在新加坡當地品嚐即可。(店家詳見P.121)

南洋藥油與藥膏

虎標萬金油分為紅、白兩款，由來自緬甸的華僑胡文虎與胡文豹研發，至今已有超過百年歷史。除了知名大廠，在牛車水也有許多老鋪販售自家配方的藥油與藥膏，如馮滿記及泰山藥行等，包括紅花油、千里追風油、萬應驅風油、荳蔻膏與回春膏等，都是不少人指名選購的名物。(店家詳見P.121)

娘惹手工藝品

娘惹的傳統服飾相當繁複精細，從衣裙、珠鞋、鈕扣別針到手提包，都是純手工縫製，尤其珠鞋更是以一顆顆串珠而成，圖案精美，令人百看不厭。其價格因材質及作工精緻度而異，據說當地年輕女孩會買來跟牛仔褲混搭，創造全新的流行時尚。(店家詳見P.211、P.212)

TWG Tea

新加坡頂級茶葉品牌TWG Tea，創立於2008年，標誌上的1837是為了紀念新加坡在當年成為茶葉貿易站的歷史。該品牌目前共有800多種茶品，大部分是口味獨特的調味茶，型式則有散裝或袋裝可以選擇。TWG Tea雖然在台灣也設有店面，但在新加坡購買還是比較便宜。(店家詳見P.167)

百勝廚叻沙拉麵

自2013年起，百勝廚叻沙拉麵年年入選速食麵評選網站The Ramen Rater的「全球十大美味泡麵」排行，同時也佔據前三名的位置。這款泡麵湯頭濃郁，味道鮮甜且辣味適中，麵條也非常有彈性，雖然在台灣也能買到，不過在新加坡買相對划算，也讓它理所當然成為遊客必買伴手禮。

阿拉伯香水

由於伊斯蘭教義嚴禁信徒觸碰酒類，因此阿拉伯香水完全不含酒精，純粹取材自天然花草與精油調製而成，很多香味與名牌香水幾乎沒有差別，但卻只要1/3的價錢。(店家詳見P.190)

RISIS鍍金胡姬花飾品

　　RISIS出品鍍金胡姬花的各種紀念品，包括真空的胡姬花擺飾、卡片、衣服等，其中以鍍金或鍍銀的胡姬花首飾最璀璨奪目，其創意與技術令人讚嘆。(店家詳見P.202)

CRISIS

在地設計品牌

　　若你喜愛當代設計且著迷於獅城風情，走逛一圈設計品牌店鋪，便能發現越來越多別具特色的設計商品。這些品牌專注於更多新加坡本地特色，呈現出的形象已不僅止於魚尾獅或榴槤，你可以在商品中發現很多生活化的元素，不少設計靈感都藏有新加坡人的幽默，值得仔細玩味。(店家詳見P.133、P.146、P.206)

印度家飾雜貨

　　在小印度隨處可見各種充滿南亞風情的家居飾品、生活雜貨，包括桌巾、燈罩、門簾、涼鞋、沙麗服裝、背包、手提袋等，還有亮麗的手環與珠寶盒，色彩繽紛。而印度女人拿來貼在兩眉之間的Pottu也深受歡迎，除了貼在眉心，還有人拿來貼在耳垂上，搖身變成創意耳環。

魚尾獅商品

　　在新加坡熱門觀光區都可看見許多魚尾獅相關商品，從基本的鑰匙圈、玩偶、T恤、刀叉筷子到磁鐵、馬克杯，以及餅乾、巧克力、風味茶都是經典伴手禮。近幾年還推出各式提袋、隨身鏡等可愛小物。

肉骨茶包

　　肉骨茶的湯料是以多種中藥材、香料，與豬肉和排骨一起熬煮而成，新加坡多間肉骨茶名店、藥材行都有出售自家配製的藥材包，而在超市購買更為平價。買回家後另外加入排骨，就能煮出道地的肉骨茶。

CHARLES & KEITH

　　俗稱「小CK」的CHARLES & KEITH，是讓眾多女性為之瘋狂的平價時尚品牌，自1996年創立於新加坡，目前已在眾多國家設有專櫃。品牌以女鞋起家，同時也主打多款設計感十足的包包與配件，而最為人津津樂道的當然還是極具吸引力的價格，總能看見女性朋友拎著大包小包滿足地走出店門。

班蘭蛋糕

班蘭蛋糕是新加坡著名的糕點，不少遊客著迷於其香氣與綿密鬆軟的口感。最知名的品牌當屬Bengawan Solo，而許多大賣場也都有販售較為平價的班蘭蛋糕，可依個人需求做選擇。(店家詳見P.167)

咖椰醬

不論是亞坤、基里尼、土司工坊等咖椰吐司名店，或是在大賣場及超市，都能買到罐裝的咖椰醬。各家品牌的咖椰醬味道有別，由於保存期限都不算太長，購買時需看清楚期限。名店的咖椰醬一罐約新幣6元起，超市品牌的價錢約新幣3元起。

鹹蛋魚皮酥&洋芋片

嚴選優質鴨蛋，放入鹽泥中醃製30天，剝殼取出蛋黃，蒸煮攪拌成碎塊，再與魚皮或薯片輕輕混合、烘烤製成，不添加黏著劑，口感鬆脆，每一片都能吃到鹹蛋味。研發鹹蛋黃零食最知名的在地品牌就屬金鴨(Golden Duck)和IRVINS，除了魚皮酥和洋芋片，還推出叻沙、辣椒螃蟹等多種口味。在超市、便利商店和樟宜機場都能買到。

新加坡司令禮盒

Singapore Sling起源於萊佛士酒店的Long Bar，為了讓旅客回國後仍能繼續品飲，酒店的精品店推出新加坡司令禮盒，一盒有3瓶，原汁原味，即開即飲。此外也販售新加坡司令專用的酒杯及調製Shaker。(店家詳見P.150)

特色料理醬料包

海南雞飯、叻沙、辣椒螃蟹，這些新加坡的特色料理令人難忘，如果想將這些美味帶回家中，只要在超市選購醬料包就能辦到。

榴槤甜點

在東南亞廣受歡迎的榴槤，在新加坡發展出多種吃法，既可入菜，又可佐下午茶，也是製作甜點和糕餅的絕佳材料。比如榴槤泡芙、榴槤蛋糕、榴槤瑞士卷、蛋捲、餅乾、提拉米蘇等，喜歡榴槤的人千萬別錯過。(店家詳見P.167、P.190)

新加坡的超市

新加坡的連鎖超市很多，包括Fair Price、昇崧超市、Cold Storage、Giant等，除了提供當地居民生活必需品，更是遊客採購的必買地。其中分布最廣的就屬Fair Price，在牛車水唐城坊、小印度的城市廣場、VivoCity和樟宜機場第三航廈等處都設有店面，同時在星耀樟宜裡更開設了超大型賣場，伴手禮一應俱全，適合回國前在此做最後採買。

古早咖啡店的南洋Kopi

「本土Kopi」和「精品Cafe」在城市中同時存在，卻又各自綻放光彩，是新加坡獨特的咖啡文化景象。來自歐美的精品咖啡館和連鎖店，挾帶著高人氣進駐各大商圈，而近年來，由在地人創業的風格咖啡店也紛紛走進社區鄰里，找到一片天。但最牽動人心的，終究是市井生活中長年累積的故事，屬於新加坡人的集體時代記憶，正是坐在Kopitiam裡，以大理石桌搭配木椅，喝一杯本土Kopi或Teh。

當西式烘焙技巧遇見牛油糖衣

　　和咖椰烤麵包一樣系出同源，當年海南移民在歐美家庭中工作，學會西式咖啡的製作技巧，單飛創業時，為了迎合當地人的口味喜好，便採用炭爐烘烤咖啡豆，烘烤至八分熟時，加入牛油、糖或鹽一起拌炒到全熟，如此一來，咖啡豆裏上一層油亮糖衣，香味更加濃郁；研磨後，再以裝有絲襪布袋的長嘴壺沖泡和過濾，先將煉乳（不用奶精或奶油球）和砂糖放入厚實的青花瓷杯中，再倒進滾燙的咖啡，就是充滿南洋風味的Kopi。

定格在舊時光的Kopitiam

　　受到時代變遷影響，謹守傳統古法製作的咖啡店已越來越少，除了前面條列的咖椰吐司店家(詳見P.19)，還有更多藏身於各大熟食中心，比如廈門街熟食中心的「亞成海南咖啡」、芳林熟食中心的「福海茶室」、牛車水大廈的「五十年代」、「大華茶室」等，以及坐落在社區國宅中的「協勝隆」，店內氛圍還停留在60年前，不知何時會消失？無人知曉。

亞成海南咖啡
Ah Seng Hai Nam Coffee

　　這是新加坡少數還在使用炭爐烘烤吐司和烹煮咖啡茶水的店攤，自1964年起，王祿生的父母在老巴剎賣咖啡以來，始終堅持工匠的心和靈魂，以老派的方式做出正宗的海南古早味。咖椰醬和咖啡豆都是手工自製和研磨，除了咖椰吐司，炭烤的法式吐司更是少見，不加任何調料，只有麵包、雞蛋和木炭煙香。

🚇P.114C2　🚉乘地鐵濱海市區線在「Telok Ayer」站下車，走出口A，沿Telok Ayer St.走可達；或乘地鐵東西線在「Taniong Pagar」站下車，走出口G，沿Telok Ayer St.走可達廈門街熟食中心。

1998年從老巴剎搬到廈門街熟食中心，由第三代接手傳承，老顧客們依然天天追著炭香味來報到。

Amoy Street Food Centre #02-95 　🕐05:30~15:00　🚫週四和週五　💲咖椰吐司2.4元起，咖啡1.3元起。

協勝隆 Heap Seng Leong

　　走進協勝隆，時光彷彿就定格在1970年代，甚至更早之前。老闆消瘦的背影正站在古早的炭爐旁煽火，翻烤著一片片吐司，沖泡咖啡的鐵壺裡依然採用絲襪來過濾。菜單薄薄一張貼在凌亂的櫃台旁，販售咖椰烤吐司、花生奶油吐司、蒸麵包和半生熟雞蛋等幾款傳統樣式，Kopi和Teh倒是很齊全，以炭火烘焙的黑咖啡放進一塊牛油，做出絲滑細膩的Kopi Gu You（Gu You就是福建話的「牛油」），這款飲品在新加坡恐怕快要失傳了！

📍P.139F2和P.188C1　🚇乘地鐵東西線在「Bugis」站下車，走出口E或F，沿橋北路往北走，經過Crawford Ln，在下一條小路左轉可達，步行約15~20分鐘。　🏠10 North Bridge Road #01-5109　☎6292-2668　🕐05：00~15：00　💲咖椰吐司1.4元起，Kopi每杯1.1元起。

放眼所及宛如泛黃的電影，舊式投幣電話、裝在塑膠罐裡的糖果餅乾，以及斑駁的大理石圓桌。

學學在地人怎麼點咖啡

無所不在的Kopi早已是新加坡人生活中不可或缺的夥伴，甚至結合Singlish演變出一套點餐時的專用術語。一起來學學吧！

咖啡用語	解釋	來源
Kopi	黑咖啡加煉乳	馬來語的「咖啡」
Kopi-O	黑咖啡加糖	O是福建話「黑」的意思
Kopi-C	黑咖啡加糖和淡奶	C是海南話「鮮」的意思，淡奶與煉乳相似，但不帶甜味。
Kopi O Kosong	黑咖啡不加糖	Kosong是馬來語「空、零、烏有」的意思
Kopi Gah Dai	黑咖啡多加煉乳	Gah Dai意為「多糖」，適用於所有飲料。
Kopi Siew Dai	黑咖啡少加煉乳	Siew Dai是福州話「少糖」的意思
Kopi Pok	黑咖啡加煉乳，但咖啡粉較少，水多一些。	Pok是「稀薄」的意思
Kopi Gau	濃黑的咖啡加煉乳	Gau是「濃厚」的意思
Kopi Gu You	黑咖啡加牛油和煉乳	Gu You是「牛油」的意思
Kopi Peng	冰咖啡加煉乳	Peng是「冰」的意思
Kopi Tarik	拉黑咖啡加煉乳	Tarik是馬來語「拉」的意思，指有一層泡沫的甜咖啡。
Yuan Yang	咖啡加黑茶和煉乳	Yuan Yang發音為「鴛鴦」
Kopitiam	新加坡傳統咖啡店	Tiam是閩南語「店」的發音

※Teh（茶）的點法和Kopi相同，只要把Kopi改為Teh即可。

©Marina Bay Sands

走一圈海濱步道，收集滿滿的新加坡印象

濱海灣
Marina Bay

濱海灣

你能想像嗎？濱海灣這片新加坡最有觀光價值的土地，是近幾十年才出現的！過去這裡是一片汪洋，直落亞逸是從前的海岸，但現在這裡卻成了新加坡的象徵之地（如果你有興趣想知道年代的話，濱海灣填海工程約為1969~1992年）。這種感覺就好像新加坡為了擺放眾多戰利器，而憑空生出了一塊新空間。也的確啦，在一開始規劃的時候，新加坡政府就決定要在這張未來的白紙上好好地畫一幅烏托邦的圖，等到造地工程結束，幾乎是每隔幾年的時間，就有一座新地標問世，彷彿土壤裡埋有地標果實的種子似的。

今日沿著濱海灣畔的步道走一圈，你可以看到魚尾獅公園、濱海灣金沙酒店、濱海灣花園、新加坡摩天觀景輪、濱海藝術中心，不過短短3公里的距離，新加坡地標打卡的任務幾可完成一半。

濱海灣

往烏節路→

A ↑往甘榜格南
C 往濱海東→

贊美廣場
Chijmes

萊佛士酒店
Raffles Hotel

新達城購物中心
Suntec City Mall

財富之泉
Fountain of Wealth

風華南岸酒店
The South Beach

康萊德酒店
Conrad Centennial
Singapore

Raffles City
萊佛士城

Fairmont
Hotel

CC3
濱海中心
Esplanade

新達城
Suntec City

泛太平洋大酒店
Pan Pacific Hotel

CC4 DT15 賓門廊
Promenade

Swissotel
The Stamford

NS25 EW13
政府大廈
City Hall

戰爭紀念公園
War Memorial
Park

美年徑
Millenia Walk

F1
Pit
Bldg

S'pore
Recreation
Club

東方文華酒店
Mandarin
Oriental Singapore

聖安德烈教堂
St. Andrew's
Cathedral

濱海廣場
Marina Square

Padang

新加坡國家美術館
Singapore National
Gallery

濱海藝術中心
Esplanade Theatres
On The Bay

麗嘉登美年大飯店
The Ritz-Carlton
Millenia Singapore

新加坡摩天觀景輪
Singapore Flyer

Marina Bay
Multi Purpose Facility

富麗敦水船樓
The Fullerton
Waterboat House

濱海灣賓樂雅臻選酒店
PARKROYAL COLLECTION
Marina Bay

浮動舞台
Floating
Platform

Marina Channel

魚尾獅公園
Merlion Park

富麗敦一號
One Fullerton

濱海灣
Marina Bay

富麗敦酒店
The Fullerton Hotel

濱海灣金沙綜合娛樂城
Marina Bay Sands

NS26 EW14
萊佛士坊
Raffles Place

紅燈碼頭
Clifford Pier

富麗敦海灣酒店
The Fullerton
Bay Hotel

濱海灣金沙酒店
Marina Bay Sands Hotel

濱海堤壩
Marina Barrage

前海關大樓
Custom House

CE1 DT16
海灣舫
Bayfront

The
Sail@Marina
Bay

The Promontory
@Marina Bay

紅點設計博物館
Red Dot Design
Museum

濱海灣花園
Gardens by the Bay

老巴剎

濱海灣金融中心
Marina Bay
Financial Ctr

DT17
市中心
Downtown

Marina Bay Link Mall

←往牛車水

TE19
珊頓道
Shenton Way

N

NS27 CE2 TE20
濱海灣
Marina Bay

濱海南
Marina South

TE21

031

景點　住宿　博物館　餐廳
百貨　教堂　娛樂　酒吧　巴士站

來新加坡不看魚尾獅，就和到紐約不看自由女神、到巴黎不看艾菲爾鐵塔一樣，不可思議啊！

王牌景點 ❶

超過50%的遊客都會拍的借位照，看在新加坡人眼裡，他們會覺得：「老兄，你幹嘛去喝魚尾獅吐出來的東西啊？」

不論搭配哪一座地標，噴水的魚尾獅都是最佳前景。

濱海灣：魚尾獅公園

搭乘地鐵南北線或東西線至萊佛士坊站(Raffles Place, NS26/EW14)，走出口H，沿Bonham St走至河畔右轉，向富麗敦酒店方向步行至Fullerton Rd，過馬路後經過富麗敦一號可達，步行距離約450公尺；或從富麗敦酒店裡走地下通道可達。

至少預留時間
單獨看魚尾獅：30分鐘
魚尾獅＋富麗敦天地用餐：2小時

● 開放式公園
● 免費

MAP P.31 A2 魚尾獅公園
Merlion Park

　　魚尾獅的形象是在1964年時，由當時Van Kleef水族館的館長所設計，最初單純作為新加坡旅遊局的標誌，隨著旅遊局的努力推廣，魚尾獅的形象日益根深柢固，漸漸變成新加坡的國家化身，使人一提起新加坡就想到魚尾獅，看到魚尾獅就知道是新加坡。到了1971年，李光耀決意要為新加坡豎立一尊國家級的地標，於是找來本地名匠林浪新，在新加坡河口將魚尾獅的形象正式化為現實。而隨著海灣四周的著名建築先後完工，魚尾獅公園更是遊客如織，因為想為新加坡四大地標拍張大合照，還真沒有比這裡更合適的地方。

造訪魚尾獅理由

① 新加坡的國家象徵地標

② 可同時觀賞濱海灣金沙酒店、新加坡摩天觀景輪、濱海藝術中心大景

③ 拍攝夜景照

魚尾獅像小檔案

設計者：Alec Fraser-Brunner
雕刻者：林浪新
高度：8.6公尺
重量：70公噸
材質：主體為混凝土，上覆陶瓷鱗片，眼睛為兩盞紅色小茶杯
揭幕日期：1972年9月15日

為了讓遊客安全地拍照，公園建了一座延伸至海灣中的看台，無論想從何種角度取景都不成問題。

善用觀景平台

到魚尾獅前方的觀景平台來張正面合照。

魚尾獅+周圍地標

以魚尾獅作為最佳前景，將周圍地標一起入鏡。白天和夜晚各有不同風情喔！

五十週年紀念橋

在五十週年紀念橋上來回走一趟，感受濱海灣的繁華樣貌。

到時尚餐飲區小憩片刻

老建築重生的富麗敦天地，既復古又時尚，不妨在此用餐、喝下午茶或歇息片刻。

濱海灣：魚尾獅公園

謎樣生物魚尾獅

魚尾獅是由獅頭和魚尾結合而生，當然這在生物學上實在有違倫理，但在文化上卻有著深遠的歷史意義。

●獅頭的典故來自《馬來紀年》中的傳說：三佛齊王國時代，一位王子在前往馬六甲途中擱淺於今日的新加坡海邊，當他上岸時看到一頭奇特的動物，有人告訴他那是一隻獅子，王子遂將此地稱為「Singapura」。「Singa」在梵語中是獅子的意思，而「pura」則是都市之意，雖然故事真偽有待考證，但「獅城」之名卻因此傳了開來。

●魚尾的涵意來自新加坡另一個古老的名字：淡馬錫(Temasek)，淡馬錫在瓜哇話中是「海之鎮」的意思，故魚尾表示新加坡不忘其以海立國的根本。

DID YOU KNOW

關於魚尾獅像的二三事

① 魚尾獅面朝東方，這是出於風水考量，以期能為新加坡帶來繁榮與財富。

② 公園原始位置並不在這裡，而是在120公尺外安德森橋畔的水船樓附近，因為新加坡河口東移，加上新建的濱海大橋將景觀遮蔽大半，因此2002年時將魚尾獅移至現址。

③ 2009年2月28日，從沒傷天害理的魚尾獅無辜遭受雷擊，後腦門破了一個大洞，所幸緊急修補後已無大礙，於半個月後重新開放。

④ 因為魚尾獅的吐水形象，許多新加坡人常以魚尾獅指稱嘔吐的地方，或形容「吐得像魚尾獅一樣」。

⑤ 大魚尾獅是母的。

濱海灣的新拍照聖地

2015年時，為了慶祝建國50週年，濱海橋旁又建造了一條弧形的五十週年紀念橋(Jubilee Bridge)，與海灣東側的雙螺旋橋遙遙相對。這條步行橋直接連結魚尾獅公園與濱海藝術中心，站在橋上使用全景拍攝模式，可將濱海灣四大地標與中心商業區天際線一次入鏡，開放之後立刻成為地標打卡族的新寵。

DID YOU KNOW

你能找到新加坡所有的魚尾獅嗎？

新加坡只有一座魚尾獅嗎？非也！官方設立的魚尾獅在新加坡目前有4座，另外還有2座民間私設的。除了宏茂橋的魚尾獅位於住宅區外，其他幾座都在觀光景點附近，不趕時間的話，或許在你的旅途中可以繞點小路，與牠們一一相見歡。

★魚尾獅公園：最有名的當然就是魚尾獅公園裡的大魚尾像。而在大魚尾獅身後還有座2公尺高的小魚尾獅，常被認為是前者的幼崽(Merlion Cub)，同樣出自林浪新之手。

★新加坡旅遊局中庭：魚尾獅既然是從新加坡旅遊局的標誌出道，在旅遊局當然也要放一隻才不會漏氣。位於新旅局中庭的魚尾獅身高3公尺，由人造大理石打造。
【Where】新旅局的地址是：1 Orchard Spring Ln，與烏節路商圈最西端的東陵坊只有一街之隔，逛完烏節路可以來這裡看看魚尾獅。不過提醒你，旅遊局的開放時間為平日09:00~18:00。
【鄰近景點】烏節路

★花柏山公園：花柏山上的魚尾獅，身高約3公尺，如果你來到山頂看風景，別忘了與這隻魚尾獅來張合照。請見P.108南部山脊
【Where】位於山頂瞭望台旁，距離花柏山空中纜車站大約350公尺。
【鄰近景點】聖淘沙、怡豐城

★宏茂橋：這兩隻魚尾獅由當地社區所私設，由於離觀光景點頗為遙遠，一般遊客不會特意前來。
【Where】位於宏茂橋Ang Mo Kio Ave 1上，組屋號碼216-222入口的車道兩側。

濱海灣：魚尾獅公園

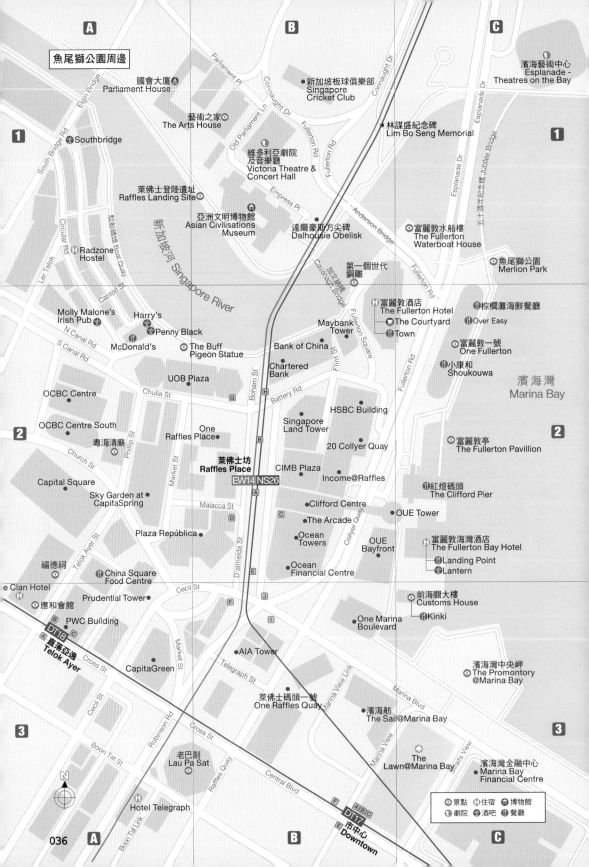

A   **B**   **C**

魚尾獅公園周邊

1

國會大廈
Parliament House

藝術之家
The Arts House

維多利亞劇院
及音樂廳
Victoria Theatre &
Concert Hall

新加坡板球俱樂部
Singapore
Cricket Club

林謀盛紀念碑
Lim Bo Seng Memorial

濱海藝術中心
Esplanade -
Theatres on the Bay

Southbridge

萊佛士登陸遺址
Raffles Landing Site

新加坡河 Singapore River

亞洲文明博物館
Asian Civilisations
Museum

達爾豪斯方尖碑
Dalhousie Obelisk

Anderson Bridge

富麗敦水船樓
The Fullerton
Waterboat House

魚尾獅公園
Merlion Park

Radzone
Hostel

第一個世代
銅雕

富麗敦酒店
The Fullerton Hotel

棕櫚灘海鮮餐廳
Over Easy

Molly Malone's
Irish Pub

Harry's

Penny Black

Maybank
Tower

The Courtyard

Town

富麗敦一號
One Fullerton

McDonald's

The Buff
Pigeon Statue

Bank of China

Chartered
Bank

小康和
Shoukouwa

濱海灣
Marina Bay

UOB Plaza

Chulia St

Battery Rd

HSBC Building

2

OCBC Centre

OCBC Centre South

粵海清廟

One
Raffles
Place

Singapore
Land Tower

20 Collyer Quay

富麗敦亭
The Fullerton Pavillion

Capital Square

萊佛士坊
Raffles Place

EW14 NS26

CIMB Plaza

Income@Raffles

紅燈碼頭
The Clifford Pier

Sky Garden at
CapitaSpring

Malacca St

Clifford Centre

The Arcade

OUE Tower

Plaza República

Ocean
Towers

OUE
Bayfront

富麗敦海灣酒店
The Fullerton Bay Hotel

Landing Point

Lantern

福德祠

China Square
Food Centre

Ocean
Financial Centre

Clan Hotel

應和會館

Cecil St

前海關大樓
Customs House

Prudential Tower

Kinki

DT18

PWC Building

直落亞逸
Telok Ayer

One Marina
Boulevard

濱海灣中央岬
The Promontory
@Marina Bay

CapitaGreen

AIA Tower

Telegraph St

3

老巴剎
Lau Pa Sat

萊佛士碼頭一號
One Raffles Quay

濱海舫
The Sail@Marina Bay

The
Lawn@Marina Bay

濱海灣金融中心
Marina Bay
Financial Centre

N

Hotel Telegraph

DT17
市中心
Downtown

◎ 景點　Ⓗ 住宿　⋒ 博物館
🎭 劇院　🍷 酒吧　🍴 餐廳

看完魚尾獅,順便到一旁的**富麗敦天地**感受**英國殖民時代**的情調!

MAP P.36B1 B2C2

富麗敦天地
The Fullerton Heritage

如何前往

從地鐵Raffles Place站,走出口B,進入Change Alley,穿過OUE Link天橋,經過OUE Tower,即達富麗敦海灣酒店與前海關大樓;走出口H,走Bonham St至河畔,右轉沿河走約200公尺即達富麗敦酒店。

info

🌐 www.thefullertonheritage.com

在英國殖民時代,這片河口南岸的濱海地帶就是繁忙的海港碼頭。今日以富麗

©The Fullerton Heritage

敦大樓為首的殖民歷史建築群,以保留老建築原有結構為前提,先後改建為高級酒店、餐廳與購物廊,此外又聘請著名建築師設計新建物,為優雅宜人的古蹟區注入時髦新生命。

橘紅色屋頂的碼頭建築採用裝飾藝術風格,以拱門、拱廊營造典雅氣息,反映該時代的流行趨勢,目前被規劃為多功能宴會場所。

紅燈碼頭
Clifford Pier

📍 P.36C2 📍 80 Collyer Quay

這座碼頭完工於1933年,以前任總督Hugh Clifford命名,不過老一輩的華人習慣稱它「紅燈碼頭」,因為當年蜂擁而來的移民全都從這兒上岸,天黑之後,碼頭就懸掛紅色燈籠來引導船隻入港,紅燈碼頭的別稱就這麼流傳開來。如今由富麗敦海灣酒店接手,成為多功能活動與婚宴場所。

採用帕拉第奧建築樣式，外觀有著成排多立克式希臘圓柱。

©The Fullerton Hotel

ⓗ 富麗敦酒店
The Fullerton Hotel

◎P.36B2 ⊙1 Fullerton Square

☎6733-8388 ⑤ $ $ $ $ $ 🌐www.fullertonhotel.com

1919年新加坡開埠一百週年，當時的總督下令興建一棟富麗堂皇的新大樓，以作為殖民地的地標，這便是完工於1928年的富麗敦大樓。富麗敦大樓最初主要作為郵政總局之用，這正是今日酒店在許多細節上突顯郵政元素的主因。1997年郵政總局賣給了信和集團，新東家將其改建為星級酒店，於2001年以富麗敦之名重新開放。

©The Fullerton Hotel

雅致的總督套房散發出維多利亞時代的氣息。

| 用餐選擇 |

望燈樓 The Lighthouse (義大利料理，$ $ $ $)
玉樓 Jade (中餐廳，$ $ $)
Town食府 (自助餐，$ $ $，見P.41)
中庭 The Courtyard (英式下午茶，$ $，見P.41)

獨家發售泰迪熊

酒店內的精品店推出一系列郵政大臣泰迪熊的主題玩偶，是這裡的人氣買物。同時還販售郵票、書籤、明信片等一系列獨家禮品，蒐藏或送禮皆宜。

酒店內的展示廊，陳列許多珍貴的歷史照片。

©The Fullerton Hotel

為呼應郵政總局的過往，有不少和郵局有關的元素。

©The Fullerton Hotel

走進大廳，挑高的天井讓陽光輕灑而下，通道兩旁的竹子裝飾更添幾分涼爽。

📖 富麗敦何許人也

富麗敦之名來自從前的郵政總局浮爾頓大樓，而浮爾頓大樓之名則來自羅伯浮爾頓(Robert Fullerton)。帝國主義時代維持英國海上霸權的東印度公司，於1826年將新加坡、檳城與馬六甲合併，任命海峽殖民地總督統一管理，而羅伯浮爾頓就是第一任海峽殖民地總督，任期為1826~1830年。

富麗敦海灣酒店
The Fullerton Bay Hotel

📍P.36C2　📍80 Collyer Quay　📞6333-8388
💲$$$$$$$　🌐www.fullertonbayhotel.com

酒店的內部設計請來香港名家Andre Fu操刀，以低調奢華為宗旨，並將古代航海圖及當代藝術品自然地點綴其中。而迎向濱海灣的絕佳位置也讓設計師靈感湧現，把酒店外觀變成一個玻璃珠寶盒，線條分明，遠遠望去，其實更像一艘船，停駐在港灣邊。無所不在的玻璃牆讓視野變得寬廣，行走坐臥於飯店中，隨時都有海天雲影相伴。

┌─────────────────────────────┐
│ |用餐選擇|
│ **La Brasserie** (法式料理，$ $ $)
│ **Landing Point** (英式下午茶、酒吧，$ $，見P.42)
│ **Lantern** (酒吧，$ $，見P.42)
└─────────────────────────────┘

為了配合Fullerton Heritage古今交融的概念，酒店正門就設在紅燈碼頭，進門後必須右轉再穿越一道古典長廊才能抵達大廳。

擁整片落地窗的獨家海景。100間風格典雅的客房，每間都坐

濱海灣：魚尾獅公園

即將出航的水晶大船。一半佇立在海上的酒店，像艘

雖然高度不若金沙，但酒店頂樓泳池的景觀還是挺不賴的。

富麗敦一號
臨著海灣的露天平台是最搶手的桌位，向晚海風吹散新加坡的炎熱，海灣週遭的城市天際線漸漸亮起燈火，一邊享受美景，一邊品嚐美食，還有什麼比這樣更愜意的呢？

🍴 富麗敦一號
One Fullerton
🚇P.36C2 📍1 Fullerton Road

富麗敦一號與魚尾獅公園相鄰，聚集了許多高級餐廳、酒吧、咖啡館，是新加坡極受歡迎的用餐地點。其屋頂造型宛如陣陣海浪，現代感十足，與古色古香的富麗敦酒店形成強烈對比。

| 用餐選擇 |

小康和 Shoukouwa (日本料理，$ $ $ $ $，見P.41)
Saint Pierre (法式料理，$ $ $ $)
棕櫚灘海鮮餐廳 Palm Beach Seafood Restaurant (中式海鮮，$ $ $ $，見P.43)
Riviera Forlino (義大利料理，$ $ $)
PS. Cafe (咖啡館，$ $ $)
Bayside Drinks & Eats (美式加州料理，$ $ $)
JYPSY (日本料理，$ $ $)
Brewerkz (啤酒餐廳，$ $)
Over Easy (美式餐廳酒吧，$ $，見P.42)
Starbucks (咖啡館，$)

🍴 富麗敦水船樓
The Fullerton Waterboat House
🚇P.36C1 📍3 Fullerton Rd

位於河口的水船樓建成於1941年，當時作為水務署的辦公室，協助船隻泊岸與水源補給。曲線優雅的外型，搭配圓形窗與頂樓的玻璃遮罩甲板，不僅傳達出航海意象，也充分展現裝飾藝術的簡約風格，如今已列名歷史地標。

| 用餐選擇 |

The Malayan Council (馬來風味菜，$ $ $)
SF Fruits & Juices (果汁飲料，$)

🍴 前海關大樓
Customs House
🚇P.36C3 📍70 Collyer Quay

60年代的新加坡商貨船雲集，為了有效控管這座亞洲最繁忙的港口，海關大樓因應而生，以簡單又兼具功能性的現代建築風格佇立於碼頭，成為海關警察的駐守地。新加坡港遷移後，目前這裡被規劃為餐飲新聚點。

| 用餐選擇 |

Kinki (日本料理，$ $ $，見P.43)
Caffe Fernet (餐廳，$ $ $)
NUSA (印尼料理，$ $)
Sabai Fine Thai on the Bay (泰國菜，$ $)
Super Loco (墨西哥料理，$ $)

多家餐廳與酒吧進駐前海關大樓，從獨特的海鮮酒吧、墨西哥佳餚到摩登日本料理等，讓新時尚與老房子混搭出浪漫的美食據點。

走走逛逛肚子也餓了吧，就讓富麗敦裡的美味幫你恢復元氣！

The Courtyard
下午茶、自助餐、酒吧

must eat! 英式下午茶 約46元 推薦菜

©The Fullerton Hotel

🏠 富麗敦酒店中庭

這裡的英式下午茶遠近馳名，茶葉用的是新加坡名牌TWG Tea，由英國點心師傅特製的果醬、司康鬆餅、黃瓜三明治等點心，都是道地美味。搭配現場演奏的悠揚樂音，讓人有化身往日貴族的錯覺。此外，不定期會配合當地節慶活動推出各種主題下午茶，如果碰巧遇上，不妨嚐鮮。

📍P.36B2 ☎6877-8911/12 🕐單點菜餚飲品：每天08:30~21:00；下午茶：12:00~14:30、15:30~18:00。
💲 $ $ 🌐www.fullertonhotel.com

©The Fullton Hotel

Town
自助餐、東西式料理

must eat! 自助早餐 45元起、 自助午餐55元起、 Town Laksa 單點28元 推薦菜

🏠 富麗敦酒店1樓

面向新加坡河的Town餐廳，是享用豐盛早餐、田園詩般的午餐，以及晚餐Buffet的理想天地，日夜充滿了活力。午餐和晚餐的菜色涵蓋了東西方的經典佳餚，比如義式披薩、日本料理、印度風味菜，同時也能吃到海南雞飯、叻沙、馬來椰漿飯、沙嗲等在地美味，選擇相當多樣。每週日至週二夜晚，在餐廳露天座位區還可享用烤肉串沙嗲和啤酒，佐以新加坡河的美麗夜景。

📍P.36B2 🏠The Fullerton Hotel, 1 Fullerton Square ☎6877-8128 🕐自助早餐：每天6:30~10:30，午餐：週一至週六12:00~14:30，晚餐：週三至週六18:30~22:00，週日早午餐：15:30~18:00 💲 $ $ $ 🌐www.fullertonhotel.com

---

must eat! 午間套餐 350元起、 晚間套餐520元起 推薦菜

小康和 Shoukouwa
日本料理 米其林✲✲

🏠 富麗敦一號#02-02A

©Shoukouwa

©Shoukouwa

©Shoukouwa

©Shoukouwa

小康和是「黑衣大廚」Emmanuel Stroobant麾下的新成員，主打頂級江戶前壽司。其師傅皆是來自銀座的料理職人，食材也是每天從築地市場新鮮直送，無可挑剔的品質，讓這家餐廳開幕沒有多久，便一鳴驚人地拿下2顆米其林星星。為了確保新鮮，師傅會根據當日送來的漁獲設計餐點，因此這裡的菜單都是omakase，也就是一切交由師傅決定，雖然價格高昂，但吃過的人都說很值得。

📍P.36C2 ☎6423-9939 🕐午餐：週二至週六12:30~15:00，晚餐：週二至週六18:00~20:00、20:15~22:30。 🚫週一和週日 💲午餐 $ $ $ $，晚餐 $ $ $ $ $ 🌐www.shoukouwa.com.sg

Landing Point

下午茶、酒吧

©The Fullton Bay Hotel

must eat!
The Old-World Glamour Cocktails
一杯26元起、
英式下午茶約48元
推薦菜

 富麗敦海灣酒店大廳

以舊世界遇見新時尚為設計概念，重現英殖時期的風采。除了氣氛營造，餐點上也強調濃厚的英倫風，尤其下午茶相當精緻，可品嚐到英式鬆餅、小漢堡、檸檬塔等甜點，搭配白茶、綠茶或葡萄酒茶享用。到了晚上，輪到雞尾酒吧登場，招牌的「The Old-World Glamour Cocktails」，遵照19世紀的古老比例調製而成，讓人沉醉在往日情懷中。

📍P.36C2 ☎6597-5277 ⏰單點飲品10:00~22:00。午餐：11:00~14:30。下午茶：平日15:00~17:0，週六假日12:00~14:30、15:30~18:00。 💲$$ 🌐www.fullertonbayhotel.com

©The Fullton Bay Hotel

©The Fullton Bay Hotel

Lantern

酒吧

must eat!
魚尾獅雞尾酒
26元起、
紅燈籠雞尾酒
26元起
推薦菜

 富麗敦海灣酒店天台

©The Fullton Bay Hotel

Lantern不僅僅是座酒吧，更連結了25公尺長的露天游泳池，可360度環視濱海灣風光與世界級的城市天際線。別忘了來杯超人氣調酒「The Red Lantern」或「Merlion」，這兩款調酒都是以龍舌蘭為基底，前者加了西瓜、黃瓜、檸檬，後者調了嫩薑、蜂蜜、萊姆和蘇打水。再跟著樂團的現場演唱輕鬆搖擺，天幕下，彷彿站在全世界的屋頂，舉杯共舞。

📍P.36C2 ☎3129-8526 ⏰15:00~01:00（週五和週六延至02:00） 💲$$ 🌐www.fullertonbayhotel.com

must eat!
松露漢堡
29元
推薦菜

Over Easy

美式餐廳酒吧

 富麗敦一號#01-06

這間氣氛輕鬆的美式餐廳酒吧，具有相當高的人氣，在高檔餐廳林立的濱海灣中，為不想花費太多預算的旅人提供用餐去處。這裡的漢堡肉排多汁，一口咬下口感紮實，搭配的薯條鬆脆且不油膩，份量適中。店家從傍晚開始

供應酒精飲料，如果想感受悠閒與放鬆，不妨選擇緊鄰河畔的戶外座位，邊吃飯邊喝點小酒，還能欣賞金沙酒店的聲光水舞秀。

📍P.36C2 ☎9129-8484 ⏰週一和週二12:00~15:00、17:00~23:00，週三至週五12:00~15:00、17:00~01:00，週六11:00~15:00、17:00~01:00（週日至23:00）。 🚫週日 💲$$ 🌐www.overeasy.com.sg

找不到想吃的東西？
再繼續往前走一點，
選擇多的不得了呢！

Kinki
日本料理

推薦菜
壽司捲
24元起、
午餐套餐32元起

🏠 前海關大樓#02-02

Kinki的氣氛熱鬧且趣味，色彩濃烈的壁畫充滿日本漫畫風，端上桌的調酒與菜餚也遊走在傳統和摩登之間。傳統壽司、生魚片、天婦羅、握壽司、烤物、和風小菜等，這裡一樣也不缺，光是壽司的種類和口味就多達10餘種；頂樓酒吧提供清酒、燒酒和各式創意雞尾酒，有濱海灣夜景相伴，堪稱人生一大享受。

📍P.36C3　☎8363-6697　🕐餐廳：12:00~15:00、18:00~22:30，酒吧：17:00~午夜。　㊡週日　💲 $ $ $
🌐www.kinki.com.sg

老巴剎 Lau Pa Sat
小販中心

🏠 18 Raffles Quay

「巴剎」在馬來話中是「市場」的意思，之所以稱為老，是因為老巴剎打從1825年就開始營業。其獨一無二的鋼鐵建築結構是1894年改建的成果，細緻典雅的維多利亞式鏤空風格，搭配人聲嘈雜的熟食小販，也算得上一大奇觀。你可以品嚐薄餅、肉骨茶、福建炒蝦麵、南洋甜品等小吃，而天黑之後的文泰街(Boon Tat St.)幾乎是沙嗲攤位的天下，其中以7、8號攤位人氣最旺，再點一杯拉茶，口感速配。匯聚本土品牌零食與伴手禮的Food Folks，在巴剎裡開設零售店，舉凡鹹蛋魚皮酥、洋芋片(叻沙、海南雞飯口味)、荔枝火龍果巧克力等，可順道採買。

📍P.36A3B3　🚇從地鐵「Raffles Place」站，走出口I，沿Robinson Rd步行約5分鐘即達；或乘地鐵濱海市區線從「Downtown」站下車，走出口A，步行5分鐘即達。從魚尾獅公園步行約850公尺即達。　🕐24小時開放。各店家營業時間不同，沙嗲攤約19:00~03:00(週末15:00起)。

推薦菜
招牌黑椒蟹
海公斤約145元起、
獅城燒烤蟹、
奶油香酥蝦

棕櫚灘海鮮餐廳 Palm Beach Seafood Restaurant
中式海鮮

🏠 富麗敦一號#01-09

棕櫚灘開業於1956年，是新加坡老牌的海鮮餐廳之一，原本只是小海鮮檔，慢慢發展成今日的高級餐館，店址也從最初在東海岸的小咖啡店，搬到光鮮亮麗的富麗敦一號。這裡的招牌海鮮做的是道地的新加坡口味，由於重視漁獲來源，食材都特別新鮮，因此獲獎無數，曾入選為新加坡十大餐廳之一。

📍P.36C2　☎6336-8118　🕐每天12:00~14:30、17:30~22:30
💲 $ $ $　🌐www.palmbeachseafood.com

濱海灣：魚尾獅公園

濱海灣金沙樓頂
的無邊際泳池，連不會
游泳的旱鴨子看了都忍
不住想下水！

空中花園比艾菲爾鐵
塔還高，俯瞰之下，更
顯得壯觀。

搭乘地鐵環線或濱海市區線至海
灣舫站(Bayfront, CE1/DT16)，從
出口A至Bayfront Ave街道上，出
口B至濱海灣金沙酒店，出口C至
濱海灣金沙購物城通道，出口D至
濱海灣金沙賭場，出口E至金沙會
展中心。

至少預留時間
過客：3小時
房客：隨意

⌂ 10 Bayfront Ave
☎ 6688-8868
🌐 www.marinabaysands.
com

MAP
P.31
B2

濱海灣金沙綜合娛樂城
Marina Bay Sands Singapore

　　從前新巴比倫有個尼布甲尼撒王，為他的愛妃建了座空中花園，不但在古代就入選世界七大奇蹟，空中花園的希臘文還直接成為英文中「天堂」的字源。不過空中花園很早就毀於地震，實際長什麼樣子，只能任憑後人憶測。而在2010年濱海灣金沙接近完工之際，大家對於空中花園的想像才又更踏實了些。仰之彌高的天台花園由3棟摩天高樓撐起，簡直就是對古籍描述的完美新繹，不過其設計者Moshe Safdie的說法很掃興，他說靈感其實是來自賭博的牌桌。無論如何，濱海灣金沙絕對是新加坡最有代表性的建築物，沒有之一，不論從技術面還是美學面，都堪稱劃時代的成就。

造訪濱海灣金沙綜合娛樂城理由

1. 到57層樓高的**金沙空中花園**賞景遊憩
2. 欣賞每晚上演的**光影水舞秀**
3. 到國際頂級名廚開的餐廳大飽口福
4. 去賭博…呃~不,是去**見世面**

©Marina Bay Sands Singapore

酒店頂樓由一大片空中花園相連,從樓頂外緣延伸的突出部分,最長處有67公尺遠。

開放賭權,世上大概沒有其他國家訂出這麼多規矩

其實李光耀是反對新加坡開賭場的,但他的兒子李顯龍認為賭場能振興經濟,因而在2005年發放兩張賭牌,一張給了聖淘沙名勝世界,另一張就在濱海灣金沙。為了防止國民沉迷賭博,政府訂了諸多限制,像是新加坡人進賭場前要先付費、一個月內也不能光顧太多次等,不過本國賭客最終還是佔了相當大的比例。新加坡開放賭權十年以來,的確為國家帶來龐大的觀光收益,不過新加坡人為此傾家蕩產的新聞也未曾少過,這柄兩刃劍的利弊得失,只能看是從何種角度解讀。

非尖峰時段逛空中花園

11:00~16:30是非尖峰時段,門票較便宜,建議選在此時登上世界級的空中花園看風景。

利用雙螺旋橋取景

通過雙螺旋橋到對岸幫金沙娛樂城拍張全景照吧!

別錯過藝術科學博物館

有興趣的話,到藝術科學博物館讓大腦接受一些新刺激。

到購物商場歇腿吹冷氣

逛購物商場的時候,別忘了在室內運河乘坐經典的舢舨船。

免費看光影水舞秀

©Marina Bay Sands Singapore

© Marina Bay Sands Singapore

在兩座水晶閣前的水灣下,藏了18支噴水管,噴出的水柱可達20公尺高,除了水、火、燈光、雷射等水舞元素,最特別的是以水為螢幕,將影像投射在上面,製造出宛如電影的效果。週日至週四20:00、21:00,週五及週六增加22:00場次。記得定好鬧鐘,以免錯過。

來金沙可別光窩在賭場，要把每個角落都玩個透徹，才算不虛此行~

©Marina Bay Sands

不會游泳不是罪過，罪過的是看到這幅畫面卻想起自己沒有訂房。

金沙空中花園
Sands SkyPark

MAP P.47

MAP P.47

info

◎ 空中花園觀景台 Observation Deck

🚪入口位於酒店第3大廈外的上下車處，售票處在第3大廈B1，在Bayfront Ave路旁設有入口，可搭手扶梯進入。

📞6688-8826

🕐非尖峰時段11:00~16:30、尖峰時段17:00~21:00 💲非尖峰時段：成人32元，2~12歲28元。尖峰時段：成人36元，2~12歲32元。

🎫房客免費 ❗不可攜帶食物飲料、行李、專業攝影與錄影設備(三腳架、反光板等)進入

◎ 無邊際游泳池 Infinity Pool

🕐06:00~23:00 🛁現場提供毛巾

❗需憑房卡進入

　金沙空中花園將三棟酒店大樓的頂端連成一片，面積約12,400平方公尺，相當於3個足球場大。園裡最引人矚目的，當屬長達146公尺的戶外高空泳池，在距離地面191公尺高的地方游泳已經是很特別的經驗，更何況泳池還做成望不著邊界的設計，讓人彷彿就要游向天空，

飛越瑰麗的濱海灣與新加坡城。不過這泳池只有房客才可以享受，如果不是住在這裡，那就到另一邊的觀景平台吧！這裡一樣有開闊的美景等待遊客，只差不能游泳而已。

| 用餐選擇 |
◎Spago (新美式料理、酒吧，$$$$$$$，見P.53)
◎CÉ LA VI (亞洲料理、酒吧，$$$$)
◎LAVO (義大利料理，$$$)

想游泳，別光想而已，趕快去訂房！
57層樓高的無邊際游泳池很吸引人吧，但是提醒你，只有金沙酒店的房客才可以使用喔！所以想游的話就要先訂房，而且記得要趁早訂，因為你想的大家也都想啊！

水上計程車 Water Taxi (South)
水晶閣(南) Crystal Pavilion (South)
光影水舞秀
水晶閣(北) Crystal Pavilion (North)
藝術科學博物館 ArtScience Museum
水上計程車 Water Taxi (North)

Maison Boulud
Bread Street Kitchen
活動廣場 Event Plaza
TWG Tea Garden
CUT by Wolfgang Puck
光之魅影 Digital Light Canvas

Bacha Coffee
雨眼 Rain Oculus

會議展覽中心 Sands Expo and Convention Center
運河Boat Canal
Waku Ghin
娛樂場 Casino
MARQUEE Night Club
雙螺旋橋 The Helix Bridge

金沙劇院 Sands Theatre

Bayfront Link

海灣道Bayfront Ave.

金沙空中花園購票處 Sands Skypark Ticket Counter(位於地下1樓)
海灣道Bayfront Ave.

Marina Bay Overpass

CE1 DT16
海灣舫 Bayfront

濱海灣金沙酒店 Marina Bay Sands Hotel
金沙空中花園 Sands SkyPark
Tower3

Sheares Link

Tower1
Tower2
Spago by Wolfgang Puck
CE LA VI Skybar

Sheares Ave.

LAVO Italian Restaurant & Bar

濱海灣金沙購物商場 The Shoppes at Marina Bay Sands

濱海灣金沙平面圖

↓往Gardens by the Bay濱海灣花園

觀景平台彷彿方舟甲板，航行在偉大的城市航道上。

©Marina Bay Sands

登樓賞景雖不用吉時，但良辰還是必須的

若是想在魔幻時刻登上空中花園欣賞晚霞，最好先查詢當天日落時間，因為開放給公眾的觀景平台不大，沒有可以坐下來休息等待的地方。當然啦，如果你是房客就沒差了，想什麼時候上頂樓游泳都可以，也有許多躺椅可以休憩。

從觀景平台可眺望濱海灣與市政區的城市建築景觀

濱海灣金沙酒店
Marina Bay Sands Hotel

info

☎6688-8888 💲 $ $ $ $

　　金沙酒店由3棟高塔般的大廈並排組成，建築工法相當複雜，奧妙之處在於這3棟高樓並非完全筆直，而是有傾斜角度的，只要從側面觀賞，就能看出這項獨創設計。為了搭配建築的整體風格，金沙還特別邀請6位國際知名藝術家為酒店創作，並展示在開放空間裡，與大廳中庭、前檯、餐廳、走道等融為一體，讓人宛如置身在裝置藝術博物館中。酒店的2,560多間客房分佈於55個樓層裡，由於地理位置極佳，每間都坐擁濱海景觀，其中還包括245間頂級套房，提供貼心的私人管家服務。

©Marina Bay Sands

除了造型奇特，建築手法更是巧妙，三棟酒店並非直挺挺的高樓，而是像本翻開的書，其中一面呈弧線傾斜，傾角最大達52度！

如果想深入了解酒店的建築結構，必須走進大廳，從寬廣熱鬧的中庭仰望，設計者大膽挑戰建築理論的巧思將一目瞭然。

DiD YOU KnoW

以建築學而言
金沙絕對是當代奇蹟工程之一

濱海灣金沙酒店不但景象壯觀，為了容納大量池水與成排棕櫚樹，以懸臂結構的建築體來說，其承重力學實在是一大創舉。而這樣高的建築為了抗拒強勁的海風，還設計了4個伸縮縫以容許約20吋的移動距離，使大樓在強風時不致搖晃。

| 用餐選擇 |
◎Origin+Bloom (西式咖啡餐，$ $ $)
◎Blossom(中餐廳，$ $ $)
◎Renku Bar & Lounge (亞洲美食和酒吧，$ $ $)
◎Wakuda Restaurant & Bar(日本料理，$ $ $ $)

©Marina Bay Sands

©Marina Bay Sands

客房景觀最大的遺憾，就是看不到濱海灣金沙酒店。

DID YOU KNOW

©Marina Bay Sands

暗藏風水的傾斜角度

金沙酒店的3棟大樓，一面是垂直結構，另一面是傾斜體，這是模仿撲克牌在洗牌時的凹折。而1號塔樓的傾斜角度更是暗藏玄機，其26度以中文可書寫為二十六，又可看作「二加六」，也就是「八」。畢竟開的是賭場，當然要給他「發」一下啦！

⭐ MAP P.47　**光之魅影**
Digital Light Canvas

info

🏠位於購物商場B-50，Rasapura Masters美食廣場旁。 🕙11:00~21:00 💲每人12元，2歲以下免費，未滿7歲者必須由一名付費成人全程陪同。另推出其他套票組合。

　由國際藝術團隊teamLab運用光影特效所打造的數位叢林畫布，讓遊客透過想像力親手繪製動植物，再漫步其中，感受自己的作品融入叢林畫布的繽紛世界。最後還能將手繪圖案製成紀念品帶回家。

濱海灣金沙賭場
Marina Bay Sands Casino

MAP P.47

info

☺外國遊客持護照可免費入場,但必須年滿21歲。 ♟賭場內有提供免費的無酒精飲料

既然號稱新加坡最大的賭場,從走進大門的那一刻起,便是驚嘆連連。賭場共有3層樓,提供了350多張賭桌,以及超過2,300台吃角子老虎機,賭桌遊戲則包括百家樂、21點、輪盤、新加坡梭哈、骰子等20多種。賭場1樓為非吸煙區,不想吸二手煙的賭客可以在那裡找樂子。

放眼望去,整座賭場竟然看不到半根樑柱,挑高的設計讓空間變得異常寬廣,一座閃亮吊燈從天而降,據說鑲滿了132,000顆Swarovski水晶,貴氣逼人。

©Marina Bay Sands

賭場行前教育

金沙酒店好逛好玩的地方很多,別花太多時間在賭場裡,如果你真的很想試試手氣,這裡送你四個字:旗開得勝,噢…,是見好就收!
另外要進賭場前再提醒你幾件事:
1. 記得帶護照
2. 未滿21歲不可入場
3. 不得穿著海灘服裝、夾腳拖、拖鞋、休閒短褲或無袖上衣

©Marina Bay Sands

DID YOU KNOW
你和新加坡人是走不同的通道進賭場

新加坡開放賭場,是為了要賺外國人的錢,但又很怕自己國家的子民也一窩蜂地湊熱鬧,所以訂了不少特別的規定。像是「新加坡公民」與「外國人」進賭場的通道是不一樣的,新加坡人每次進入賭場都要繳交100新幣的娛樂稅,效期只有24小時,這是為了嚇阻本國人動不動就往賭場跑。至於外國來的火山孝子,自然是沒有任何限制,唯恐你過其門而不入,唯一的規定就是要檢查護照,以免新加坡國民混進外國人的行列中。

©Marina Bay Sands

濱海灣金沙購物商場
The Shoppes at Marina Bay Sands

MAP P.47

info

⏰ 10:00~23:00 (週五、六至23:30)

除了Hermès、Gucci、Burberry、Ralph Lauren等國際名牌坐鎮外,還有來自各國的精品店助陣。新加坡頂級茶葉品牌TWG Tea在此設置茶館,並販售獨家口味的茶元素冰淇淋;摩洛哥的Bacha Coffee更在商場裡開設金碧輝煌的咖啡館,供應100%阿拉比卡咖啡和各式甜點。從57樓的高空酒吧到火紅夜店MARQUEE,夜生活也相當精彩。

商場裡的用餐選擇非常多樣,從昂貴的名廚大餐到簡單的平民小吃都有,比如位於B2的Rasapura Masters,集結星、馬、泰、越、中等亞洲美食,為想保留點賭本的人提供覓食去處。

\ 乘坐舢舨船 /
Sampan Rides

金沙集團在拉斯維加斯威尼斯人酒店打造了一條人工運河,並在河上划行貢多拉船,成為賭城經典。這個跟後來原封不動又搬到了澳門,一樣蔚為風潮。不過同樣的把戲要是再玩第三遍,恐怕就有點過份了,何況金沙在新加坡開的也不是威尼斯人,所以做了點小小的改變,果然再次成為遊客標準行程。

📍購票處位於購物商場B2,運河登船處旁邊 ☎ 6688-8868 ⏰ Sampan Rides11:00~21:00,Eye of the Waterfall Tour每週二和四17:00。 💲Sampan Rides每人15元、Eye of the Waterfall Tour每人18元

當舢舨在運河盡頭的圓環水道上調頭時,記得抬頭看看上方一個直徑22公尺的壓克力巨碗,這是藝術家Ned Kahn的創作「行雨之窗」(Rain Oculus),每小時一次,碗中會注入大水,此時若是站在娛樂場外的活動廣場,會看見碗中壯觀的漩渦,而在運河處則形成一道兩層樓高的瀑布,吸引不少遊客佇足等待。

©Marina Bay Sands

購物商場共有3個樓層,進駐超過170家精品名店,規模比起大型購物中心是有過之而無不及。

濱海灣:濱海灣金沙綜合娛樂城

水晶閣
Crystal Pavilions
MAP P.47

在娛樂場前的海面上，有兩座美輪美奐的玻璃外牆建築，除了可以從海濱步道寶龍坊旁的棧橋進入，與購物商場B2層也有水下通道相連，是金沙極具巧思的創意空間。

©Marina Bay Sands

北側的水晶閣獨創「浮動商店」的概念，由Louis Vuitton進駐，是全球僅次於巴黎香榭麗舍大道旗艦店的第二大LV精品專賣店。南側的水晶閣則是全方位水體環繞的蘋果(Apple)直營店，展售最新產品和潮牌魅力。

金沙劇院
Sands Theatre
MAP P.47

info

價錢：視劇碼及座位而不同

由萬事達卡冠名的劇院，內部有兩間劇場，分別為擁有2,155個座位的大劇院(Grand Theatre)，與擁有1,677個座位的金沙劇院(Sands Theatre)。

©Marina Bay Sands

這裡幾乎每晚都有演出，尤其紐約百老匯的經典音樂劇接力般地在此巡迴，像是《獅子王》、《邪惡壞女巫》、《芝加哥》等，皆為新加坡帶來話題。

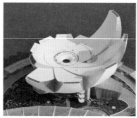

博物館外觀貌似一朵巨大的水上蓮花，朝天的花瓣設計宛若張開的十根手指，象徵新加坡歡迎世界之手。眾花瓣中央有個洞，每逢雨天就成了集水庫，雨水流進洞口垂直落下，變成一道室內瀑布。

藝術科學博物館
The ArtScience Museum
MAP P.47

info

🕐10:00~19:00 (最後入場時間18:00，每月其中一個週四開放至22:00)。常設展入場時間為10:00、11:30、13:00、14:30、16:00、17:30 💲常設展：成人17元，65歲以上14元，2~12歲10元。特展：依各展覽而定 🎫週五為家庭日，每位已持票的成人可免費帶最多4名12歲以下兒童入場 ❗館內不得拍照

博物館內有21間展廳，不定期展出各類型特展，策展主題涵蓋藝術、設計、科學、建築、生物、工藝等多個面向。

橋身將兩條不鏽鋼管像麻花般纏繞，拉出弧線形的頂篷，據說造型靈感擷取於人體DNA的螺旋樣貌，也象徵亞洲文化中的陰陽兩極。

雙螺旋橋
The Helix Bridge
MAP P.47

連結濱海灣兩岸步道的雙螺旋人行步橋完工於2010年，長約280公尺，站在橋上的觀景台能欣賞灣畔的城市風貌。每當夜幕低垂，橋面總是湧進大批遊客，他們在此看夜景、約會談心、拍照留念，繽紛的燈光下，洋溢著浪漫氣息。

用餐選擇

在濱海灣金沙，要吃一頓好的不難，難的是選擇太多～

既然是新加坡旅遊的當家看板，濱海灣金沙的霸氣確實不容小覷，竟邀請到多位國際頂級大廚，齊來這裡開設餐廳，並以「世界名廚餐廳」(Celebrity Chefs)作為號召。細數這些大廚手上握有的米其林星星，看來濱海灣金沙的燈不用開多，光靠這片星光便足以照亮。

Waku Ghin
融合料理 米其林✿✿

©Marina Bay Sands

must eat!
5道式酒吧菜單250元起
推薦菜

🏠 金沙購物商城L2-03

由澳洲名廚和久田哲也主理的Waku Ghin，在「RAS Epicurean Star Award」、「Tatler Dining Guide」等各大餐飲評選中，年年榜上有名。餐廳每晚只招待50名客人，其3間包廂每間都擁有專門掌理的廚師。和久田非常重視食材的新鮮與品質，而在澳洲的烹飪經驗，使他擅長運用當地可以取得的食材，做出變化萬千的融合菜式，因此這裡的餐點在形式上是歐式西餐，精神上卻是日本料理。

☎6688-8507 🕐酒吧17:00~22:30，晚餐17:30~22:30。需訂位。💲$$$$$ ❗恕不招待15歲以下兒童

©Marina Bay Sands

©Marina Bay Sands

©Marina Bay Sands

Spago by Wolfgang Puck
新美式料理

©Marina Bay Sands

must eat!
炭烤愛爾蘭鴨胸48元、
海鯛魚吻沙46元、
3道式午餐65元
推薦菜

🏠 金沙空中花園
(2號塔樓57樓)

Spago是名廚沃夫岡帕克在濱海灣金沙開的第二間餐廳，空間上分為主用餐室與露天酒廊兩個部分，露天酒廊供應自助早餐、輕食與酒精飲料，並可欣賞無邊際泳池與城市天際線的美景。主餐室則由出身自比佛利山Spago的Joshua Brown掌理，根據沃夫岡親定的時令菜單，做出融合全球風味的加州新料理。

☎6688-9955 🕐餐廳12:00~14:00、18:00~21:30 (週五和週六延至22:00)，酒吧7:00~10:30、12:00~14:00、14:30~23:00(週五和週六延至23:30)。💲$$$$ ❗恕不招待8歲以下兒童。請勿穿著運動服、拖鞋、短褲、T恤

和久田哲也 Tetsuya Wakuda

出生於濱松的和久田，20多歲時遠赴澳洲雪梨展開廚藝生涯，他的餐廳Tetsuya's曾連續多年名列《Restaurant》雜誌選出的世界50大餐廳，是澳洲最有名的大廚之一。同時他也是日本唯一一位在海外的清酒大使，因此其餐廳的清酒品質自然不同凡響。

©Marina Bay Sands

沃夫岡帕克 Wolfgang Puck

沃夫岡帕克旗下擁有24間餐廳，總共拿下4顆米其林星星。他出生於奧地利，曾在巴黎的米其林三星餐廳中見習，搬到洛杉磯後，其料理本事大放異彩，他的第一間餐廳：位於比佛利山的Spago，拿下米其林2顆星星，而他本人也兩度獲選詹姆斯比爾德獎的年度主廚頭銜。

©Marina Bay Sands

©Marina Bay Sands

©Marina Bay Sands

CUT by Wolfgang Puck

碳烤牛排 米其林❀

🏠 金沙購物商場B1-71

沃夫岡帕克在新加坡開的第一間餐廳，由其左右手Joshua Brown掌理，主打硬木碳烤的各式牛排。餐廳內部空間由季裕棠打造，有種簡潔的時尚美。而其肉品選擇多樣，包括北海道雪花牛、鹿兒島和牛、澳洲安格斯牛，以及美國USDA Prime等級的牛排，每種都經過長天數的精心熟成，頂級肉品若再搭配頂級名酒，享受更是加倍。

☎6688-8517　⏱17:30~22:00 (週五和週六延至23:00)
Ⓢ $ $ $ $ $　❶請勿穿著運動服、拖鞋、短褲、T恤

Maison Boulud

法式料理

🏠 金沙購物商場 B1-15、L1-83

這是紐約王牌法國主廚丹尼爾布勞德開在新加坡的主力餐廳，以其擅長的傳統法國料理，在食材用料上結合美國色彩，演繹出法式美饌新風貌，比如使用琴酒和甜菜醃製、搭配木槿覆盆子醬的黃尾鰤菜餚Hamachi Betterave，以及選用120天橡果餵飼黑毛豬烤製、搭配甜菜和捲心菜的法式菜卷Porc Chou Farci。週五至週日推出法國生蠔與香檳無限暢飲。餐廳擁有兩層空間，由設計師Joyce Wang華麗打造，充滿法國地中海風情。

☎6688-8525　⏱午餐12:00~14:00(週六和週日11:30起)，晚餐17:30~21:30。　Ⓢ $ $ $ $　❶請勿穿著運動服、拖鞋、背心

©Marina Bay Sands

丹尼爾布勞德 Daniel Boulud

©Marina Bay Sands

出生於法國里昂的丹尼爾，曾是紐約知名餐廳Le Cirque的王牌主廚，1993年他自立門戶，在上東城開了個人的同名餐館Daniel，成為美國少數同時獲得米其林三星(現為兩星)與AAA五鑽評價的名店之一。同時他也是主持實境節目《After Hours with Daniel》的主持人。

戈登拉姆齊 Gordon Ramsay

©Marina Bay Sands

戈登拉姆齊出生於蘇格蘭，曾跟隨世紀名廚Guy Savoy及Joël Robuchon學藝，回到英國後，幫助Aubergine餐廳拿下米其林2顆星，後來自立門戶開了Restaurant Gordon Ramsay，只花了3年就拿到3顆星。現在他的餐廳遍布全球，手上一共握有16顆米其林星星！他同時也活躍於電視圈，一共主持了《地獄廚房》、《廚房噩夢》、《我要做廚神》等多個節目，因為有如教育班長般的超強罵人功力，使他擁有「地獄廚神」的封號，也讓他的節目收視率爆頂。

©Marina Bay Sands

©Marina Bay Sands

Bread Street Kitchen
英式料理

 金沙購物商場L1-81

must eat!
威靈頓牛排單片68元、炸魚薯條48元、煙燻鴨胸42元
推薦菜

沃夫岡帕克在新加坡開的第一間餐廳，由其左右手Joshua Brown掌理，主打硬木碳烤的各式牛排。餐廳內部空間由季裕棠打造，有種簡潔的時尚美。而其肉品選擇多樣，包括北海道雪花牛、鹿兒島和牛、澳洲安格斯牛，以及美國USDA Prime等級的牛排，每種都經過長天數的精心熟成，頂級肉品若再搭配頂級名酒，享受更是加倍。

☎6688-5665 ⏰週一至週三12:00~21:30，週四至週五12:00~22:30，週六11:30~22:30，週日11:30~21:30。
💲 $ $ $ ❶請勿穿著運動服、拖鞋、短褲

Bacha Coffee
咖啡廳

must eat!
咖啡套餐44元起、各式可頌2個8元起
推薦菜

🏠 金沙購物商場B2-13/14

在新加坡紅透半邊天的Bacha Coffee，1910年創始於摩洛哥馬拉喀什的Dar el Bacha宮殿，但歷經二次世界大戰後曾歇業60多年，2020年捲土重來，選在濱海灣金沙開設全球首間概念店，除了金碧輝煌的咖啡廳，還提供外帶服務，以及販售精品級的咖啡與周邊商品。

店內的咖啡種類超過200種，可以在咖啡廳享用主廚自製的佳餚或甜點，搭配新鮮沖泡、裝在鵝頸壺的100%阿拉比卡咖啡，並附上Chantilly鮮奶油、蒸牛奶、冰糖和香草豆。別忘了品嚐店裡知名的各種可頌麵包或直接外帶。

☎6954-1910 ⏰週日至週四10:00~22:00、週五和週六10:00~23:00。 💲 $ $ $ 🌐bachacoffee.com

---

MARQUEE Singapore
酒吧夜店

must eat!
門票依駐場DJ而不同，每人30~60元起
推薦菜

🏠 金沙購物商場B1-67

©Marina Bay Sands

繼紐約、拉斯維加斯和雪梨之後，屢獲獎項的Marquee挾帶著高人氣，首次進軍亞洲就選在濱海灣金沙。佔地面積超過2,300平方公尺，是新加坡目前最大的夜店，不僅完美融合了設計、技術、最先進的DJ控制台和音響系統，還設有巨大的八臂摩天輪及三層樓高的旋轉溜滑梯，加上國際知名DJ和藝人助陣，深深擄獲派對男女的心。

☎6688-8660 ⏰週五、週六和公共假期前夕22:00~06:00 🌐marqueesingapore.com ❶必須年滿18歲才能進場

如果新加坡每年都辦個地標大賽，那麼最新的贏家一定就是濱海灣花園。

濱海灣：濱海灣花園

擎天巨樹正有逐漸取代魚尾獅，成為新加坡國家象徵的趨勢。

濱海灣花園
Gardens by the Bay

MAP
P.31B3
C2C3

　2012年開放的濱海灣花園，分為東、南、中三個部份，總面積廣達101公頃，除了要把新加坡變成「花園中的城市」，更展現21世紀領先技術的雄心壯志，像是大量運用再生能源、利用熱空氣對流與湖水調節的循環系統、以廢棄植物的有機物質幫助空氣冷卻等，在在向世界宣示新加坡在環境工程上的強大本領。佔地54公頃的濱海南花園，是三個花園裡最具有觀光力的一個，花園北端的兩座冷室——雲霧林和花穹，分別打造出熱帶山區及地中海花園景觀，是這裡的超級賣點，而花園中央的擎天巨樹叢，更是新加坡最火紅的國家象徵。

擎天巨樹叢東邊的花園群則是植物世界（World of Plants），呈現各個植物類型的生態特色。

造訪濱海灣花園理由

1 一睹新加坡最新地標——擎天巨樹叢

2 參觀世界最大的無樑柱玻璃冷室

3 在廣闊的綠意花園中恣意漫步

◎ 搭乘地鐵環線或濱海市區線至海灣舫站(Bayfront, CE1/DT16)，走出口B，依指標進入地下通道，出通道後過了蜻蜓橋(Dragonfly Bridge)後即達。或乘地鐵湯申-東海岸線，在濱海灣花園站(Gardens by the Bay, TE22)下車，走出口1或2，可由花園西側進入。

◎ 從地鐵站出口B外的Bayfront Plaza(蜻蜓橋附近)，可搭乘接駁車(Shuttle Service)直達花園中的冷室。

🕐09:00~21:00，每10分鐘一班。

💲每人3元

🏠18 Marina Gardens Dr

☎6420-6848

🌐www.gardensbythebay.com.sg

◎ 戶外花園

🕐05:00~02:00

💲免費

◎ 遠東機構兒童樂園 Far East Organization Children's Garden

🕐9:00~19:00

💲免費

◎ 奇幻花園Floral Fantasy

🕐10:00~19:00

💲成人20元、3~12歲12元。

◎ Satay by the Bay

🕐11:30~22:00

🌐sataybythebay.com.sg

至少預留時間
3~4小時

怎麼玩濱海灣花園才聰明？

避開紫外線最強時段

新加坡很曬，走逛一大圈挺有中暑的風險，建議避開上午11點至下午3點的時段。

搭遊園車省時省力

天氣熱、腿力不足，不想走太多路，那就好好利用語音導覽遊園車吧！

善用兩座冷室

當外頭還熱的時候，先去兩座冷室裡逛逛或歇歇腿。

傍晚暢遊戶外花園和空中步道

接近傍晚時，太陽沒那麼大了，再去植物世界與遺跡花園散步，進入擎天巨樹叢，登上空中步道賞景。

免費觀賞聲光表演秀

在餐廳或美食街吃完晚餐後，悠閒等待晚上的花園狂想曲聲光表演。

遠東機構兒童樂園基本上就是個要讓小孩渾身溼透的水樂園。

花園裡擺設了來自世界各地的200多件雕塑，比如Marc Quinn的青銅雕塑作品「Planet」，營造嬰兒漂浮在空中的錯覺。

©Gardens by the Bay

不想走太多路嗎？沒關係，我們懂的…

◎ 語音導覽遊園車 Audio Tour

將從花園南端一路遊賞各個戶外景點，並介紹沿途遇見的稀有植物，全程約20分鐘。

🚏上車地點位於**Main Entrance**入口、**Arrival Gift Shop**外面的站牌

🕐09:00~17:00，每20分鐘一班。

💲成人10元，3~12歲5元。可上車向語音導覽員購票。

DID YOU KNOW

來到了柴達星?阿凡達?

有看過2014年的漫威電影《星際異攻隊》嗎？是否覺得濱海灣花園有些似曾相似呢？據說電影中柴達星球的場景，就是受到這裡的啟發而創造出來的；也有媒體形容來到這裡，宛如置身於電影《阿凡達》的真實世界!

夜裡擎天巨樹上亮起的燈火，全靠白天吸收的太陽能來發電。

環繞在擎天巨樹叢外圍的步道，一路串起10座小型主題花園，西邊4座以遺跡花園(Heritage Garden)為名，利用植物花卉來展示華人、馬來、印度與殖民地的文化關聯。

位於Bayfront Plaza旁的奇幻花園(Floral Fantasy)，設有4個園林景觀，包括花之舞、花之溪、花之影、花之雨和4D夢幻影院，可體驗花藝與科技結合的繽紛世界。

©Gardens by the Bay

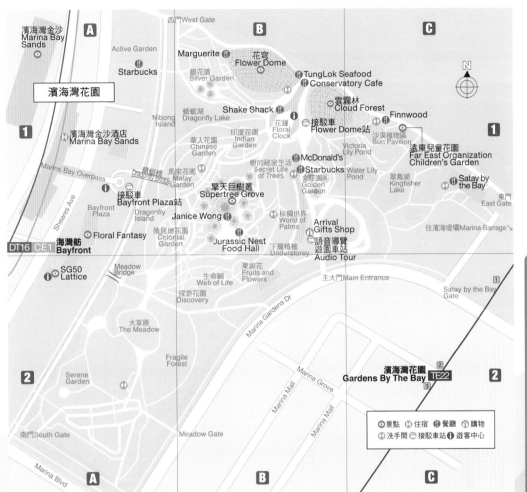

濱海灣花園

A 濱海灣金沙 Marina Bay Sands
Active Garden
Marguerite
Starbucks
銀花園 Silver Garden
花穹 Flower Dome
TungLok Seafood
Conservatory Cafe
雲霧林 Cloud Forest
Finnwood

1
濱海灣金沙酒店 Marina Bay Sands
蜻蜓湖 Dragonfly Lake
Nibong Island
印度花園 Indian Garden
Shake Shack
花鐘 Floral Clock
接駁車 Flower Dome站
沙漠植物區 Sun Pavilion
遠東兒童花園 Far East Organization Children's Garden

Marina Bay Overpass
蜻蜓橋 Dragonfly Bridge
華人花園 Chinese Garden
馬來花園 Malay Garden
樹的秘密生活 Secret Life of Trees
McDonald's
Victoria Lily Pond
Water Lily Pond
Starbucks
金花園 Golden Garden
翠鳥湖 Kingfisher Lake
Satay by the Bay

Sheares Ave
接駁車 Bayfront Plaza站
Bayfront Plaza
Dragonfly Island
擎天巨樹叢 Supertree Grove
Janice Wong
殖民地花園 Colonial Garden
棕櫚世界 World of Palms
東門 East Gate

DT16 **CE1** 海灣舫 Bayfront
Floral Fantasy
Jurassic Nest Food Hall
下層植被 Understorey
Arrival Gifts Shop
語音導覽遊園車站 Audio Tour
往濱海堤壩 Marina Barrage

SG50 Lattice
Meadow Bridge
生命綱 Web of Life
果與花 Fruits and Flowers
主大門 Main Entrance
Satay by the Bay Gate

探索花園 Discovery
Marina Gardens Dr

大草坪 The Meadow

Fragile Forest

2
Serene Garden
Marina Grove
濱海灣花園 Gardens By The Bay **TE22**
2

Marina Mall
Marina Mall

◎景點 ⛨住宿 ⏢餐廳 ⛉購物
⚊洗手間 ⛟接駁車站 ⓘ遊客中心

南門 South Gate
Meadow Gate

Marina Blvd

A **B** **C**

🔊 **什麼？濱海灣有水獺！**

看到這面牌子，你或許感到驚訝，不過，你沒看錯，濱海灣花園裡的確有水獺出沒，而且還是野生的！這群超萌的小動物是江獺，原本居住在新馬外島，近年因新加坡環境改善，逐漸繁衍於此，尤以濱海灣花園看到的機率最大。

牠們通常在傍晚出沒，天氣變化時白天也能看到牠們的身影。不過千萬記得，江獺目前仍是瀕危物種，記得保持距離，切勿餵食。

Satay by the Bay位於園區東北角，提供多種在地美食，尤以沙嗲和各式燒烤最受歡迎。

濱海灣花園這麼大,有哪些景點是一定要看的?

在花穹中間還有一座主題花園,每季都會利用花卉和植物設計出對應主題的造型植栽,是拍照取景的好選擇。

花穹的觀賞重點包括難得一見的非洲猢猻樹,以及造型奇異的寶瓶樹等。

MAP P.59 B1 花穹
Flower Dome

info

🕐 每日09:00~21:00(最後入場時間20:30)

💲 與雲霧林的聯票:成人32元,3~12歲18元。

　花穹是世界最大的無樑柱玻璃建築,這可不是自我吹噓,而是經過金氏世界紀錄認證的。其蛋殼模樣的外觀,由3,332片、42種不同形狀及尺寸的玻璃板組合而成,內部面積廣達1.2公頃,相當於2.2個足球場大。室內溫度維持在23℃~25℃左右,與外頭相比起來更加涼爽與乾燥,種植的植物以半乾燥地區的花卉草木為主,分為地中海、南非、南美、加州、澳洲等不同區域。

| 用餐選擇 |

◎ 同樂海鮮 (新加坡料理,$$$$)
◎ Marguerite (創意花園料理,$$$$$)
◎ Hortus (地中海料理,$$$$$)
◎ Conservatory Café (冰淇淋,$$)

只能買套票
在冷室買票時,會看到有販賣單獨參觀花穹或雲霧林的票種,但那種票只賣給當地居民,外國人必須購買**兩座冷室的聯票**。畢竟都已經千里迢迢而來,如果只進入一座冷室參觀,實在有點說不過去啊~

這棵樹齡超過1千歲的老橄欖樹,是花穹裡年紀最大的生物。

雲霧林
Cloud Forest

info

◎每日09:00~21:00(售票至20:00,最後入場時間20:30)

◎與花穹的聯票:成人32元,3~12歲18元。

　　從炎熱的戶外花園走進雲霧林冷室,瞬間有種暢快的解脫感,這裡的溫度不但保持在23℃~25℃之間,還能感受水氣拂上臉龐的清涼。雲霧林比花穹略小一點,佔地約0.8公頃,這裡最有看頭的焦點,是一座35公尺高、植被茂盛的人造小山,從山頂還流瀉一道秀麗的瀑布。而小山模擬海拔2千公尺左右的熱帶山區環境,植物牆上種滿了蘭花、秋海棠、蕨類、豬籠草與多種鳳梨屬植物。

©Gardens by the Bay

下載濱海灣花園官方App,隨時掌握資訊
參觀花園之前,從手機免費下載Gardens by the Bay的官方App,可直接在線上購買冷室的定時入場門票和自助掃描門票,還能清楚顯示園內各區觀光人潮的分布狀況,透過線上探索花園的故事和植物生態。

遊客可以搭乘電梯並步行至山頂的Lost World後,再沿著兩層空中步道穿越小山與瀑布,一方面從山上俯瞰冷室景觀,一方面也別忘了近距離觀賞攀附在山壁上的花卉植物。

作為雲霧林裡的視覺焦點,這也是目前世界最高的室內瀑布。

這些植物並非只是小山上的裝飾,事實上它們是自成一體的生態系統,如同生長在真正的山林裡。

小山內部則是間展示廳,有鐘乳石、水晶等礦石陳列。

濱海灣：濱海灣花園

花園裡一共有18棵擎天巨樹，其中12棵在擎天巨樹叢，另外6棵分別位於金花園和銀花園。

擎天巨樹叢
Supertree Grove

MAP P.59 B1

info

◎ 空中走道 OCBC Skyway

⏱ 每日09:00~21:00(最後入場時間20:30)

💲 成人14元，3~12歲10元。

　　世人對濱海灣花園的第一印象，既非花穹也不是雲霧林，而是造型有點像非洲猢猻樹的擎天巨樹。這些巨樹也幾乎取代了魚尾獅和濱海灣金沙，成為新加坡最新的看板明星。巨樹高度約25~50公尺不等，最高的相當於16層樓高。其樹幹核心為強化混凝土結構，並覆以植被牆板，外圍再以鋼鐵框架環繞。除了在花園中觀賞巨樹奇景，遊客必定會做的事還包括走上離地22公尺高的OCBC Skyway，將整座花園的景色都收入眼簾。

| 用餐選擇 |
◎ Janice Wong (甜點店，$ $ $)
◎ Jurassic Nest Food Hall (美食街，$ $)

DiD YOU KnoW

擎天巨樹可不只是好看而已

擎天巨樹不只是看起來有樹的形狀而已，它甚至展現類似樹木的機能，其傘蓋能收集太陽光能，並儲存在太陽能電池中，樹心則能引導空氣流動，透過地面下的系統，將來自冷室的熱空氣排放，就像在行使光合作用一般。同時它們還承接了雨水，維持花園裡的灌溉系統。

夜間限定——花園狂想曲聲光秀 OCBC Garden Rhapsody

看完擎天巨樹叢，就準備要回旅館吹冷氣了嗎？別急別急，如果已是傍晚，請你再多留一會兒，如果時間尚早，請你晚上再來，或是先去樹叢旁的美食街吃頓飯。因為每晚19:45，擎天巨樹叢上的燈光將會亮起，並配合音樂變幻色彩，時而輕柔，時而激越。這場名為「花園狂想曲」的聲光表演，大約每3個月會依季節或節慶變換主題。如果你19:45那場沒趕上，沒關係，20:45還會再演一場。

別讓自己成為蚊蟲的晚餐！
新加坡的白天很熱，遊客外出大都短袖短褲，而濱海花園裡草木繁茂，蚊蟲也不少，入夜之後更是成群結隊。因此在觀賞花園狂想曲的同時，也要做好防蚊準備，像是加件薄外套、使用防蚊液、防蚊貼等，免得不用去小販市場就能吃到紅豆冰。

OCBC Skyway是條128公尺長的弧形空中步道，連結樹叢兩端的大樹，讓遊客得以登高賞景。

這群垂直花園上的植物總共多達162,900株，品種超過200種，包括蘭花、蕨類、杉葉石松、藤蔓及鳳梨屬植物等。

把握上午的寶貴時光，不妨到濱海堤壩走走，或看一場設計展！

紅點設計博物館
Red Dot Design Museum
MAP P.31 B3

如何前往
搭乘地鐵環線從Bayfront站下車，走出口E步行即達；或搭乘濱海市區線從Downtown站下車，走出口B即達。

info
⊕11 Marina Boulevard ☎6514-0111
◉平日11:00~19:00，週六和週日10:00~19:00。 ⊛每人10元，6歲以下免費。
🌐www.museum.red-dot.sg

2005年，德國選在新加坡的牛車水開設海外第一間分館，2017年搬遷至濱海灣，成為灣畔一道亮麗的風景線。館內展出超過500件獲獎作品，在此可以看出設計師如何透過全新概念與創意，以不同角度呈現並打造出我們習以為常的事物與日用品，充滿藝術氣質又不失新潮時尚感。

紅點設計大獎由德國的設計協會成立，每年有來自世界各地的上萬件作品投稿，獲獎的作品可以在德國紅點設計博物館展出。

館內的設計商店和咖啡館是必訪之地，而熱鬧的藝術與設計市集則不定期在博物館前方灣畔舉辦。

©Marina Barrage

這裡設有濱海大橋、太陽能公園、綠色屋頂、中央庭院、戲水公園及餐廳等設施。

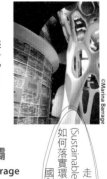
©Marina Barrage

濱海堤壩
Marina Barrage
MAP P.31 C2

如何前往
搭乘地鐵湯申-東海岸線從Gardens by the Bay站下車，走出口1或2步行即達；或乘地鐵南北線或環線在Marina Bay站下車，走出口B往濱海灣金融中心(03391站牌)，轉搭400號公車可達，約20~30分鐘一班。

info
⊕8 Marina Gardens Drive ☎6514-5959 🌐www.pub.gov.sg/Public/Places-of-Interest/Marina-Barrage
◉戶外區域全天開放，展覽館及諮詢櫃台09:00~18:00；戲水公園09:00~21:00（週一、週三、週五12:30~21:00）。 ⦿週二（展覽館）⊛免費 ⦿濱海堤壩提供導覽行程，詳情請洽櫃台或上網查詢。

走進永續新加坡展覽館(Sustainable Singapore Gallery)，探索新加坡如何落實環保議題，為自然資源匱乏的小島國創造飲水來源。

被視為工程奇觀的濱海堤壩擁有三合一的功能。首先，它橫跨於350公尺寬的濱海水道上設有7座巨型排水泵，一旦遇到豪雨漲潮，能立即排放多餘雨水，有效阻隔海水倒灌市區的災情；而濱海灣與外海隔絕後，再利用淡化技術將灣內的海水轉化為淡水，可形成一座城市蓄水池，蓄水池因為不受潮汐影響，水位穩定，就變成舉辦各種水上活動的休閒場地。

每個重要的大城市都要有一座摩天輪，
新加坡當然也不能例外！

王牌景點 **4**

同樣是大型觀景艙式的摩
天輪，新加坡摩天觀景輪和
倫敦眼在外觀上最大的區
別在於，前者採用直立式立
柱，後者為A形立柱。

©Singapore Flyer

濱海灣：新加坡摩天觀景輪

搭乘地鐵環線或市區線至寶門廊
站(Promenade, DT15/CC4)，走
出口A，沿行人指示牌步行約500
公尺即達。

至少預留時間
單獨玩摩天輪：1小時
摩天輪＋周邊區域：3小時

🏠30 Raffles Ave
☎6333-3311
🌐www.singaporeflyer.com

MAP P.68 C2

新加坡摩天觀景輪
Singapore Flyer

　　摩天輪的圓形輪廓向來是城市天際線的美好焦點，然而到了21世紀
後，興建摩天輪似乎成了一股風潮，從倫敦、新加坡開始，到拉斯維加
斯、香港，現在連紐約都加入了摩天輪熱的行列。落成於2008年的新加
坡摩天觀景輪，作為引領此風的成員之一，在當年創下許多世界第一的
紀錄，曾有6年的時間裡，它是世界最高的摩天輪，而現在仍是世上唯一
能在觀景艙中用餐與開party的摩天輪。其165公尺的高度，相當於42層
樓高，不但能總覽整片新加坡國土，視野還能及於馬來西亞與印尼的峇
丹島、民丹島。

造訪新加坡摩天觀景輪理由

1. 這是當今世界上第五高的摩天輪！

2. 能從165公尺高的空中俯瞰整個新加坡！

3. 如果上面兩項還不夠吸引你，那麼在摩天輪上品酒開派對，甚至享用浪漫晚餐，這總該夠酷了吧！

©Singapore Flyer

從觀景艙中望向新加坡，又是一番獨特視角。

摩天觀景輪，你想怎麼搭？

飛行旅程	價錢	出發時間	特色與注意事項
新加坡觀景＋時光之旅	成人40元，3~12歲25元，3歲以下免費。	每日10:00~22:00	
新加坡司令	成人79元，3~12歲31元	16:30、18:30、19:30	◎ 每人1杯新加坡司令雞尾酒 ◎ 18歲以下提供無酒精飲料
星空漫宴 165 Sky Dining	雙人520元起	19:30 (需於半小時前完成登記)	◎ 時間為90分鐘(3圈) ◎ 優先登艙，無需等待。 ◎ 艙內有專屬服務生 ◎ 提供四道菜式晚餐 ◎ 不接受7歲以下兒童(包艙除外) ◎ 禁止穿著短褲、拖鞋、涼鞋
優質香檳	每人79元	15:00、17:00、19:00、20:00	◎ 限成人搭乘 ◎ 提供1杯香檳與巧克力拼盤

別忘了去摸一摸財富之泉。

©Singapore Flyer

怎麼玩
新加坡摩天觀景輪才聰明？

入口處購票

先到1樓入口處購票，若是已在官網上買好，記得在登艙前半小時必須抵達。

享受時光之旅

前往登艙時，會先經過時光之旅展廳，門票已包含在摩天輪票價中。

選擇喜愛的摩天輪飛行旅程

乘坐摩天輪，鳥瞰新加坡全景。

商場用餐玩遊戲

©Singapore Flyer

不妨逛逛摩天輪底下的商場，用餐或遊玩其他娛樂設施。

入境隨俗接地氣

觀賞鄰近地標和逛街

沿濱海步道散步至濱海藝術中心，或前往濱海廣場、美年徑或新達城逛街。

能容納28人的觀景艙，大小有如一輛中型巴士。

©Singapore Flyer

想再浪漫一點，每晚也有兩個時段的晚宴套票，像這樣垂直旋轉的餐廳，恐怕世界上絕無僅有。因此，想跟另一半來點特殊的約會回憶，別說這本書沒有提醒你。

©Singapore Flyer

登上摩天輪之前的暖身——時光之旅

為了增加新鮮感，遊客在登上觀景艙前，會先來到一座多媒體展示空間「時光之旅」(Time Capsule)，在機器人R65帶領下，認識新加坡是如何從一個田園詩般的小島嶼轉變成今日繁華的國際大都市。歷經多感官的沉浸式體驗後，再登上摩天輪俯瞰新加坡，將會更有感覺。時光之旅已包含在摩天觀景輪的門票中。

摩天輪下方還有哪些樂子？

位於觀景輪底部的三層樓進駐不少商店、餐館和娛樂設施，比如2樓的Flight Experience可以在專業教練指導下，操控波音737-800模擬機。此外還有人造雨林和熱帶小徑，別有洞天。

©Singapore Flyer

◎ Flight Experience
⌂摩天輪2樓 #02-06 ◷週一至週五和週日13:00~21:00，週六10:00~22:00。 ⑤30分鐘195元起
ⓦ www.flightexperience.com.sg

| 用餐選擇 |

◎ 天景閣 (中餐廳，$$)
◎ Red Chillies (印度料理，$$)
◎ Daily Kopi (咖啡館，$)
◎ Gelatissimo (冰淇淋店，$$)

新加坡摩天觀景輪 小檔案

高度：165公尺
直徑：150公尺
座艙數量：28個
座艙容納人數：28人
同時最大承載量：784人
旋轉速度：每秒0.24公尺
旋轉一圈時間：30分鐘
佔地面積：33,700平方公尺
最大視野：45公里遠
建築設計者：黑川紀章、新加坡締博建築師事務所
結構類型：梯子型輪圈
開放日期：2008年3月1日
開幕典禮：2008年4月15日

©Singapore Flyer

DID YOU KNOW

數字藏奧秘

©Singapore Flyer

新加坡摩天觀景輪有很多設計都和風水有關，譬如其轉動方向是朝著城市，希望能為國家帶進滾滾財源；而其觀景艙的數量與每個觀景艙可容納的人數都是28，則是取廣東話「易發」的諧音。

世界最高摩天輪大PK (截至2024年)

摩天輪	地點	高度	落成
廣州塔摩天輪 Guangzhou Tower Ferris Wheel	中國廣州	450公尺	2011年
艾因杜拜 Ain Dubai	阿聯杜拜	210公尺	2021年
麻雀山摩天輪 Sparrow Hills	俄羅斯	170公尺	2004年
大摩天輪 High Roller	美國拉斯維加斯	167.6公尺	2014年
新加坡摩天觀景輪 Singapore Flyer	新加坡	165公尺	2008年
南昌之星 Star of Nanchang	中國南昌	160公尺	2006年
渤海之眼 Bohai Eye	中國山東	145公尺	2020年
倫敦眼 London Eye	英國倫敦	135公尺	2000年
水城之眼 Watertown Eye	中國山東	130公尺	2014年
影匯之星8字摩天輪 Golden Reel	中國澳門	130公尺	2015年
天馬之眼 TianMa Eye	中國甘肅	128公尺	2014年
紅馬摩天輪 Redhorse Osaka Wheel	日本大阪	123公尺	2016年

©Singapore Flyer

©Singapore Flyer

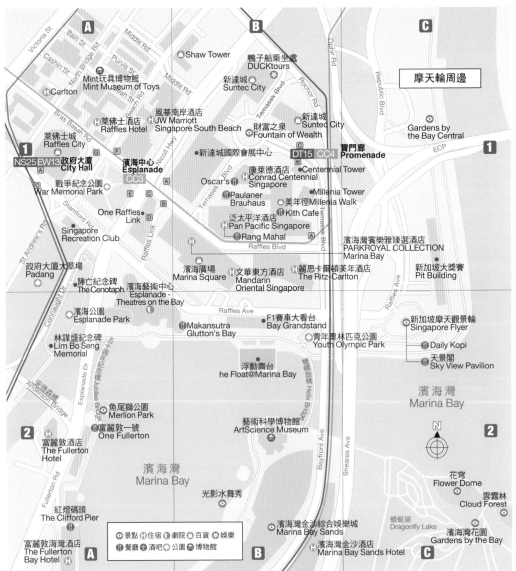

摩天輪周邊

A **B** **C**

Victoria St
Bain St
Middle Rd
Cashin St
North Bridge Rd
Purvis St
Middle Rd
Ophir Rd
Rochor Rd
Republic Blvd

Shaw Tower

鴨子船乘坐處
DUCKtours

Mint玩具博物館
Mint Museum of Toys

新達城
Suntec City

H Carlton

Bras Basah Rd

萊佛士酒店
Raffles Hotel

風華南岸酒店
JW Marriott
Singapore South Beach

新達城
Sunted City

財富之泉
Fountain of Wealth

Gardens by
the Bay Central

萊佛士城
Raffles City

1 NS25 EW13 政府大廈
City Hall

濱海中心
Esplanade
CC3

新達城國際會展中心

DT15 CC4 寶門廊
Promenade

ECP **1**

戰爭紀念公園
War Memorial Park

Oscar's

康萊德酒店
Conrad Centennial
Singapore

Centennial Tower

Temasek Blvd

Millenia Tower

One Raffles
Link

Paulaner
Brauhaus

美年徑Millenia Walk

Kith Cafe

Stamford Rd

Singapore
Recreation Club

Raffles Link

泛太平洋酒店
Pan Pacific Singapore

Rang Mahal

Temasek Blvd

濱海灣賓樂雅臻選酒店
PARKROYAL COLLECTION
Marina Bay

St Andrew's Rd

Raffles Blvd

政府大廈大草場
Padang

濱海廣場
Marina Square

文華東方酒店
Mandarin
Oriental Singapore

麗思卡爾頓美年酒店
The Ritz-Carlton

Raffles Ave

新加坡大獎賽
Pit Building

Connaught Dr

陣亡紀念碑
The Cenotaph

濱海藝術中心
Esplanade -
Theatres on the Bay

Raffles Ave

濱海公園
Esplanade Park

F1賽車大看台
Bay Grandstand

新加坡摩天觀景輪
Singapore Flyer

林謀盛紀念碑
Lim Bo Seng
Memorial

Makansutra
Glutton's Bay

青年奧林匹克公園
Youth Olympic Park

Daily Kopi

Esplanade Dr

Anderson Bridge

浮動舞台
he Float@Marina Bay

雙螺旋橋Helix Bridge

天景閣
Sky View Pavilion

濱海灣
Marina Bay

魚尾獅公園
Merlion Park

N

富麗敦一號
One Fullerton

藝術科學博物館
ArtScience Museum

Bayfront Ave

Sheares Ave

2 H
富麗敦酒店
The Fullerton
Hotel

濱海灣
Marina Bay

光影水舞秀

花穹
Flower Dome

2

Fullerton Rd

紅燈碼頭
The Clifford Pier

雲霧林
Cloud Forest

蜻蜓湖
Dragonfly Lake

富麗敦海灣酒店
The Fullerton
Bay Hotel

濱海灣金沙綜合娛樂城
Marina Bay Sands

濱海灣花園
Gardens by the Bay

A **B** 濱海灣金沙酒店
Marina Bay Sands Hotel **C**

⊙ 景點 🛏 住宿 🎭 劇院 🛍 百貨 🎰 娛樂
🍴 餐廳 🍷 酒吧 🌳 公園 🏛 博物館

坐完摩天輪，再去一旁的**商圈逛街**，真是美好的一天！

濱海藝術中心
Esplanade-Theatres on the Bay

MAP
P.68
A2

如何前往

◎ 距新加坡摩天觀景輪約850公尺

◎ 從Esplanade站出口D，經城聯廣場的地下通道，步行約250公尺。

info

⌖1 Esplanade Dr ☏6828-8377

⌚售票處12:00~20:00

🌐www.esplanade.com

❗藝術中心推出各種付費的參觀導覽行程，有興趣者可上網查詢。

濱海藝術中心落成於2002年10月，在摩天觀景輪與濱海灣金沙出現以前，曾是濱海灣最醒目的地標。這兩顆大榴槤，一座是擁有2,000個座位的劇院，另一座是1,600個座位的音樂廳，皆是新加坡最頂級的表演場地，許多國際級的大師都曾受邀在此登台演出。

兩個場館彼此相連，並有通道前往一旁的購物坊(Esplanade Mall)，充分展現新加坡人不忘購物的個性。

DiD YOU KnoW

漂浮在水面上的足球場？

在濱海灣北岸的步道上散步時，會看到一座漂浮在水面上的足球場，可別小看它，這可是全世界最大的漂浮運動場呢！浮動舞台(The Float@Marina Bay)啟用於2007年，曾作為新加坡國慶典禮的舉辦場地，目前除了用作足球場外，也是新加坡大獎賽等活動的開閉幕儀式地點。

其實讓它充滿話題的外觀，並不是設計者最初的本意，原本這兩棟巨蛋形的建築是要建成單純的玻璃帷幕，但考慮到新加坡的氣候，那樣的設計會讓室內燠熱難耐，於是才加裝上7千多個三角形的遮陽鋁板，形成現在人稱「大榴槤」的樣貌。

濱海灣：新加坡摩天觀景輪

新達城
Suntec City
MAP P.68 B1

如何前往

◎ 距新加坡摩天觀景輪約750公尺

◎ 從Promenade站出口C，出站步行約5分鐘可達。

◎ 從Esplanade站出口A，出站步行5~10分鐘可達。

info

📍3 Temasek Blvd ☎6822-1538

🕐每日10:00~22:00

🌐www.sunteccity.com.sg

　　新達城集金融、購物、觀光、會展中心於一身，最大的特點就是依據風水建造的格局。在購物中心裡一共聚集了300多家店面和100多間餐廳，進駐的大都是國際潮流品牌，譬如UNIQLO、H&M、Fossil、Aesop等，以中平價為主。此外，這裡還有號稱全球最大的財富之泉等景點，是一座多功能的休閒娛樂城。

新加坡老字號的必體驗：去財富之泉沾沾財氣！

新達城的5棟辦公高樓看來就像手指的形狀，而位於掌心位置的，就是名為「財富之泉」(Fountain of Wealth)的大噴泉。這座噴泉的設計與風水密不可分，水自13.8公尺高的青銅巨環流下，形成一道18公尺寬的水屏，據說所產生的能量磁場可以為新加坡聚集財氣。為了讓人人有財發，財富之泉中央的泡泉器在每天10:00~12:00、14:00~16:00與18:00~19:30三個時段開放給遊人觸摸，至於是否真有聚財之效，小編至今仍在等待應驗。

美年徑
Millenia Walk
MAP P.68 B1

如何前往

◎ 距新加坡摩天觀景輪約450公尺

◎ 從Promenade站出口A或B，出站即達。

info

📍9 Raffles Blvd ☎6883-1122

🕐每日10:00~22:00

🌐www.milleniawalk.com

中庭一座座中空的彩格尖頂，出自普立茲克獎得主Philip Johnson之手。

　　美年徑的商店與餐廳加起來約有90多家，擁有設計師品牌商店，例如Eyes@Walk和Déjà vu Vintage。3C視聽產品也來頭不小，包括Harvey Norman旗艦店和Mac.Infinity、Absolute Sound等專賣店。其中更少不了各種餐廳、咖啡館，新加坡首間小型啤酒餐廳Paulaner Brauhaus，就坐落在此。

濱海廣場
Marina Square

MAP P.68 B1

如何前往

◎ 距新加坡摩天觀景輪約750公尺

◎ 距Esplanade站出口B或C約150公尺

info

📍6 Raffles Blvd

📞6339-8787　🕙每日10:00~22:00

🌐www.marinasquare.com.sg

　濱海廣場以平價品牌為主,200多家店鋪、餐廳和親子休閒設施分布於5個樓層,寬廣的中庭經常舉辦特賣會。逛累了,不妨找間咖啡館或餐廳小憩片刻,或體驗腳底按摩、芳香舒壓療程,緩解旅途疲勞。此外,濱海廣場也與東方文華、泛太平洋與濱華3間酒店直接相連。

以販售中東風情和亞洲手工藝品聞名的LIMS在此開設賣場,充滿東方色彩的雜貨和古玩,吸引尋買愛好者前來。

衝啊~新加坡大獎賽
Singapore Grand Prix

◎新加坡旅遊局

　有在關注F1一級方程式的人,一定不會對新加坡大獎賽陌生,這不但是東南亞最重要的國際賽事,更是目前全球唯一的夜間賽事。除了比賽時刻外,最熱鬧的就是週末的演唱會,像是皇后合唱團、邦喬飛、魔力紅等,都曾在此登台演出。

◎ 新加坡大獎賽Q&A

Q:何時開跑?

A:新加坡大獎賽於每年9月下旬舉行,為期3天。

Q:在哪比賽?

A:大部份賽道在濱海灣北岸,並延伸至市中心的市政區與富麗敦酒店。

Q:賽道多長?

A:賽道共5公里長,整個賽程要跑61圈。

Q:如何觀看?

A:賽道上有8處看台或走動區,最大的一座是濱海廣場對面的Bay Grandstand。

Q:要準備多少銀兩?

A:看台票依地點及票數,從新幣250到2千多元不等。如果你有興趣共襄盛舉,建議愈早買票愈好,因為早鳥票有優惠價;但另一方面,要是你對賽車興趣缺缺,那麼千萬別在這個時候來新加坡,旅館爆貴自不用說,而且很有可能訂不到房。

Q:想知道其他細節。

A:直接上新加坡大獎賽官網:www.singaporegp.sg。

吃飯皇帝大，吃飽才有力氣繼續玩！

Makansutra Glutton's Bay
亞洲小吃

🏠 濱海藝術中心東側

被譽為「新加坡食神」的司徒國輝創辦了推廣街頭美食文化的Makansutra公司，除了出版美食指南、開設電視節目外，更親自挑選小吃攤販，設立了這處露天熟食中心。短短的街上聚集了10多間餐飲店，可一次品嚐到炒蘿蔔糕、海南雞飯、沙嗲、辣椒螃蟹、參峇魔鬼魚等當地美食，入夜後宛如夜市般人聲鼎沸，熱鬧無比。

📍P.68B2 🚇從Esplanade站出口D，經城聯廣場的地下通道，步行250公尺經過濱海灣藝術中心，沿濱海散步道可達。🏠8 Raffles Ave #01-15 ☎6336-7025 ⏰週二至週四16:00~23:00（週五延至23:30），週六和週日15:00~23:30。🚫週一 💲$$ 🌐www.makansutra.com

Paulaner Bräuhaus
德國啤酒餐廳

must eat!
巴伐利亞
豬腳45元、
香腸拼盤30元、
啤酒0.3公升
14元起
推薦菜

🏠 美年徑1樓最西側

Paulaner Bräuhaus謹守1516年的純酒法令，新鮮現釀出正統德國啤酒。其招牌啤酒是慕尼黑拉格和慕尼黑深啤，前者口味滑順，後者大麥味道分明，都極受歡迎。巴伐利亞豬腳(Bavarian Schweinshax'n)和香腸拼盤(Wurst Kuche)都是推薦主菜，豬腳以傳統方法製作，表皮先醃製再烤至濃濃酥脆，裡頭保留了豐富肉汁；以木炭燒烤的香腸有多種口味，附有自製酸菜和馬鈴薯泥，適合多人分享。

📍P.68B1 🚇距Promenade站出口B約280公尺。距摩天觀景輪約900公尺 🏠9 Raffles Blvd, #01-01 ☎6592-7912 ⏰酒吧：週日至週四11:00~午夜，週五和週六11:00~01:00。餐廳：午餐週六和週日11:00~15:00，晚餐每天18:00~23:00。💲$$ 🌐www.paulaner-brauhaus-singapore.com

Kith Café
咖啡館

 美年徑1樓

must eat!
手工鬆餅
18元起、
咖啡4.55元起、
午餐套餐13元起
推薦菜

2009 年創立於羅伯遜碼頭 (Robertson Quay) 河畔的 Kith，在當時是咖啡館領域的先驅之一，也為社區鄰里提供了美食與陪伴。如今在新加坡擴展了 10 家分店，其中一家進駐於美年徑購物長廊。菜單是自家主廚構思的原創食譜，每天精心製作的特色三明治、漢堡和義大利麵，再加上糕點廚房和披薩吧，客人可以享用不斷更新的麵包與糕餅，搭配精選研磨咖啡。推薦選擇多樣的Brunch，包括手工鬆餅、酪梨荷包蛋三明治、水果沙拉等。

P.68B1 從Promenade站出口A或B，出站後走進美年徑的商店長廊即達。距新加坡摩天觀景輪約450公尺。 9 Raffles Boulevard #01-44/45, Millenia Walk 6333-4438 07:30~22:00 $ $ kith.com.sg

Oscar's
國際自助餐

must eat!
自助午餐
68元、
自助晚餐86~96元
推薦菜

美年徑1樓 康萊德酒店1樓

看到Oscar's，聰明的讀者馬上會想到最盛大的電影頒獎典禮奧斯卡，沒錯，位於康萊德酒店裡的Oscar's餐廳，就是以電影為靈感而命名的主題餐廳。但餐廳裡並沒有強調任何電影元素，明亮活潑的裝潢感覺充滿活力，以電影音樂作為襯托，腦海中就會浮現電影畫面。透過半開放式廚房，可以欣賞主廚精湛的廚藝表演，餐廳供應中西式料理Buffet，包括新加坡當地美食，如叻沙、海南雞飯等，西式料理如沙拉、肉類、海鮮等，選擇相當多樣。

P.68B1 距Promenade站出口B，走約250公尺可達康萊德酒店1樓。距摩天觀景輪約1公里。 2 Temasek Blvd (Conrad Centennial Singapore, G/F) 6432-7481 早餐：06:00~11:00，午餐12:00~14:30，晚餐18:00~22:30。 $ $ $ conradhotels3.hilton.com

must eat!
達爾頓羊排
48 元、
午餐套餐68元
推薦菜

Rang Mahal
印度料理

泛太平洋酒店3樓

1971年開業至今，Rang Mahal是榮獲米其林一星的印度餐廳，捨棄傳統擺盤方式，採用西方概念，創造出現代新美學。印度料理大致分為北印和南印兩種，然而走遍印度的主廚表示，印度料理可不只有南北之分，每個地區都各有特色，因此他集各地之長，融合其食材及調味

香料，創作出全新的印度料理。店內的招牌菜包括孟買炸麵球 (Bombay Pani Puri) 和達爾頓羊排 (Dhuwandaar Lamb Chops) 等。

P.68B1 距Promenade站出口A約280公尺。距摩天觀景輪約700公尺。 7 Raffles Blvd (Pan Pacific Singapore, Level 3) 6333-1788 午餐12:00~14:30（週六不營業），晚餐18:30~22:30。 $ $ $ rangmahal.com.sg/rangmahal

濱海灣‧新加坡摩天觀景輪

用盡全力在小島上吃喝玩樂吧！

聖淘沙
Sentosa

聖淘沙

倘若來到新加坡，卻只在濱海灣流連，聖淘沙肯定很不服氣，因為論起娛樂性，聖淘沙好玩的程度絕對是有過之而無不及。

「聖淘沙」在馬來語中是「和平、寧靜」的意思，這座小島憑靠著沙灘椰影的南國海景，自70年代以來一直是新加坡的度假聖地。不過身處南洋一隅，這樣的美景比比皆是，為了在觀光市場中殺出重圍，寧靜和平的聖淘沙變身進化成繽紛熱鬧的遊樂場，先有英比奧山頂景區的各項設施，後有高舉環球影城大旗的聖淘沙名勝世界，果然為新加坡迎來眾多觀光人潮。

聖淘沙的景點集中在島嶼西半部，大致分為聖淘沙名勝世界、英比奧山頂景區、西樂索海灘、巴拉灣海灘四個區域，擁有主題樂園、娛樂賭場、度假酒店、米其林餐廳、自然風光，以及歷史遺跡。

聖淘沙與港灣

A **B** **C**

往中苔魯
Jalan Bukit Merah

Depot Rd
Henderson
AYE
Lower Delta Rd
Ayer Rajah Epwy

南部山脊 The Southern Ridges
亞歷山大拱橋
Alexandra Arch
Forest Walk
Telok Blangah Green
Telok Blangah Way
Telok Blangah Cres
Lower Delta Rd
Bukit Purmel Ave
Kampong Bahru Rd

園藝園林
HortPark
Hyderabad Rd
吉門營房
Gillman Barracks
Terrace Garden
Telok Blangah Heights
花柏山公園
Mount Faber Park
Telok Blangah Rise

1

Alexandra Rd
Lock Rd
Malan Rd
Telok Blangah St 32
直落布蘭雅山公園
Telok Blangah Hill Park
Henderson Rd
Mount Faber Rd
Mount Faber Loop
魚尾獅像與瞭望台
Mount Faber Rd

亞歷山大
Alexandra Retail Centre
拉柏多公園
Labrador Park
CC27
Telok Blangah Dr
W Coast Hwy
Pender Rd
Wishart Rd
直落布蘭雅
Telok Blangah
CC28
花柏山站
Mount Faber
Mount Faber Rd

Labrador Villa Rd
Berlayer Creek Mangrove Trail
柏楞溪紅樹林徑
Port Rd
Keppel Golf Club
Bukit Chermin Rd
Keppel Bay View
Seah Im Food Centre
港灣
HarbourFront
CC29 NE1
怡豐城站
VivoCity
聖詹姆士發電廠
St. James Power Station

拉柏多自然保護區
Labrador Nature Reserve
武吉慈明海岸步道
Bukit Chermin Boardwalk
Keppel Island
Keppel Bay Dr
港灣站
HarbourFront
港灣中心
HarbourFront Centre
怡豐城
VivoCity
布拉尼島
Brani Island

2

西樂索炮台
Fort Siloso
西樂索海角站
Siloso Point
Imbiah Rd
Imbiah Walk
Siloso Beach Walk
Siloso Rd
花柏山纜車線
Mt Faber Line
聖淘沙捷運線 Sentosa Line
英比奧山頂站
Imbiah Lookout
聖淘沙站
Sentosa
聖淘沙名勝世界
名勝世界站
Resorts World
Sentosa Gateway
聖淘沙海濱行徑 Sentosa Boardwalk
新加坡環球影城
Gateway Ave

西樂索海灘
英比奧山頂景區
魚尾獅
Merlion
Beach View
英比奧站
Imbiah
Artillery Ave
The Knolls
Ironside Link

海灘站
Beach
Beach Rd
聖淘沙
Sentosa

新加坡海峽
Straits of Singapore
巴拉灣海灘
Palawan Beach
亞洲大陸最南端
Southernmost Point of Continental Asia
海灘接駁車

3

景點 百貨 公園 酒吧 纜車
餐廳 捷運站 海灘接駁車站

N

丹戎海灘
Tanjong Beach

聖淘沙的入島費

多數遊客都是搭乘聖淘沙捷運(Sentosa Express)進入島內，捷運車票每張新幣**4元**(3歲以下兒童免費)，也可以使用ez-link Card，入島費已包含在車票中。不過只有怡豐城站(VivoCity)設有月台閘門，換言之，只有登島的那班車需要買票，到了聖淘沙島內，無論你想坐幾次捷運，都是免費搭乘。乘坐公車或纜車，其車資已包含入島費。如果搭計程車入島，入島費依時段而不同，從2~6元不等，將加計在車資中。

聖淘沙 島內交通

聖淘沙島雖然不大，但因地形起伏，光靠雙腳可是會累煞人的。為了保留體力玩樂，建議多多利用島內的大眾交通工具。

不用錢的

◎ 聖淘沙捷運 Sentosa Express

聖淘沙捷運在島上共有3站，分別是位於名勝世界的名勝世界站(Resorts World)、鄰近杜莎夫人蠟像館的英比奧站(Imbiah)，以及介於西樂索、巴拉灣海灘之間的海灘站(Beach)。只有從怡豐城站(VivoCity)入島需付車資，而在島上3站搭乘都是不用錢的！

🕐 07:00~午夜12:00

◎ 海灘接駁車 Beach Shuttle

海灘接駁車其實是在路面上行駛的遊園車，往返於西樂索海灘、巴拉灣海灘與丹戎海灘之間，全程循環停靠18個站，對想專玩海灘的遊客來說，是方便的代步工具。

🕐 09:00~22:00(週六至23:30)，每15~25分鐘一班。時間和路線易有變動，請以官網為準。

◎ 循環巴士 Sentosa Bus

島內的循環巴士共有路線A和路線B，行駛於島內主要景點之間，可事先下載「My Sentosa」應用程式，或在各捷運站、聖淘沙旅客詢問中心拿取Island Map，地圖上有詳細行駛路線可參考。

如何從市區前往 聖淘沙

◎ 地鐵：搭乘地鐵東北線或環線至**港灣站**(HarbourFront, NE1/CC29)，走出口**E**進入怡豐城，上3樓搭乘**聖淘沙捷運**(Sentosa Express)可進入聖淘沙島，聖淘沙捷運共有4站，分別為：怡豐城站(VivoCity)、名勝世界站(Resorts World)、英比奧站(Imbiah)和海灘站(Beach)。

🕐 地鐵05:31~23:18、聖淘沙捷運07:00~午夜12:00

💲 聖淘沙捷運：4元，在島內可無限次搭乘。

◎ 公車：在地鐵港灣站的**A**出口前方設有站牌，可搭乘**公車123號**進入聖淘沙。

💲 依搭乘距離遠近而不同，票價約1.09~1.30元。

◎ 空中纜車：在港灣地鐵站下車，走出口**B**進入怡豐城，上2樓循指標前往**港灣第二大廈**(HarbourFront Tower 2)，搭乘開往聖淘沙方向的**花柏山線纜車**(Mount Faber Line)可直達英比奧山頂景區。

🕐 08:45~22:00

💲 花柏山纜車來回票：成人33元、兒童22元，至官網購票可享有優惠價。

🌐 www.mountfaberleisure.com

◎ 步行：在港灣地鐵站下車後，走出口**B**進入怡豐城1樓，依指標至**聖淘沙跨海步行道**(Sentosa Boardwalk)，步行道上有遮雨頂棚和自動前進的電動步道，長度約670公尺。

💲 入島免費

要收錢的

◎ 聖淘沙線空中纜車 Sentosa Line

聖淘沙線纜車共有3個站，分別是魚尾獅站(Merlion)、英比奧山頂站(Imbiah Lookout)和西樂索海角站(Siloso Point)。

或許有人會問，既然島上有這麼多免費的交通選擇，為什麼還要坐花錢的？理由很簡單，因為好玩啊！可以從不同的角度欣賞島嶼風光。

🕐08:45~22:00 (最後登車時間21:30)

纜車票價	成人	孩童
1趟來回	17元	12元
全日票	27元	22元

＊孩童：4~12歲

聖淘沙旅客詢問中心

在島上的海灘、英比奧、名勝世界3座捷運站旁都設有售票櫃台(Sentosa Ticketing Counter)，可購買各景點門票、Fun Discovery Pass或詢問旅遊相關資訊。

🌐www.sentosa.com.sg

善用島上遊樂設施套票

聖淘沙島上好玩的東西太多，可是每樣都想玩的話，門票又好驚人，或許在官網上買張Fun Discovery Pass是件值得考慮的事。

Fun Discovery Pass可使用於杜莎夫人蠟像館、SkyHelix Sentosa、Ola Beach Club、聖淘沙4D探險樂園、S.E.A海洋館、特麗愛3D美術館等80多個景點、餐廳和商店，並包含2次免費入島門票。但是這麼多景點，一天怎麼玩得完？

因此，Fun Discovery Pass採用代幣(Token)式通行證，提供60、95、130三種代幣選擇，有效期限6個月，你可以視自己的玩法來搭配。例如：杜莎夫人蠟像館的門票是42元，持Fun Discovery Pass只需付代幣30元。如果玩過多數遊樂設施，大約可省下55%門票費用。當代幣用完時，還能到售票櫃台加值，繼續使用。可在官網線上購買，或到Sentosa Ticketing Counter購買。

🌐store.sentosa.com.sg

票券價格	60 Tokens	95 Tokens	130 Tokens
每人	60元	90元	120元

環球影城與娛樂場相伴，也算是老少咸宜吧…

WELCOME TO
RESORTS WORLD SENTO

聖淘沙名勝世界無庸置疑，是新加坡最適合家庭旅遊的目的地。

聖淘沙：聖淘沙名勝世界

◎ 地鐵：搭乘地鐵東北線或環線至港灣站(HarbourFront, NE1/CC29)，走出口E進入怡豐城，上3樓搭乘聖淘沙捷運(Sentosa Express)，於濱海站(Waterfront)下車即達。
入島費用：4元
◎ 步行：在港灣地鐵站下車後，走出口C進入怡豐城1樓，依指標至聖淘沙跨海步行道(Sentosa Boardwalk)，步行道上有遮雨頂棚和自動前進的電動步道，長度約670公尺。
入島費用：免費

至少預留時間
單玩環球影城：半天~1天
玩整個名勝世界：1~2天

📍8 Sentosa Gateway
📞6577-8888
🌐www.rwsentosa.com

聖淘沙名勝世界
Resorts World Sentosa

MAP P.75 C2

在新加坡為了觀光而大興土木的2010年前後，不單單濱海灣熱鬧，南方度假小島聖淘沙也是話題滾滾。由馬來西亞的雲頂集團所興建的聖淘沙名勝世界，耗資新幣65.9億元，最大的亮點就是擁有東南亞唯一的環球影城，光是這點，就足以令人血脈賁張。

更狂的是，環球影城只是名勝世界眾多遊樂的其中一項，這裡還有全球最大的海洋生物館之一、吃喝玩樂購物全包的節慶大道、米其林名廚餐廳，以及大型合法賭場等。因此有些人來到新加坡，乾脆就把這裡當成一站式的目的地，盡情在島上度過完整的假期。

造訪聖淘沙名勝世界理由

1 不多說，衝著環球影城的面子，你就該來這裡一趟

2 新加坡兩間大型合法賭場的其中一座

3 在海底世界和魚兒共享晚餐，進入夢鄉

在名勝世界裡，經常可見到街頭藝人表演。

既然開的是賭場，紀念品當然也要有點賭神味。

度假。
即使待在名勝世界的飯店裡也能開心玩水
無須匆匆趕往海邊，

聖淘沙名勝世界小檔案

產權所有者：雲頂集團
開幕日期：2010年1月20日
造價：65.9億新幣
建築師：Michael Graves (度假村主要部分)
佔地面積：49公頃
酒店數：6間
客房數：超過1,500間
賭池面積：15,000平方公尺
賭桌數：超過500張
角子機數：2,400多台

怎麼玩環球影城才聰明？

避開人潮

環球影城是新加坡的A級景點，若不想人擠人，請儘量避開週末或國定假日。

官網購買門票

去環球影城，在為了遊樂設施而排隊之前，可能還得先為了買入園門票而排隊，想省略這一過程，可事先上官網購買門票。

入園直奔熱門設施

最好在開園時間就搶頭香入園，入園後直奔太空堡壘卡拉狄加和變形金剛3D等熱門設施，不然晚了可就有得排了。

買優先通行卡

要是真的很怕排隊，不妨多花一筆小錢買張優先通行卡。不過醜話說在前頭，遇到假日時，就算手持優先通行卡也不代表能通行無阻，只是排的時間短一點罷了。

聖淘沙：聖淘沙名勝世界

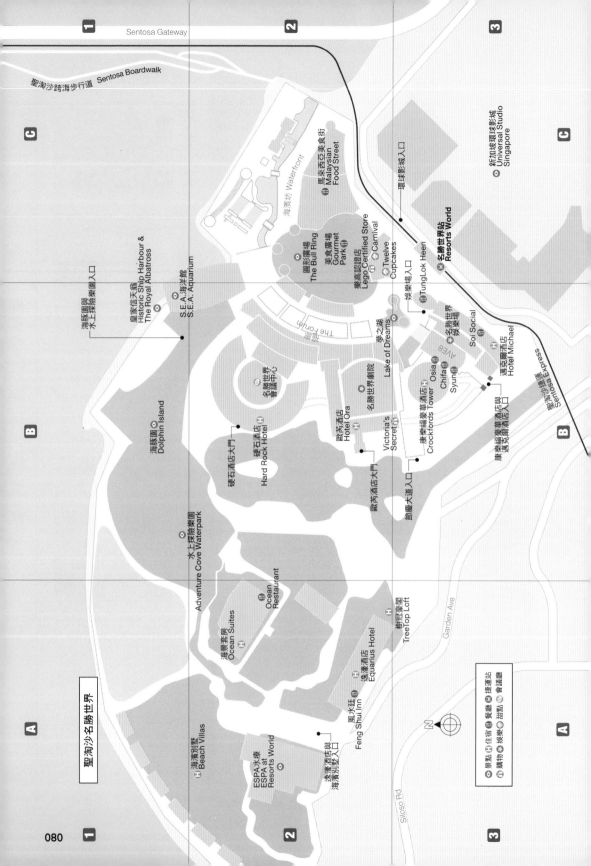

聖淘沙名勝世界

Sentosa Gateway

聖淘沙跨海步行道 Sentosa Boardwalk

海濱坊 Waterfront

馬來西亞美食街 Malaysian Food Street

新加坡環球影城 Universal Studio Singapore

環球影城入口

名勝世界站 Resorts World

圓形廣場 The Bull Ring

美食廣場 Gourmet Park

樂高認證店 Lego Certified Store

Twelve Cupcakes

Carnival

海豚園園 水上探險樂園入口

皇家信天翁 Historic Ship Harbour & The Royal Albatross

S.E.A.海洋館 S.E.A. Aquarium

The Forum

娛樂場

TungLok Heen

名勝世界 娛樂場

Soi Social

AV8

Hotel Michael

逸克爾酒店

海豚園 Dolphin Island

名勝世界 會議中心

Lake of Dreams 夢之湖

名勝世界劇院

Hotel Ora 歐芮酒店

Osia

Chifa

Syun

康樂福豪華酒店 Crockfords Tower

康樂福豪華酒店與 邁克爾酒店入口

聖淘沙捷運 Sentosa Express

硬石酒店大門 Hard Rock Hotel 硬石酒店大門

Victoria's Secret

歐芮酒店大門

節慶大道入口

水上探險樂園 Adventure Cove Waterpark

海景套房 Ocean Suites

Ocean Restaurant

樹冠豪閣 TreeTop Loft

Garden Ave

逸濤酒店 Equarius Hotel

風水廷 Feng Shui Inn

海灘別墅 Beach Villas

ESPA水療 ESPA at Resorts World

逸濤酒店與 海賓別墅入口

N

Siloso Rd

景點　住宿　餐廳　捷運站
購物　娛樂　甜點　會議廳

必玩重點

來新加坡環球影城，和電影明星一同飛天遁地！

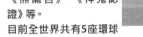
MAP P.80 C3

新加坡環球影城
Universal Studios Singapore

如何前往

從聖淘沙捷運的Resorts World站下車，出站即達入口。

info

☎6577-8888

🕙每日10:00~19:00，營運時間依不同月份與日期會做調整，請以官網公告為準。

環球影城門票	13歲以上	4~12歲
一日票	83元	62元

*票價會依不同月份或季節而有調整，請詳閱官網。

　雖然距離台灣最近的環球影城是在大阪，但新加坡的環球影城卻有許多獨到之處，像是太空堡壘卡拉狄加、遙遠王國和木乃伊復仇記，就是全世界僅此一家、別無分號的遊樂設施，而其他項目也和大阪環球影城幾乎沒有重複。因此就算

環球影城知多少？

環球影城是電影龍頭環球影業的相關企業，環球影業誕生於1912年，目前隸屬於康卡斯特公司旗下的NBC環球集團，近幾年的賣座大片包括《玩命關頭》、《變形金剛》、《熊麻吉》、《神鬼認證》等。

目前全世界共有5座環球影城樂園，第1座位於環球影業老家的好萊塢，最大的一座位於佛羅里達的奧蘭多，另外3座則分別位於大阪、新加坡和北京。

你早就去大阪玩過，來到新加坡，仍然能感到前所未見的新鮮與奇特。

　這裡規劃有7大區域，每區都以賣座電影為主題。接下來這幾頁先讓你看看可以玩些什麼，至於實際上到底有多好玩，還是得請你親自飛來這裡體驗一下。

聖淘沙：聖淘沙名勝世界

常看電影的人來到環球影城大門，看到那顆旋轉的地球一定不會覺得陌生，因為在許多電影的開頭都有這一幕。

為了表示尊重地主，這顆地球上的字也以新加坡為中心。

和迪士尼的童年溫馨相比起來，環球影城以先進科技與聲光特效取勝，畢竟是搞電影的，這方面絕不能漏氣。

失落的世界
The Lost World

古埃及
Ancient Egypt

遙遠王國
Far Far Away

科幻城市
Sci-Fi City

小小兵樂園
Minion Land

預計2024年底開幕

紐約
New York

好萊塢
Hollywood

新加坡環球影城

門票是到了現場買，還是事先在網路上買好呢？

◎ **現場買(售票處、遊客服務處或售票亭)**

好處：行程彈性，若遇天候不佳或臨時無法成行，可隨時改變計畫。

壞處：買票時大排長龍事小，萬一園內遊客量飽和，還會有進不去的風險。

◎ **網路買：**

好處：一票在手，直接入園，省卻排隊麻煩。

壞處：不能退票。

另外，有不少人喜歡在專賣票券的網站上購買，比如「客路(KLOOK)」，好處是真的有比較便宜，壞處是行程日期更固定，且同樣不能退票。

好萊塢
Hollywood

各式禮品店排列於街道兩側，從造型玩具到七彩糖果，讓人眼花撩亂。拐個彎，來到好萊塢劇院，可以坐在這裡觀賞一場搖滾音樂劇，體驗百老匯的經典舞台效果。而繽紛醒目的Mel's Drive-in速食店則以復古裝潢、懷念金曲，搭配經典美式漢堡，彷彿時光回到50年代。

Mel's Drive-in前一輛輛古董車，重現美國電影的風華歲月。

走進影城大門，迎面而來就是商店林立的好萊塢大道。

卓別林表示：我雖然最後在美國不太開心，但還是可以回好萊塢和你拍一張照。

紐約
New York

紐約的知名地標都被濃縮在這條短短的街道上,行走其中,很輕易就遇見熟悉的電影場景。

想深入了解電影的幕後製作,就得走進由史蒂芬史匹柏主持的電影特效片場(Lights, Camera, Action),看工作人員如何利用特效將空蕩的攝影棚變成慘遭五級颶風侵襲的紐約城。

這應該是長高前的洛克斐勒中心。

身在大蘋果,隨地跳個街舞也是很合邏輯的。

略開頂上的天蓬不提,這裡的街景還真有點曼哈頓的感覺。

一想到排隊頭就大?此處有解!
所謂「時間就是金錢」,想要少花點時間,自然就得多花些金錢。不想排隊的人,可以另外加購優先通行卡(Universal Express)。許多熱門設施會有兩個入口,一個是一般通道,另一個是優先通行卡通道,由於優先通行卡也非廉價之物,想當然爾,隊伍當然要比一般通道短得多。必須持有一日票者,才能加購優先通行卡,每張50元起,卡上皆標有日期,只限在指定日期使用。

下載新加坡環球影城App,玩得滴水不漏!
進入園區之前,可以先從手機免費下載「新加坡環球影城官方App」,包括園內地圖、各主題區域的現況、各遊樂設施的排隊等待時間、餐廳購物介紹與各種精彩活動,最重要的是「Meet & Greets」,可查詢所有影城明星和遊客見面合影的詳細時段,堪稱是追星小幫手。

小小兵樂園
Minion Land

在小小兵樂園中,有專為新加坡環球影城獨家打造的原創遊樂設施,當然也有小小兵的主題商店與餐廳,將在2024年年底對外開放。

 必玩

神偷奶爸小小兵混亂
Despicable Me Minion Mayhem
【刺激指數】★★

透過身臨其境的運動模擬器3D技術,搭配近乎真實的神偷奶爸世界投影,讓遊客彷彿也變身為小小兵,可以參觀格魯的家和他的實驗室,體驗不可預測的劇情變化。

©Universal Studios Singapore

遙遠王國
Far Far Away

必玩 A 鞋貓劍客歷險記
Puss In Boots' Giant Journey
【刺激指數】★★★

一座被魔豆藤蔓纏繞的城堡出現在遙遠王國中，從這裡登上蛋頭先生的飛車，與鞋貓劍客、Q手吉蒂一起尋找藏在城堡內的金蛋。途中歷經小鵝告密，與巨鵝在城堡上方展開驚險的追逐戰，究竟一行人能否平安找到金蛋呢？成功後別忘了為凱旋歸來的自己歡呼！

必玩 B 史瑞克4-D影院 Shrek 4-D Adventure
【刺激指數】★

這是全球首座史瑞克城堡，在城堡中可觀賞多話驢耍寶秀以及聲光科技一流的4-D劇院。只要戴上劇院特製的眼鏡，史瑞克與費歐娜的故事彷彿近在眼前，透過絕妙的視聽震撼效果，座椅隨著劇情時而彈跳、時而起伏，莫名的水氣噴射襲來，你就算坐著也能搖身變成童話人物，協助史瑞克去營救費歐娜公主，沿途一起冒險患難，為電影《史瑞克》寫下精彩續集。

必玩 C 小龍飛行學校 Enchanted Airways
【刺激指數】★★

不讓大人專美於前，小朋友也有屬於自己的雲霄飛車。這所小龍飛行學校，將多話驢最摯愛的小龍設計成細長的雲霄飛車，並邀請小木偶、大野狼、薑餅人及三隻小豬擔任機艙員，只要爬上小龍的背部座椅，就能一同旋轉遨遊，俯瞰遙遠的王國，笑聲滿天飛。

失落的世界
The Lost World

D 必玩 **侏儸紀河流探險**
Jurassic Park Rapids Adventure
【刺激指數】★★★★

坐上圓形橡皮艇，隨著湍急河流穿梭在原始叢林裡，恐龍變成了主角，任意出沒，電影《侏儸紀公園》的場景竟活生生在身邊上演，頓時狂風暴雨，橡皮艇意外墜入無底漩渦，險象環生，眾人能存活嗎？親自走一趟答案就能揭曉。

小心駛得一身溼
侏儸紀河流探險的小艇，最後向下俯衝時會激起大量水花，在炎熱的天氣下確實清涼，不過若是你穿著一般鞋襪，可能爽快的感覺會消失的很快。如果你的鞋子怕溼，最好利用塑膠袋先做一點防護措施。

E 必玩 **天幕飛行Canopy Flyer**
【刺激指數】★★

坐在無齒翼龍的巨大翅膀下，雙腳懸空，循著軌道出發囉！跟著史前飛鳥俯瞰整個失落的世界，並騰空飛越侏儸紀公園的茂密叢林，實現許多人渴望高空飛行的夢想。

F 必玩 **恐龍騎士Dino-Soarin'**
【刺激指數】★★

請繫好安全帶，一隻隻史前巨蜻蜓、翼手龍就要起飛了！時而高高升起，時而下降貼地而飛，就在一高一低的旋轉中，孩童不時迸出的歡笑聲說明了一切，這是專為新加坡環球影城所設計的遊樂設施，非常適合親子同樂。

古埃及
Ancient Egypt

G 必玩 **木乃伊復仇記Revenge of the Mummy**
【刺激指數】★★★★

走進古老神殿，坐上時光機般的飛車，瞬間就回到了1930年代的埃及，隨著眾多盜墓者前進墓穴尋寶。黑暗中，你完全無法預知車子的動向，不是突然加速前進，就是冷不防轉個大彎，衝下陡得近乎90度的斜坡，還來不及喘口氣，巨大火球從四面八方熊熊襲來，木乃伊群起、聖甲蟲進攻……這趟古墓恐怖驚魂將尾隨著你的扭曲尖叫，直到聲嘶力竭。

H 必玩 **尋寶奇兵Treasure Hunters**
【刺激指數】★

坐在無齒翼龍的巨大翅膀下，雙腳懸空，循著軌道出發囉！跟著史前飛鳥俯瞰整個失落的世界，並騰空飛越侏儸紀公園的茂密叢林，實現許多人渴望高空飛行的夢想。

科幻城市
Sci-Fi City

與環球影城明星會面

在環球影城裡，不是只有冒險刺激的遊樂設施才會大排長龍，跟明星拍照更是人潮洶湧。在好萊塢大道跟《神偷奶爸》的小小兵來個相見歡，再和瑪麗蓮夢露、卓別林等好萊塢巨星不期而遇；到科幻城市參加《變形金剛：塞伯坦之聲》，鼓起勇氣和機器人交朋友；來到遙遠王國城堡，當然不能錯過與史瑞克、費歐娜、鞋貓劍客、皮諾丘、魔法婆婆合照的大好時機。這些明星與遊客見面合影的時間每天均有固定安排，建議一進入影城就先查詢見面會的時間表(Meet & Greets)，以免錯過。

必玩 I 太空堡壘卡拉狄加Battlestar Galactica
【刺激指數】★★★★★

設計靈感來自同名的電視連續劇，當你一坐上車，正義與邪惡的星際爭霸戰就此展開。你可以選擇座椅式的「人類戰隊」，以90公里時速飛竄，連人帶車一起拋向14層樓高空！還嫌不夠刺激？那就搭上懸掛式的「機械戰隊」，在兩腳騰空的狀態下，體驗一連串急速攀升、蛇行旋轉、螺旋翻滾與高空倒轉。人類戰隊與機械戰隊的雙軌列車同時啟動，90秒的過程中還會經歷與對面來車擦身而過的驚險瞬間。

請善用置物櫃

隨身的包包、大台相機等物品，不能帶進比較刺激的遊樂項目，因此這些設施附近都有上鎖的臨時置物櫃。在一定時間內，這些置物櫃是免費的，不過超出時間一樣要收錢，所以玩完該設施後最好立刻把東西拿出來。

必玩 J 變形金剛3D對決之終極戰鬥
TRANSFORMERS The Ride: The Ultimate 3D Battle
【刺激指數】★★★★★

邪惡的霸天虎入侵，人類命運岌岌可危，為了保護火種源，來吧！一起闖入變形金剛的3D科幻國度，挺身而出捍衛地球。雖然變形金剛的實體軌道短而平緩，但因使用特製的動感座椅，搭配高解析的特效螢幕與風、霧、熱氣等效果，逼真的程度比實體雲霄飛車還要過癮。遊客有如捲入狂博兩派的戰場般，與變形金剛們一同飛天遁地，全程驚心動魄，絕無冷場。

必玩 K 旋轉飛盤Accelerator
【刺激指數】★★★

以遨遊星際為主題，設計出黃色的圓形飛盤，跟旋轉咖啡杯有異曲同工之妙，唯一不同的是，在這裡每個人都化身為星際戰士，翱翔在宇宙裡，適合親子一起享受旋轉的快感。

玩完環球影城就要回去了嗎？別急啊！名勝世界還有很多好地方呢！

MAP P.80 B1

S.E.A.海洋館
S.E.A. Aquarium

info

🕙 10:00~18:00

💲 一日票：13歲以上44元，4~12歲33元。

　　S.E.A.海洋館擁有約800個物種、超過10萬個海洋生物，以總用水量而言，曾是世界最大的海洋館，直到2014年才被珠海的長隆海洋王國打破紀錄。館內由7大主題區構成一趟海洋之旅，動線自卡里瑪納海峽和爪哇海啟程，經馬六甲海峽、深海、阿拉伯海灣等展區，最後打道南中國海來到鯊魚海域。這條參觀動線其實發想自過去千年來的歷史航線，與鄭和下西洋主題相呼應。

　　同時，海洋館正積極擴建中，屆時的規模將是現有面積的三倍以上，遊客將身臨其境般，透過「多感官故事敘述」來瞭解海洋生物的演化，以及新加坡獨特的沿海生態。

每天有免費表演可以看，別錯過了！

◎沉船生態區：每天10:30一場，觀看潛水員如何投餵魟魚、鯊魚等各種魚類。

◎水母秘境：每天11:45一場，在水母棲息地觀賞潛水員如何餵養各種水母。

◎鯊魚海域生態區：週二和週四14:30，觀賞川著專業潛水服配備的潛水員，投餵鯊魚群的壯觀場面。

以上所有表演的時段可能隨時變更，請以官網公告為準。

作為世界級的海洋館，有鯊魚一定要的。在頭上游來游去的海底隧道是

最受矚目的大型水族箱位於深海景觀區，長達36公尺、高8.3公尺，魟魚、豹紋鯊及各種大小魚類悠遊其中。

七彩魚群，是海裡面的藝術品。

伊氏石斑魚表示：我的側臉比較好看。

水上探險樂園
Adventure Cove Waterpark

info

⏰ 每日10:00~17:00

💲 一日票：13歲以上40元起、4~12歲32元起；暑假另推出優惠套裝。

　　東南亞唯一融入海洋生物元素的水上探險樂園，園內除了可以漂流、玩水、戲浪外，還有6個不同特色的刺激滑道。最特別的是，這裡有個珊瑚礁池，可以在裡面浮潛，與上萬隻魚兒同游。如果實在受不了新加坡的炎熱，這裡絕對能讓你涼快。

「探險河流」就像是園區裡的遊園車，只不過是窩在大橡皮圈裡，一路漂流過14個主題區。

「飛越極限」設有兩條滑道，可以和朋友比賽，趴在滑水墊上，看誰先俯衝到終點上。

「彩虹礁游」的魚缸內有常見於珊瑚礁海域的魚群，數量多達兩萬隻，可以在此浮潛，與魚兒同游，大受遊客歡迎。

當「灌水屋」的巨型水桶翻轉，總是有股莫名的紓壓感。

海豚園
Dolphin Island

info

⏰ 每日10:00~17:00

❗因有人數限制，欲體驗者建議事先預約

💲

互動體驗	13歲以上	4~12歲
海豚奇遇	78	70
海豚探索	138	130
海豚伴遊	182	限13歲以上
海豚望角	61	53

(以上價錢含水上探險樂園或S.E.A.海洋館門票)

　　這是水上探險樂園的付費體驗之一，可以和印度太平洋樽鼻海豚近距離接觸，有幾種不同的體驗方式：「海豚奇遇」是在不下水的狀態下與海豚親密互動；「海豚探索」是讓遊客進入池內，與海豚一同玩耍；「海豚伴遊」則是與海豚一起游泳，互動指數最高。至於沒有參與互動的同行親友，也可以利用「海豚望角」，見證這令人興奮的時刻。

MAP P.80 B2

名勝世界娛樂場
Resorts World Casino

info

🔊 24小時

這座娛樂場舖滿了印花紅地毯,充滿東方的喜氣氛圍。500多張賭桌沿著走道兩側排開,吃角子老虎機與各種桌牌遊戲花招百出,讓人玩到樂不思蜀。隨處可見的玻璃作品來自美國大師級藝術家Dale Chihuly的創意,至於餐廳酒吧則走平民化的路線。

位於圓形廣場的義大利手工冰淇淋店Carnival,門外裝飾五彩繽紛,宛如置身在童話中的糖果屋。

物廊,雖是度假村的購物廊,逛起來卻不比百貨公司遜色。

有隻達利的太空象,名勝世界賭場入口外的大廳裡,果然大手筆!

準備好試試手氣了嗎?手氣好記得見好就收,手氣差也莫強求翻本。

薈萃廊上的名牌包括Cartier、Bulgari、Boss、Coach、Montblanc、Swarovski等,族繁不及備載。

美國知名內衣品牌維多利亞的秘密,在薈萃廊擁有超大店面。

進賭場前的注意事項!
有些進賭場前的注意事項,在介紹濱海灣金沙時已經提過了,不信請翻到P.50。什麼!懶得翻?因為太重要了,算我雞婆,這裡再說一次:
1. 記得帶護照,賭場要確認你真的是外國人。
2. 你必須年滿21歲。
3. 走外國人專用的通道入場,本國人進去可是要付錢的。
4. 不得穿著汗衫、短褲、拖鞋、帽子、墨鏡和口罩進場。

©Resorts World Sentosa

MAP P.80 B2

節慶大道和圓形廣場
FestiveWalk & Bull Ring

在節慶大道上你可以什麼都不做,只管放肆的吃喝玩樂。從薈萃廊(Galleria)、世界坊到福廊,再從圓形廣場一路奔向海濱坊,超過60間餐廳、45家精品專賣店全面報到。其中尤以邁克爾酒店與歐芮酒店之間的薈萃廊最是星光雲集,短短一條長廊上,世界名牌齊聚,圓形廣場上更有小孩最愛的樂高認證店(LEGO® Certified Store),無論試穿選購或瀏覽樹窗都很過癮。

聖淘沙:聖淘沙名勝世界

用餐選擇

來自全球的**特色餐廳**齊聚，還有**街頭餐車**、小吃和**甜點**，種類多到不知從何選起?

聖淘沙：聖淘沙名勝世界

must eat!
日本和牛200公克146元、澳洲肋眼牛排250公克115元、烤鱸魚56元、2道式午餐32元
推薦菜

Osia Steak and Seafood Grill

亞洲小吃 米其林✲

🏠 康樂福豪華酒店2樓

由澳洲名廚Scott Webster開設的餐廳「Osia」，在名勝世界拿下了米其林1顆星。這裡走的是創意融合路線，以牛排和海鮮燒烤為主，基本上是澳洲料理，但又有些許亞洲菜的影子，這主要是本地主廚Danny Fong的貢獻。在食材上，用的都是行家之選，像是豬肉來自澳洲東岸的Byron Bay Berkshire，和牛則是從南澳Mayura Station進貨，難怪不同凡響。

📍P.80B3 ☎6577-6560 🕐11:30~15:00、18:00~22:30 💲 $$$

馬來西亞美食街
Malaysian Food Street

南洋小吃

🏠 海濱坊1層

這個美食廣場呈現1950年代的懷舊風格，內有10多間馬來西亞著名大排檔，例如在吉隆坡營業超過30年的褔記瓦煲雞飯，店家堅持現點現做，並依循傳統使用炭火燒煮；而海峽沙嗲口感扎實多汁，沾上店家招牌醬料，入口後味道十分濃郁。另外，還有馬六甲雞飯

粒、巴生肉骨茶、檳城林兄弟炒粿條、甘榜椰漿飯、各式甜品等，選擇眾多，價錢划算。

📍P.80C2 🕐08:30~20:30 💲 $

Ocean Restaurant
西式料理

must eat!
6道式晚餐248元、4道式午餐148元
推薦菜

🏠 逸豪酒店

「Ocean Restaurant」是東南亞首家水底餐廳，來自布列塔尼L' Auberge des Glazicks 餐 的米其林二星主廚Olivier Bellin，在此以環保和零浪費的理念，採用安全可靠的海鮮與當地養殖的農產品為食材，比如扇貝、龍蝦、比目魚、帝王蟹、日本和牛等，讓客人在4萬隻海洋生物的陪伴下，體驗現代歐洲美食。

🅟P.80A2 ☎6577-6869 🕐11:30~15:00、18:00~22:30 🅢 $ $ $ $

©Resorts World Sentosa

©Resorts World Sentosa

©Resorts World Sentosa

©Resorts World Sentosa

美食廣場Gourmet Park
街頭小吃

🏠 圓形廣場1樓

由聖淘沙名勝世界美食廣場與餐車之國（Food Truck Nation）攜手合作，帶來新穎的露天飲食體驗，聚集了10多輛造型復古、色彩繽紛的改裝餐車，販售來自米其林星級名廚和新加坡美食界新秀的餐飲品牌，舉凡Beirut Express的貝魯特烤肉捲餅、Dickson Nasi Lemak的椰漿飯、The Goodburger的植物肉漢堡、LAVI Taco的墨西哥烤肉等異國美味，以及炸雞、冰淇淋、甜甜圈、咖椰烤土司等輕食，從高檔特色菜到街頭小吃，應有盡有。週六還有DJ現場表演，帶動狂歡氣氛。

🅟P.80C2 每天11:00~20:00（週六延至21:00） 🅢 $ $

must eat!
日式便當套餐46元起、生魚片拼盤60元起、款招牌握壽司98元起
推薦菜

春Syun
現代日料理

🏠 康樂福豪華酒店2樓

「春Syun」餐廳由新式日本料理創始人Hal Yamashita開設，他向來以美食藝術、獨特視角和創意配方在烹飪界獲得了高度認可。於是在這裡，可以盡享擺盤精美的壽司、生魚片和從日本空運而來的新鮮絕味肉品，它們巧妙地組合在一起，讓各種高品質食材呈現出獨有的自然鮮味。而餐廳獨家釀造的清酒，以及35年的 Nikka Taketsuru等稀有日式威士忌，更是必嚐的私房佳釀。

🅟P.80B3 ☎6577-6867 🕐每天12:00~15:00、

©Resorts World Sentosa

18:00~20:30 🅢 $ $ $ $

住房選擇

H 挑個適合自己的酒店，住上一晚吧！

名勝世界玩樂太多，一天不夠用？那就在這裡住一晚吧！園區內共有6間酒店，大部分皆出自國際建築大師邁克爾格拉夫斯(Michael Graves)之手，每間都針對不同喜好與需求設計，選一間適合自己的吧！

聖淘沙：聖淘沙名勝世界

崇尚自然

©Resorts World Sentosa

 MAP P.80 B3 **邁克爾酒店 Hotel Michael**

☎6577-8899. ⑤ $ $ $ $

凡是對設計有興趣的人，一定都聽過美國建築大師邁克爾格拉夫斯的名氣，在名勝世界力邀下，邁克爾將強烈的個人色彩融入飯店的每個角落，從大廳、走廊、餐廳到客房的陳設細節，無處不綻放粉嫩色系的幾何圖案與風景壁畫，就連浴室也不放過，讓人彷彿住在美術館裡。

藝術愛好

 MAP P.80 A2 **逸濠酒店 Equarius Hotel**

☎6577-8899 ⑤ $ $ $ $ $

©Resorts World Sentosa

緊鄰熱帶雨林而建，宛如遠離塵囂的世外桃源。酒店內所有房間均大於51平方公尺，寬敞舒適，並有大面積落地窗引進自然採光。住客也可站在露天陽台上，親近英比奧山丘和熱帶雨林的綠色景致。酒店內也擺放了色彩豐富的抽象畫作，以不同風格主題呼應出熱帶的自然氣息。

©Resorts World Sentosa

兩人世界

©Resorts World Sentosa

©Resorts World Sentosa

 MAP P.80 A2 **海濱別墅與海景套房 Beach Villas & Ocean Suites**

☎6577-8899 ⑤ $ $ $ $ $ $

22棟海濱別墅分布在名勝世界西側，共有1房至4房的類型，每個房間都有木製的私人露臺，可以欣賞周遭熱帶園林的蓊鬱景象。除了享受偌大的露天泳池外，每位房客都能免費使用ESPA的特色水療設施。

最受矚目的11間海景套房也隸屬於海濱別墅中，緊鄰S.E.A海洋館和水上探險樂園。雙層的套房，上層為客廳及室外露臺，下層則是擁有大型觀景窗的臥室，窗外景色即是海洋館的繽紛海洋世界，超過5萬隻海洋生物優游水中，這樣特別的美景，只要坐在房間就能看見。

搖滾樂迷

歐芮酒店
Hotel Ora

MAP P.80 B2

☎6577-8899 ⓢ \$ \$ \$ \$ \$

度假不忘工作

走進飯店大廳，工業風格的黑色框架搭配木質櫥櫃和桌椅，恍惚間以為來到一間工作室，架上擺滿各式藝術品，綠色植栽點綴其中，造型椅和皮沙發深具手工質感，自助咖啡吧Grab & Co販售沖泡的茶、咖啡和輕食，即使不是入住房客，只要買一杯飲料，就能與大廳共享舒適的辦公空間。誰說工作和度假不能相輔相成？走進客房，簡約時尚的家具與格局設計，佐以色彩繽紛的現代畫作，推開門走上陽台，可坐擁南國熱帶風光。

硬石酒店
Hard Rock Hotel

MAP P.80 B2

☎6577-8899 ⓢ \$ \$ \$ \$

Hard Rock秉持搖滾初衷，在許多地方都能看到毫不掩飾的搖滾元素，像是床頭牆面的搖滾巨星照片、電吉他造型的備品盒等。由於整棟建築呈半圓形設計，從客房陽台望出去，視野極佳，而中庭環抱的就是擁有沙灘的露天泳池，因此也吸引不少家庭旅遊的房客。

©Resorts World Sentosa

老子有錢

康樂福豪華酒店
Crockfords Tower

MAP P.80 B3

☎6577-8899 ⓢ \$ \$ \$ \$ \$ \$

這是名勝世界裡最奢華氣派的酒店，從裝潢材料到傢俱設備，用的全都是最頂級的，例如睡床用的是席夢思，床具用的是400針埃及棉織品，房內甚至還有私人專用的水療池與桑拿浴。酒店裡的每間房都是套房，且採高度個人化服務，除了提供迎賓酒和點心，還有24小時隨傳隨到的管家服務。

你以為聖淘沙只
~~山頂景區~~在你後面
有名勝世界？英比奧
，他非常火！

位於英比奧山頂的SkyHelix
Sentosa，旋轉至79公尺空
中，可居高俯視聖淘沙和新
加坡本島。

◎ 地鐵：搭乘地鐵東北線或環線
至港灣站(HarbourFront, NE1/
CC29)，走出口E進入怡豐城，上3
樓搭乘聖淘沙捷運(Sentosa Ex-
press)，於英比奧站(Imbiah)下車
即達。

🕐 07:00~午夜12:00

💲 4元

◎ 花柏山線纜車：在地鐵港灣站
下車後，走出口B進入怡豐城，上
2樓循Cable Car指標前往港灣
第二大廈(HarbourFront Tower
2)，搭乘往聖淘沙方向的纜車，可
直達英比奧山頂景區的聖淘沙站
(Sentosa)。

🕐 08:45~22:00 (最後登車時間
21:30)

💲 來回票：成人33元、兒童22元，
至官網購票可享有優惠價。

至少預留時間
半天~1天

www.sentosa.com.sg

⭐ MAP
P.75
B3
英比奧山頂景區
Imbiah Lookout

在聖淘沙名勝世界開幕以前，英比奧山頂就已是
新加坡著名的旅遊景點，這裡聚集了多家著名遊樂
設施，以及各式各樣的體驗活動，要聲光科技有聲光科技，
要感官刺激有感官刺激，要自然景觀有自然景觀，要歷史
文化有歷史文化，幾乎所有觀光型態這裡都具備了。雖然
在名勝世界開幕後，英比奧山頂被搶去了些許風頭，但也由
於名勝世界吸引了大批觀光人潮，相鄰的英比奧也跟著水
漲船高，遊客量不減反增。

坐在空中吊椅上，可以
盡覽海灘風光，也能見
證新加坡進出口貿易的
繁榮。

094

造訪英比奧山頂景區理由

1 集聲光科技、感官冒險與自然生態於一身

2 享受東南亞絕無僅有的斜坡滑車

3 從新地標聖淘沙心之音展開奇幻旅程

聖淘沙有**70%**為熱帶雨林所覆蓋，在英比奧山頂可發現如此祕境般的自然步道。

©Sentosa Sensoryscape

穿過Sensoryscape步行道，就能從名勝世界經由英比奧山頂，直達西樂索沙灘，已成為聖淘沙的新地標。

怎麼玩英比奧山頂景區才聰明？

10點到就好

英比奧山頂的大部分遊樂設施，都是上午10:00開始營運，所以不用太早來。

善用Fun Discovery Pass

©Sentosa Development Corporation

如果想要玩很多項設施，可以考慮在官網購買Fun Discovery Pass，透過優惠折扣可省下一筆小錢。

推薦必玩設施

斜坡滑車、SkyHelix、杜莎夫人蠟像館、聖淘沙4D探險樂園。

多多利用免費交通工具

島內的聖淘沙捷運、循環巴士與海灘接駁車都是免費的，一定要好好利用。

避開紫外線最強的時段

中午12點至下午3點，太陽最強烈，適合到餐廳用餐，或造訪室內的杜莎夫人蠟像館和4D探險樂園。斜坡滑車建議在上午12點之前或下午4點再玩，比較舒爽。

必玩重點

趕快做好暖身操，我們現在要去大玩特玩！

看看你的面子有多大，尤索夫伊薩、蘇卡諾、毛澤東，這些國家元首，居然在此夾道歡迎。

新加坡杜莎夫人蠟像館
Madame Tussauds Singapore

MAP P.97 B2

info

⊙40 Imbiah Road ☎6715-4000 ⊙ 10:00~18:00，最後入場時間為17:00。 ⊙現場購買當天票：13歲以上44元、4~12歲32元；提前1天線上購買：13歲以上38元、4~12歲22元。 ⊙ www.madametussauds.com/singapore

杜莎夫人蠟像館以製作栩栩如生的蠟像聞名，2014年在新加坡設立分館，規劃有7個主題區。先乘坐遊船，遊賞新加坡河、摩天輪、濱海灣花園及F1夜間賽事等景觀，這可是全球唯一有設置乘船遊河設施的分館；再進入Images of Singapore，透過影片和逼真的蠟像故事帶遊客快速了解獅城的前世今生。

館內超過70尊蠟像中，除了耳熟能詳的電影明星、政治人物、體育健將和藝人歌

前新加坡總理李光耀與夫人柯玉芝，大概是這裡最多人合照的一對。

©Madame Tussauds Singapore

館內推出漫威4D電影，透過聲光特效讓觀眾隨著雷神索爾、火箭人、蜘蛛人和黃蜂女一起拯救世界。

手，最受矚目的就屬新加坡名人蠟像，包括已故建國總理李光耀與夫人柯玉芝、卸任總理李顯龍、歌手孫燕姿、林俊傑和導演梁智強等。

聖淘沙4D探險樂園
Sentosa 4D AdventureLand

MAP P.97 B1

info

⊙51B Imbiah Road ☎6274-5355 ⊙ 12:00~19:00 ⊙四合一1日套票：13歲以上43元、3~12歲34元。傍晚5點之後推出優惠票(四選二)：13歲以上26.5元、3~12歲24.5元。 ⊙ www.4dadventureland.com.sg

所謂4D電影是除了立體影像外，還多了觸覺的體驗，在這裡只需買一張套票，即可在當天無限次體驗Haunted Mine Ride、Extreme Log Ride、Journey 2: The Mysterious Island和Desperados互動槍戰

Desperados最後的螢幕上會秀出前三名，讓大家看看誰是今天的神槍手。

©Sentosa 4D AdventureLand

大黃蜂不但飛到眼前，還彷彿有被螫到的感覺。

©Sentosa 4D AdventureLand

等劇院遊戲。劇場座椅經過特殊設計，用細微水柱、出風口與震動，營造出逼真的觸覺；Extreme Log Ride則是坐在特製座騎上，隨著劇情時而飛向山頂、時而墜入深淵；Desperados的場景在19世紀美國大西部，遊客扮演警長騎在奔騰的馬上，拔出手槍，朝著螢幕上的壞蛋扣下扳機。

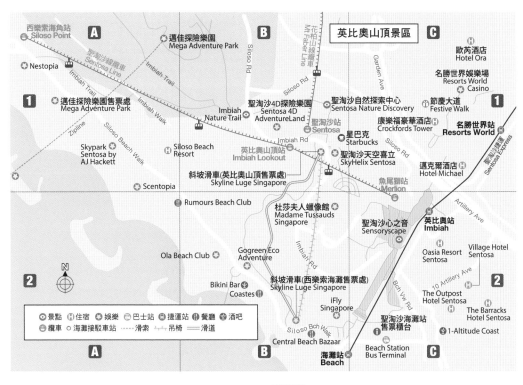

英比奧山頂景區

坐進天空喜立的觀光輪盤旋轉而上，可從高空360度欣賞聖淘沙全景。

聖淘沙天空喜立
SkyHelix Sentosa

MAP P.97 B1

info

41 Imbiah Road

6361-0088

10:00~21:30　成人16.2元、兒童13.5元

www.mountfaberleisure.com/attraction/skyhelix-sentosa　身高必須105公分以上才能乘坐

由法國Aerophile公司設計建造，其觀光輪盤完全由3個地面控制的電動絞盤供電，採用一套電子安全機制確保遊客入座安全，並配備了緊急 車功能和電源供給系統。坐在觀光輪盤裡，將帶著乘客緩緩旋轉上升至79公尺高空，全程12分鐘，其中10分鐘會在頂端旋轉，可將聖淘沙、新加坡本島的風光盡收眼底。

難道我道也要告訴你嗎？飆過秋名山下坡

小孩想玩斜坡滑車，但是不滿6歲，身高也不足110公分，沒問題，但道山，看看我們的路隊長就知道。由大人操控就行了。小孩還是要買票。只要有心，人人都可以滑下

只滑一次怎麼夠？咱們坐空中吊椅上山再滑一次。

斜坡滑車
Skyline Luge Singapore

MAP P.97 B1

info

🕐 週一至週四11:00~19:30，週五11:00~21:00，週六10:00~21:00，週日10:00~19:30。離峰時間為平日11:00~14:00。

💲 斜坡滑車套票(包含Skyride)：2 Ride Combo 25~30元，3 Ride Combo 27~33元。6歲以下兒童雙人票12元。另有推出4 & 5 Ride Combo。

🌐 www.skylineluge.com

❗年滿6歲且身高超過110公分才能單獨騎乘，6歲以下必須與1名成人共乘。

　　源自紐西蘭的斜坡滑車是利用身體重心來過彎，全球約有10多個國家擁有這類型設施，聖淘沙的斜坡滑車更是東南亞絕無僅有，規劃了4條不同難易度的滑道提供選擇。在地心引力牽引下，斜坡滑車從12樓高的山頂順著平均650公尺長的跑道飛快滑下，刺激指數隨著重力加速度不斷飆高，如果速度過快，你也能隨心所欲地控制煞車。倘若滑到山下後仍不過癮，想再玩一次，可以搭乘空中吊椅(Skyride)回到原處。此外也首創夜間滑行項目，滑行沿途還有音樂相伴!

聖淘沙心之音
Sentosa Sensoryscape

MAP P.97 C2

info

🕐 步行道：24小時，ImagiNite：每天19:50~21:40。 💲步行道免費 🌐sensoryscape.sentosa.com.sg

©Sentosa Sensoryscape

宛如藤籃的花園白天被綠意環繞，夜晚就成了數位燈光藝術和擴增實境特效交織的魔幻異境。

　　穿過遊樂場，一路往南看見寧靜海岸，眼前的Sensoryscape步行道，以獨特的空間格局點亮了遊人的心與想像力，僅僅350公尺路程就能從名勝世界經由英比奧山頂，直達西樂索沙灘，勢必成為聖淘沙的新地標。步行道沿途精心設計了幾座半封閉式花園，外型採用斜格網狀結構，宛如一個個編織複雜的圓形藤籃，內部完全不見樑柱，既通風遮陽又有自然採光，與周遭的雨林巧妙融合。

白沙綿延的西樂索海灘，浪漫悠閒又充滿活力，這就是度假的最高境界！

綿延32.公里的人造白沙灘，成功營造南洋熱帶風情。

©Sentosa Development Corporation

造訪西樂索海灘與景區理由

1 新加坡式的沙灘椰影比基尼南國風光

2 非挑戰或非看不可的冒險極限活動

3 白天暢玩娛樂遊戲，夜晚泡沙灘酒吧、觀賞聲光秀

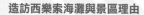

西樂索海灘與景區
Siloso Beach & Siloso Point

MAP P.75 B2B3

◎ 地鐵：搭乘地鐵東北線或環線至港灣站(HarbourFront, NE1/CC29)，走出口E進入怡豐城，上3樓搭乘聖淘沙捷運(Sentosa Express)，於海灘站(Beach)下車步行即達。

🕐 07:00~午夜12:00 💲4元

◎ 循環巴士：從聖淘沙捷運的海灘站下車後，在附近搭乘循環巴士A到Siloso Point站下車，步行可達各景點。

🕐 07:00~00:10，每15分鐘一班。 💲免費

至少預留時間
半天~1天

ⓘ

🌐 www.sentosa.com.sg

　　在這條綿延數公里長的潔白沙灘上，到處可看到活力充沛的人們奮力地救球與殺球，這裡正是新加坡沙灘排球盛行的發源地。海灘大道旁佇立著許多餐廳與酒吧，棕櫚樹的枝葉隨著海風輕拂搖曳，樹影下的人們悠閒享受日光浴或坐賞夕陽，形成一幅美麗的南島風情畫。沙灘旁聚集許多高人氣的極限活動設施，包括高空滑索、Bungy Jump、獨木舟、香蕉船等，適合勇於挑戰自我的人前來體驗。

彩色積木般的西樂索字樣，是海灘最鮮明的招牌。

怎麼玩西樂索海灘才聰明？

早起的鳥兒小叮嚀

早起的人，趁著太陽剛露臉，不妨先到海灘散步。西樂索炮台和空中步道10點才營業，水上活動則是9點就開始了。但多數的餐廳、景點和遊樂設施都11點營運，太早來容易撲空。

一天中最舒適的時光

傍晚5點之後，是西樂索海灘最涼爽舒服的時段，太陽大約7點慢慢落下，是看夕陽的最佳時機。

利用交通工具聰明玩

想要慵懶偷閒的移動，就搭乘免費的海灘接駁車，步調超級緩慢悠哉。

避開紫外線最強的時段

中午12點至下午3點，太陽最熾烈，建議避開這時段，找個遮蔭處、用餐或從事室內遊樂設施(喜歡日光浴的人除外)。

租輛單車，乘風探索海灘大道!
這裡提供Gogreen自行車、踏板車(Kick Scooter)和限量版零售商品，大人小孩都適用，可以乘風盡情探索聖淘沙的海灘與獨特的角落。另有推出單車探險行程，詳情請詢問店家或上網查詢。

•**Gogreen Eco Adventure**
◎P.102A1 ☉51 Siloso Beach Walk #01-01(Bikini Bar對面) ⊙10:00~19:30 ⑤單車租借1小時15元、2小時21元。另推出套裝組合，請上網訂購可享優惠價。 gogreenecoadventure.com

到海灘酒吧享受度假 \最高境界/

在聖淘沙最浪漫的事，就是到沙灘附近找一家餐館酒吧，讓海天光影或燈火月色相伴，度過愉悅的下午和夜晚。光是西樂索海灘沿岸就聚集不少，每一家都提供招牌飲品和美食，比如**Coaste**，擁有成排的日光浴床和躺椅，一路延伸至沙灘上；**Bikini Bar**洋溢峇里島風情，經常座無虛席；**Sand Bar**有DJ帶來流行音樂饗宴。**Rumours Beach Club**是新加坡唯一擁有3個游泳池的海灘俱樂部，深受老外青睞。位於**Outpost Hotel**的**1-Atitute Coast**是聖淘沙唯一的頂樓酒吧，設有無邊際泳池，可俯瞰巴拉灣。

◎CoasteP.102A1、Bikini Bar P.102A1、Sand Bar P.102A1、Rumours Beach Club P.102A1、1-Atitute Coast P.97C2
🌐www.coastes.com、bikinibar.sg、www.rumoursbeach.club、sandbar.sg、1-altitudecoast.sg

雖然知道附近有很多好玩的，但是一旦躺下來，就是不想動。

沙灘椰影海風，很難相信喧鬧的名勝世界與英比奧山頂就近在咫尺。

前進海灘，看夕陽、泡酒吧、玩水上活動、挑戰極限活動，動靜皆宜，自由安排！

MAP P.102 A1 西樂索炮台與空中步道
Fort SilosoTemple and Museum

info

◎每日10:00~18:00(最後入場時間17:30) ⑤博物館：成人12元，3~12歲兒童9元。空中步道免費。

西樂索炮台建於1880年代，是從前英軍防衛新加坡南方海域的軍事重地，景區利用這些碉堡、營房，布置了大量蠟像與複製品，重現當年英國士兵在新加坡服役時的生活面貌。

景區內有兩間名為受降室的房間，以1比1比例如實還原了1942年白思華向日軍投降，與1945年板垣征四郎向聯軍投降時的場景。

既然是炮台，當然能看到許多大炮陳列，不只昔日英軍的大炮展示，也有不少來自日軍的艦船。

下課喝水500cc，喝水！

MAP P.102 A1 Ola Beach Club

info

⊙46 Siloso Beach Walk ☎8189 6601

◎水上活動09:00~19:00，餐廳：週一至週四10:00~21:00、週五10:00~22:00、週六09:00~22:00、週日09:00~21:00。

⑤站立式單槳衝浪每人35元，Kayak單人25元，香蕉船2人25元。針對初學者有開設體驗課程，詳情請上官網查詢。

🌐www.olabeachclub.com

既然來到海島，怎能不玩水上冒險活動？就踩著西樂索的白沙走進Ola Beach Club吧!香蕉船、甜甜圈船是必備基本款，適合三五好友或親子同樂嗨翻天；至於獨

©Ola Beach Club

喜歡衝浪的玩家，當然要體驗立式單槳衝浪板（Stand Up Paddle oarding），探訪聖淘沙平靜的潟湖。

Ola設有夏威夷主題餐廳，無論品嚐燒烤、夏威夷醃生魚蓋飯（Ahi Poke），或喝杯Tiki風格雞尾酒，都有滿滿幸福感。

©Ola Beach Club

木舟（Kayak）可選擇單人或雙人座，無須任何經驗也能上陣，可參加專人教學導覽課程。

聖淘沙：西樂索海灘與景區

Trickeye Singapore

MAP P.102 A1

info

🏠80 Siloso Road Southside Blk B #01-40 📞6592-0607 🕐11:00~19:00 💲13歲以上32元，4~12歲及60歲以上28元。線上購票享8折優惠。 🌐trickeye.com/sg

　　來自韓國的Trickeye，2014年在聖淘沙開設分館，以展出充滿創意、趣味和互動性的錯視作品而大受歡迎。近年由於數位科技日新月異，Trickeye Singapore搖身成為3D+AR互動式博物館。探訪4個精彩主題區，近距離盡情拍照攝影，體驗真實與虛擬世界同時並存的神奇趣味。

走進館場，以手機下載免費「XR Museum」應用程式，透過擴增實境特效，比如煙火、聲光或魔法，將眼前所見的畫面拍得活靈活現。

Storm Blizzard是乘坐狗拉雪橇穿越冰雪覆蓋的道路，沿途暴風雪襲擊，在崎嶇路況中克服難關。

HeadRock VR

MAP P.102 A1

info

🏠80 Siloso Road Southside Blk B #01-03 📞6963-4127 🕐13:00~19:00 💤週四 💲VR任選1項：15元，VR任選3項套裝：40元，VR任選5項套裝：60元。Hello My Dino：30元。線上購票皆享優惠價。採線上購票並預約時段，1人使用1張門票，無法多人共用。 🌐headrockvr.sg

　　走進HeadRock VR主題樂園，只要戴上頭罩式顯示器，就能在VR Play Zone進入8種驚心動魄的虛擬實境遊戲，執行現實世界中不可能的任務。包括人氣最高的Storm Blizzard、坐上橡皮艇體驗叢林漂流的Jungle Rafting；喜歡槍戰的人就跳進Zombie Busters的末日世界，跟隊友並肩消滅殭屍吧！同時也有專為12歲以下孩童設計的Hello My Dino!媒體互動遊樂區。

Skypark by AJ Hackett

MAP P.102 A1

info

📍36 Siloso Beach Walk ☎6911-3070 ⏰11:30~19:30 💲Bungy Jump：每人99元，Giant Swing：每人59元，Skybridge：每人15元。 🌐www.skyparksentosa.com ❗必須體重45~150公斤、身高120公分以上，才能體驗Bungy Jump。

這絕對是最瘋狂的極限運動了!由Bungy Jump創始人AJ Hackett來新加坡親自設計的彈跳台，高達47公尺，無論是渴望突破自我或追求刺激的冒險家，莫不鼓起勇氣前來挑戰。跳台旁架設了一條Skybridge，可以從47公尺高的視角俯瞰西樂索海灘。

Bungy Jump可以選擇頭朝下跳，也可以從邊緣拋出空翻。

©Skypark by AJ Hackett

Scentopia

MAP P.102 A1

info

📍36 Siloso Beach Walk, #01-02 ☎8031-7081 ⏰11:00~19:00 💲自製香水體驗50ml：13歲以上95元、12歲以下75元。線上購票享85折優惠價。 🌐www.scentopia-singapore.com

Scentopia充滿南國氣息的建築外觀

Scentopia寬廣的空間裡除了展售芬芳的香水與香氛產品，更擅長運用新加坡的特色花卉為你量身調製香水，比如本地培育的蘭花。這趟量身調配的過程饒富趣味，首先你會拿到一份性格測驗表，測驗的結果將顯示你的個性傾向，不同的指數有對應的花卉精油，提供你從現場400多種精油樣本中，細細挑選自己偏愛的氣味，收集完畢後，再交由調香師進行配製，一瓶個人專屬的香水就誕生了。

邁佳探險樂園
Mega Adventure Park

MAP P.102 A1

info

📍報名售票櫃台：10A Siloso Beach Walk ⏰11:00~18:00 💲Megazip：66元，MegaClimb & Jump：66元，Megazip+MegaClimb&Jump：99元，MegaBounce：20元。 🌐www.sg.megaadventure.com ❗必須先到Siloso Beach Walk的櫃台購票後，會有工作人員開車載遊客前往英比奧山頂的Jungle Park。部分設施有身高和體重限制。

漫步在西樂索海灘，頭上忽然有人影呼嘯而過，這是怎麼回事？原來是邁佳

©Mega Adventure Park

高空滑索在歐美國家是常見的戶外活動，但從山林滑向大海，只有在聖淘沙才玩得到。

探險樂園的遊樂項目Megazip，玩家只利用一根滑索和腰間的扣環，便從450公尺的英比奧山頂滑翔而下，直達西樂索海灘外的小島。這裡還推出MegaClimb & Jump和MegaBounce項目；MegaJump模擬降落傘自15公尺高處降落的狀態；MegaBounce就是彈跳床，可彈至8公尺高空中飛翔或翻轉。

時光之翼
Wings of Time
MAP P.102 B1

info

🚩 位於聖淘沙捷運海灘站前方的沙灘 ⏰ 19:40、20:40各一場次 💲分為Standard和Premium兩種座位，每人19~24元。在官網訂票可享優惠價。 🌐www.mountfaberleisure.com

夜裡的聖淘沙更加迷人，因為每晚都有神奇絕妙的多感官聲光秀「時光之翼」在海灘上演，吸引無數觀賞人潮。以開闊的大海為背景，史前鳥類Shahbaz和他的朋友們將穿越優美的風景，穿越時間的奧秘，一同去探險。

透過最先進的Sparkular機器打造出燦爛的煙火、耀眼的水幕、激光和火焰效果，讓人身臨其境，隨著Shahbaz的故事足跡一起在夜空中飛翔。

©Wings of Time

©iFly

除了初學者的飛行體驗，也提供客製化訓練課程，可以不斷挑戰重力並突破個人極限。

©iFly

在此飛行時，可以透過壓克力玻璃牆欣賞到西樂索沙灘和南中國海的風景。

iFly
MAP P.102 B1

info

🚩 43 Siloso Beach Walk #01-01 📞 6571-0000 ⏰09:00~22:00(週三11:00開始營業) 💲初學者：1次飛行89元、2次飛行119元。7歲以上才能參加。 🌐www.iflysingapore.com

iFly於2011年開幕，這裡的飛行洞高達17公尺、寬達5公尺，是世界上最大的室內跳傘風洞之一。體驗者必須在飛行前1小時到達，專業教練團隊會帶領體驗者進行訓練課程，確保飛行姿勢正確。

Central Beach Bazaar
MAP P.102 B1

info

🚩 位於聖淘沙捷運海灘站前方
🌐 www.mountfaberleisure.com

Central Beach Bazaar是日夜都有亮點的娛樂景區，包括東南亞最高的噴泉Sentosa SkyJet、時光之翼、聖淘沙音樂噴泉(Sentosa Musical Fountain)，以及國際街頭小吃餐車、Good Old Days食閣和紀念品店等。

由卡車、貨櫃車、麵包車改裝而成的餐車群，色彩鮮豔繽紛，提供多種異國街頭小吃，包括漢堡、熱狗、炸雞、炸玉米餅、各式飲料冰品等。

想避開西樂索海灘的喧鬧人潮，就往巴拉灣海灘去，體驗另一種度假氛圍與玩法！

專為大人量身訂做的+Twelve，未滿16歲請止步。

有了香格里拉集團坐鎮，菜單自然在水準之上。推薦一系列壽司捲、熱帶水果沙拉、松露薯條和特調雞尾酒，充滿南洋風情。

+Twelve
MAP P.102 B1

info

☎6277-7095 ◷週一至週四10:00~1400、14:00~17:30、17:30~21:00，週五至週日10:00~1400、14:00~18:00、18:00~22:00。 ◉1張海灘沙發床：週一至週四100元，週五至週日200元。1張泳池畔沙發床：週一至週四150元，週五至週日300元。每張沙發床最多容納4人。1間Cabana小屋：週一至週四400元，週五至週日800元，最多容納10人。 ⓦwww.thepalawansentosa.com/plustwelve

宛若酒店規格的俱樂部規劃了12間獨立露台小屋，每間都坐擁私人小型泳池與絕美海景，是開派對、慶生或好友相聚的秘密基地。俱樂部中央設有無邊際泳池和酒吧，池畔擺設了沙發床，適合淺酌嚐美食、耍廢發呆，耳邊傳來DJ現場播放的樂音，隨著節奏搖擺，玩嗨了，直接跳進泳池戲水，獨享大人專屬時光。泳池外的沙灘另備有野餐桌和沙發床可供選擇。

卡丁車賽場
MAP P.102 B1
HyperDrive

info

☎6277-7091 ◷週一至週五12:30~21:00，週六和週日10:00~21:00。 ◉Senior Kart每人45元起，Junior Kart每人40元起，Dual Kart雙人50元起。離峰時間各項票價享有新幣10元折扣。 ⓦwww.thepalawansentosa.com/hyperdrive ❶必須年滿9歲、身高超過130公分才能單獨駕駛，90公分以上兒童可乘坐由成人駕駛的雙人卡丁車。

場內擁有三層環狀賽道，路寬5.3公尺、全長308公尺，沿途精心布置14個轉彎處，考驗技術與膽識。因應不同身高和年齡，現場提供三種環保電動卡丁車款。比賽進行時，電視螢幕會顯示每位車手的車速和最後總排名。此外也推出Game of Karts，透過遊戲將虛擬賽車帶入生活，提供另類體驗。

每場體驗時段最多可容納12輛卡丁車，全程30分鐘，包括8分鐘賽道比賽和22分鐘賽前簡報、全罩式安全帽穿戴、教學等。

這座室內電動賽道賽車場擁有三層環狀賽道，車手無論是初次駕駛者或職業賽車，都能體驗極速飆風的快感。

浮動海上樂園
HydroDash

MAP P.102 B1

info

☎6277-7095 ⏰週一至週五12:00~18:00，週六和週日10:00~18:00。 💲週一至週五：每人1小時19元起，週六和週日：每人1小時22元起。 ❗必須年滿6歲、身高超過110公分者才能進入。6歲兒童必須由成人陪同參加。 🌐www.thepalawansentosa.com/hydrodash

這座架設於海面上的充氣墊活動設施，設置了27個障礙挑戰，擁有不同難度級別的關卡，舉凡平衡木、彈跳圓頂、攀爬塔、Flip彈射器等，極度考驗體能。提醒你，主辦單位會提供所有人全程配戴浮力輔助裝置，但必須從岸邊穿著救生衣游20公尺才能抵達海上的樂園。

©HydroDash

在浮動樂園可以盡情滑行、衝刺、跳躍、攀爬或跳進海中，享受水花四濺的樂趣。

這是新加坡首座也是唯一的浮動海上樂園

©HydroDash

The Palawan @Sentosa

由香格里拉集團進駐，將海灣西側打造成一站式的娛樂天地「The Palawan@Sentosa」，佔地 183,000 平方英尺，針對不同年齡層推出多項遊樂活動和餐飲設施，包括：大人版的海灘俱樂部+Twelve、新加坡首間室內卡丁車賽場、18洞迷你高爾夫球場、浮動海上樂園、適合親子家庭的海灘俱樂部、10台繽紛可愛的餐車（Palawan Food Trucks）以及不拴拉繩的狗狗樂園（The Palawan Dog Run）。在這裡可以盡情的探索、玩耍和交朋友。

📍54 Palawan Beach Walk ☎6277-7095
🌐www.thepalawansentosa.com

UltraGolf

MAP P.102 B1

info

☎6277-7093 ⏰週一至週五12:30~21:00，週六和週日10:00~ 21:00。離峰週一至週五12:30~13:50。 💲13歲以上22元起，離峰時間15元起。3~12歲18元起，離峰時間12元起。 🌐www.thepalawansentosa.com/ultragolf ❗13歲以下必須由一名付費成人陪同才能參加課程

這是一座18洞的海濱迷你高爾夫球場，面積超過20,450平方英尺。球場允許72人同時比賽，每場比賽每組最多4名選手，整個比賽課程大約45分鐘至1小時，由18洞中桿數最少的選手獲勝。

始發球位置不同，適合初學者、不同等級玩家和經驗豐富的球手。每個洞都有2個起

亞洲大陸最南端
Southernmost Point of Continental Asia

MAP P.102 B1

除了在沙灘上玩耍，遊客通常也不會忘了穿過巴拉灣沙灘旁的吊橋，因為那裡便是亞洲大陸的最南端，可登上觀景台俯瞰海灣，或是尋找亞洲大陸最南端的石塊標誌，拍照留影。

©Sentosa Development Corporation

能在亞洲大陸的最南端打個卡，應該是件很酷的事。

H 度假飯店

許多**度假飯店**隱身於山坡或海灘附近，喜歡享受清幽私密的遊客就來住一晚吧！

MAP P.77 C2

海灘站Beach Station
嘉佩樂酒店
Capella Singapore

坐擁山海美景

©Shangri-La Rasa Sentosa

🚋乘聖淘沙捷運在「海灘站(Beach)」站下車，轉乘循環巴士在「Opp Amara Sanctuary Resort」站下車，沿Artillery Ave走，右轉The Knolls可達。 🏠1 The Knolls, Sentosa ☎6591-5000 💲$$$$$$ 🌐www.capellahotels.com

嘉佩樂酒店坐落在熱帶雨林中，其建築原本是由英國皇家砲兵於1880年建造，作為海防基地，後來經過整修及增建成為現今樣貌，融合傳統與現代亞洲風格，擁有72間客房及套房，還有38棟附有私人泳池的獨立別墅和兩座莊園，以親切熱情的貼心服務聞名。酒店還有圖書室、戶外泳池及SPA水療中心，可充份享受私密的隱世假期。

©Shangri-La Rasa Sentosa

©Shangri-La Rasa Sentosa

MAP P.77 A1

西樂索景區Siloso Point
聖淘沙香格里拉
Shangri-La Rasa Sentosa, Singapore

🚋乘聖淘沙捷運在「海灘站(Beach)」下車，轉乘循環巴士在「Siloso Point」站下車，步行5分鐘可達。 🏠101 Siloso Road, Sentosa ☎6275-0100 💲$$$$$ 🌐www.shangri-la.com/singapore/rasasentosaresort

濱海的香格里拉度假村，其454間套房與客房都擁有私人陽台，並依照房型分為山景和海景，可欣賞南中國海、花園景觀或泳池。酒店的休閒設備包括健身房、戶外游泳池、SPA中心、兒童俱樂部等，一應俱全。迎向海灘的餐廳Trapizza，全天候提供Buffet，盡享浪漫的用餐時光。

殖民懷舊風情

©Oasia Resort Sentosa

MAP P.97 C2

英比奧站Imbiah Station
聖淘沙豪亞度假酒店
Oasia Resort Sentosa

🚋乘聖淘沙捷運在「英比奧(Imbiah)」站下車，步行2~3分鐘可達。 🏠23 Beach View, Palawan Ridge, #01-01, Sentosa ☎6818-3388 💲$$$$$ 🌐www.oasiahotels.com/en/singapore/hotels/Oasia-Resort-Sentosa

豪亞度假酒店隸屬遠東酒店集團，該集團在聖淘沙擁有4家概念獨特的酒店群，包括奢華典雅的百瑞營聖淘沙酒店、享受全方位身心健康的豪亞度假酒店、成人專屬服務的遨堡聖淘沙酒店，以及親子家庭同樂的悅樂酒店。4家酒店彼此相連通，多數公共設施均可共享。

©Oasia Resort Sentosa

©Oasia Resort Sentosa

©Oasia Resort Sentosa

老建築新療癒

©Oasia Resort Sentosa

豪亞度假酒店保留了三層樓英式老屋，並在後方興建一棟現代化的巴拉灣翼樓，191間套房和客房就分佈其中，多數房間配有獨立起居區和超大浴缸，提供澳洲品牌Biology沐浴用品。享用養生美饌之餘，別忘了前往屢獲獎項的豪亞水療中心（Oasia Spa），體驗被呵護的舒緩療程。

延伸行程

從都會瞬間走進雨林的絕妙體驗，就在南部山脊！

為慶祝纜車營運50週年，推出全球首座帶有光滑鍍鉻外殼的球形纜車艙SkyOrb，採用玻璃透明地板，台數限量搭乘。

©Mount Faber Leisure Group

怡豐城 Vivo City
MAP P.75 C2

©Vivo City

🚇搭乘地鐵東北線或環線從HarbourFront站下車，走出口E即達。 📍1 HarbourFront Walk ☎6377-6860
🕐每日10:00~22:00 🌐www.vivocity.com.sg

　怡豐城是當地最大的濱海娛樂購物中心，也是血拼族們的心頭好，眾多國際品牌首度進駐新加坡就指名在此設櫃，例如西班牙流行服飾Pull & Bear、英國的Ted Baker等。最特別的是，購物中心屋頂還設有一座兒童公園，除了遊樂器材與戲水池外，更收藏了6位藝術家的雕塑作品。

商場地圖才不致於在商家的大海中迷路。14萬平方公尺的總面積多達上百間店家，逛起來真的令人腳軟，恐怕得拿一張

空中纜車 Singapore Cable Car
MAP P.75 B1B2

🚇搭乘地鐵東北線或環線在HarbourFront站下車，走出口B循著Cable Car指標走往HarbourFront Tower，由此可乘坐空中纜車到花柏山站。 ☎6361-0088 🕐纜車08:45~22:00 💰花柏山線來回票：成人33元起、兒童22元起。Cable Car Sky Pass：成人50元、兒童40元。以上為現場票價，至官網購票可另享優惠。 🌐www.mountfaberleisure.com

　花柏山線(Mount Faber Line)擁有花柏山、港灣及聖淘沙3座纜車站。其空中纜車以高雅的黑色金屬作為車廂外觀，車廂周圍以燈泡裝飾，當天色暗下來，燈泡閃閃發亮，彷彿流動的燈籠般形成美麗線條。

亨德申橋將木板道架設於36公尺高的空中，外型宛如海浪般起伏，深具設計美感。

©National Parks Board

南部山脊 The Southern Ridges
MAP P.75 A1B1

🚇搭乘地鐵東北線或環線在HarbourFront站下車，走出口B循著Cable Car指標走往港灣大廈(HarbourFront Tower)，由此乘坐空中纜車到花柏山站下車，走步道約5~10分鐘可抵達花柏山公園及亨德申橋。

　新加坡擅長將分散各地的公園藉由高架步道串連起來，南部山脊就是成功的綠化案例。其中一條步道起點是從花柏山公園出發，沿途遊賞直落布蘭雅山公園、園藝園林，最後抵達肯特崗公園，全長約10公里，沿途陸續通過亨德申橋

感隔絕的孤寂世界。森林小徑蜿蜒於樹叢與空中，散發出與世

亞歷山大拱橋像敞開的葉片，一路銜接森林小徑。

(Henderson Waves)、森林小徑(Forest Walk)、亞歷山大拱橋(Alexandra Arch)等特色橋樑，全程置身於熱帶雨林，蟲鳴鳥叫，運氣好的話還能和猴子不期而遇。

過河而來，休想再空著肚子回去！

新加坡河南岸
South of Singapore River

新加坡河南岸

新 加坡河南岸不像濱海灣，有那麼多驚天動地的超級地標，也不似聖淘沙有眾多吸引人的瘋狂玩樂，既然如此，那來這裡要做什麼？當然是為了吃啊！

這一帶最有觀光味的地方在牛車水，牛車水就是新加坡的中國城，不論身處哪個國家，遊中國城都有相同的準則：千萬別吃飽了再來。在新加坡，最受遊客推崇的小販中心就是牛車水的麥士威，隊伍排得最長的海南雞飯就在麥士威的天天。近來因全世界最便宜米其林星星而大紅大紫的了凡油雞飯，也落腳於牛車水。都已經選擇困難了，牛車水還是不放過我們，鄰近的恭錫路和歐南園附近，隱藏了許多在地美食和異國料理，不遠處的丹戎巴葛與中峇魯也以美食著稱。老天爺啊！只給人類一個胃怎麼夠？不寫了，肚子餓了，找東西吃去！

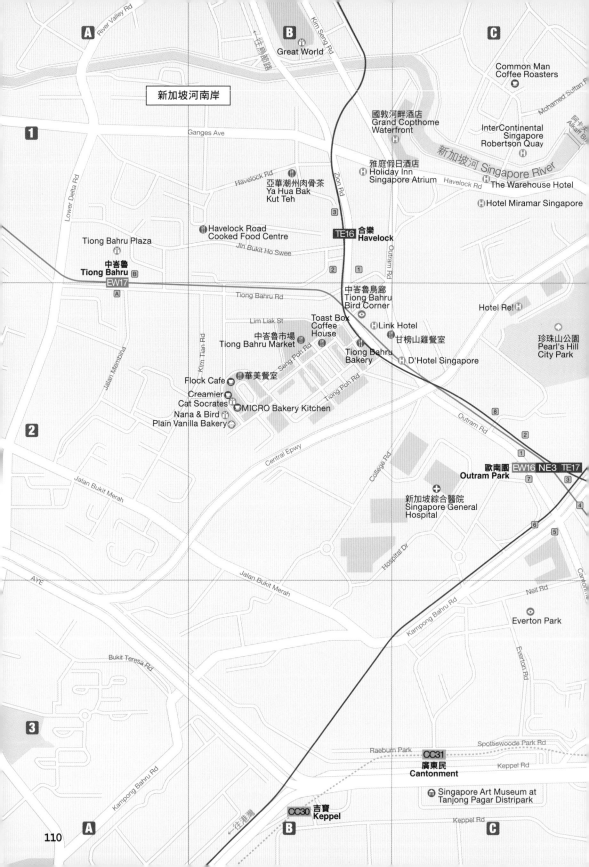

River Valley Rd

往烏節路
Great World

Common Man
Coffee Roasters

新加坡河南岸

Ganges Ave

InterContinental
Singapore
Robertson Quay

Mohamed Sultan Rd
阿卡夫Bd
Akaff Bd

國敦河畔酒店
Grand Copthome
Waterfront

新加坡河 Singapore River

1

Havelock Rd

亞華潮州肉骨茶
Ya Hua Bak
Kut Teh

雅庭假日酒店
Holiday Inn
Singapore Atrium

Zion Rd

Havelock Rd

The Warehouse Hotel

Hotel Miramar Singapore

Tiong Bahru Plaza

Havelock Road
Cooked Food Centre

Jln Bukit Ho Swee

TE16 合樂
Havelock

Outram Rd

中峇魯
Tiong Bahru
EW17

Tiong Bahru Rd

中峇魯鳥廊
Tiong Bahru
Bird Corner

Hotel Re!

珍珠山公園
Pearl's Hill
City Park

Lim Liak St

Toast Box
Coffee
House

Link Hotel

甘榜山雞餐室

中峇魯市場
Tiong Bahru Market

Tiong Bahru
Bakery

Kim Tian Rd

Jalan Membina

Flock Cafe
Creamier
Cat Socrates
Nana & Bird
Plain Vanilla Bakery

華美餐室

Seng Poh Rd

MICRO Bakery Kitchen

Tiong Poh Rd

D'Hotel Singapore

2

Central Epwy

College Rd

Outram Rd

歐南園 **EW16** **NE3** **TE17**
Outram Park

Jalan Bukit Merah

新加坡綜合醫院
Singapore General
Hospital

Hospital Dr

Jalan Bukit Merah

AYE

Kampong Bahru Rd

Nell Rd

Everton Park

Cantonment Rd

Everton Rd

Bukit Teresa Rd

3

Kampong Bahru Rd

Raeburn Park

Spottiswoode Park Rd

CC31 廣東民
Cantonment

Keppel Rd

CC30 吉寶
Keppel

往港灣

新加坡美術館
Singapore Art Museum at
Tanjong Pagar Distripark

Keppel Rd

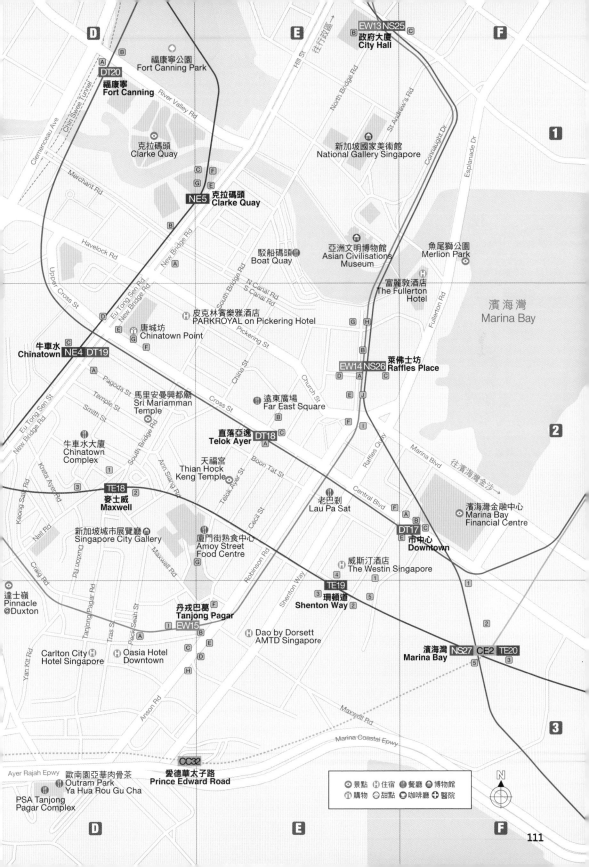

牛車水的美食多到讓人恨不得變成一頭牛，最好長出四個胃！

儘管華人在新加坡總人口中佔據絕對優勢的比例，但牛車水這處中國城仍有著更傳統的風景，放眼望去盡是成排的店屋建築，色彩各異，造型裝飾也大不相同。

新加坡河南岸：牛車水

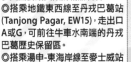

◎搭乘地鐵東北線/濱海市區線至牛車水站(Chinatown, NE4/DT19)，走出口A，可進入老街。
◎搭乘地鐵濱海市區線至直落亞逸站(Telok Ayer, DT18)，走出口A或C，可前往位於牛車水東側的遠東廣場、直落亞逸街一帶。
◎搭乘地鐵東西線/東北線至歐南園站(Outram Park, EW16/NE3)，走出口4，可前往牛車水西南邊緣的恭錫路、尼路，附近有很多異國餐館與設計精品酒店。
◎搭乘地鐵東西線至丹戎巴葛站(Tanjong Pagar, EW15)，走出口A或G，可前往牛車水南端的丹戎巴葛歷史保留區。
◎搭乘湯申-東海岸線至麥士威站(Maxwell, TE18)，走出口2，可抵達麥士威小販中心。
◎搭乘湯申-東海岸線至合樂站(Havelock, TE16)，走出口1或2，可前往中峇魯市場。

至少預留時間
2~3小時

MAP
P.110
D2E2

牛車水
Chinatown

華人離鄉背井來到南洋另謀生路的歷史非常久遠，早在14世紀就有文獻記載，到了19世紀時，已在這座小島上發展出相當規模的聚落。新加坡開埠後，更吸引源源不絕的華人移民前來，當時主政的萊佛士於是將新加坡河口南岸的駁船碼頭一帶劃定為華人社區，這便是今日牛車水的雛型。

一走出Chinatown地鐵站的出口A，迎面而來就是熱鬧的寶塔街。

造訪牛車水理由

1. 逛老街、逛夜市，採購老字號伴手禮
2. 感受華人文化漂洋過海的延續與變異
3. 還需要什麼理由？先吃一頓再說！趕快去**天天海南雞飯**排隊

也許你自認為對中國文化知之甚詳，但華人社群在新加坡自有不同的發展脈絡，值得細細品味。

為什麼會叫牛車水這種怪名字？

牛車水之名的由來，是因為本地乾淨的水源只有安祥山與今日Spring Street上的水井，在自來水管線普及之前，當地居民只能將汲來的水以牛車運載，久而久之，這景象便成了這塊區域的稱呼。當年從水井載水離開的必經之路，今日被稱為Kreta Ayer Road，而Kreta Ayer在馬來語中便是「運水車」的意思。

新加坡河南岸：牛車水

怎麼玩牛車水才聰明？

吃咖椰土司不怕起得早

牛車水有很多咖椰土司店，無論連鎖的或獨立經營，各具擁護者，比如亞坤總店、東亞餐室、南洋老咖啡，通常7點開始營業，想吃這款在地早餐，不怕起得早。

逛寺廟拍古蹟小撇步

喜歡拜訪寺廟的人，建議早上前往，佛牙寺、天福宮、印度廟、清真寺的大門坐向通常朝東，10點之前陽光不會太強，適合拍攝。

避開小販中心尖峰時段

上午11點至下午2點的小販中心經常人潮洶湧，尤其知名店攤更是大排長龍。懂得避開尖峰期，比如10點就到麥士威小販中心的天天海南雞飯報到，可省去排隊時間。

DID YOU KNOW

原來五腳基是走5步的距離啊？

許多人疑惑，新加坡的店屋建築為何如此狹窄，但又如此整齊呢？其實是源自史丹福·萊佛士在1822年所擬定的都市規劃藍圖，當時為了方便管理，防止建築物私自擴張，於是設計出這種門面狹窄、內部深長的格局，門寬限定4至6公尺，內部深度為門寬的3倍。而1樓前方的騎樓自然也窄得可憐，當地人稱為五腳基(The Five-Foot Way)，意指從門口朝馬路方向走5步，正是騎樓的長度。五腳基造型各異，如今看來卻成為特色景觀。

牛車水的夜晚正熱鬧

晚上的牛車水老街宛如夜市般熱鬧，各式餐館、紀念品商店燈火通明，尤其夜生活正熱鬧，想喝兩杯就往客納街、安祥路或廈門街去！

下午逛老字號店舖正好

牛車水有許多老字號商鋪，比如肉乾、藥油、糕餅、中藥行等，通常上午9點開店，部分商鋪傍晚5、6點就打烊，選在下午來逛最保險。

必看重點

牛車水不是只有吃和買，這些**必遊景點**個個精彩。

佛牙寺龍華院
Buddha Tooth Relic Temple and Museum
MAP P.114 B2

如何前往

距Chinatown站出口A約450公尺

info

288 South Bridge Rd　6220-0220

寺院07:00~17:00，佛像博物館09:00~17:00。

www.buddhatoothrelictemple.org.sg　❶入廟時勿著短褲、短裙、露肩上衣及戴帽子。

緬甸高僧務舍葛帕喇在修復蒲甘山佛塔時，發現了藏在佛塔中的佛牙，後來務舍葛帕喇與新加坡的法照大和尚相識，兩人一見如故，成為談論佛法的摯友。2002年務舍葛帕喇圓寂前，將佛牙交付給法照，並囑咐他建寺供奉，這便是佛牙寺龍華院的緣起。龍華院落成於2006年，今日寺院中還有一間佛教文物館，展出超過300件佛教藝術收藏。

龍華院採佛教曼陀羅與唐朝建築混和的風格，雄偉莊嚴，已成為牛車水華人信徒的心靈寄託。

在靈光寶殿可瞻仰被供奉在純金舍利塔中的佛牙，佛塔上覆有金蓋，下鋪金磚，華光萬丈。

牛車水旅客詢問中心

新加坡旅遊局在佛牙寺龍華院後方設有一間旅客詢問中心，提供旅遊資訊，包括代訂住宿、代售各大景點和活動票券等，並設有免費Wifi，可多加利用。

P.114B2　2 Banda Street　6534-8942

9:00~18:00

唐城坊是住在牛車水一帶的遊客，每天補充生活用品、買伴手禮，甚至是解決三餐的百寶箱。

位於地下樓層的超市Fair Price，是最便利的補給站。

唐城坊
Buddha Tooth Relic Temple and Museum
MAP P.114 B1

如何前往

距Chinatown站出口E即達

info

133 New Bridge Road

6702-0114　10:00~22:00

www.chinatownpoint.com.sg

唐城坊是牛車水區域的購物商場，除了中價位服裝、飾品、手錶與居家生活用品外，運動、保健養生和旅行社等商家也不少。許多知名的餐館、咖啡屋和流行雜貨鋪都選在這裡開設分店，包括松發肉骨茶、味香園、土司工坊、Janggut Laksa、Turtle等。商場裡的旅行社也販售當地各景點的門票和優惠聯票，遊客不妨利用。

什麼是紅頭巾？誰又是媽姐？

華人移民來到新加坡，生活多半不易，來自廣東三水地區的婦女有很多在工地靠苦力維生，為了遮擋炎熱的天氣，她們多半戴著紅色頭巾，藉以吸汗散熱，因此被人稱為「紅頭巾」。此外，還有些婦女以幫傭為業，到有錢人家打雜或當奶媽，她們任勞任怨，誓言終生不嫁，名為「媽姐」。

MAP P.114 B2 牛車水原貌館
Chinatown Heritage Centre

如何前往
距Chinatown站出口A約120公尺
info
🕐48 Pagoda St　☎6224-3928
🕐09:00~20:00　❶目前整修中，暫時關閉。

這是一處由3間店屋組成的展示館，前半段的旅程帶你認識華人們初到新加坡時的艱困生活，包括生活環境的惡劣、鴉片與賭博的危害等，許多曾經住在店屋中的人也會向你現身說法；在後半段旅程中，將進入真正的店屋生活，房間裡的擺設皆由當年店屋居民提供，依照原來的模樣如實陳列。

MAP P.114 B2 馬里安曼興都廟
Sri Mariamman Temple

如何前往
距Chinatown站出口A約300公尺
info
🕐244 South Bridge Rd

馬里安曼興都廟建於1827年，是新加坡最古老的印度寺廟，塔樓上立有許多色彩豔麗的立體神像，是標準的南印度達羅毗荼式廟宇。廟裡主祀能治癒傳染病的馬里安曼女神，記得先脫鞋，才能入內欣賞精緻的壁畫和神像。

中國城裡的印度盛會——蹈火節
印度教徒為了對史詩《摩訶婆羅多》中的黑公主表示崇敬，每年11月皆在馬里安曼興都廟舉行蹈火節儀式，虔誠的信徒會先在額頭灑上聖水，赤腳走過4公尺長的炙熱火炭後，再以羊奶泡腳，最後從頭到腳灑下粉末，表示全身都受到庇祐。

廣場5個入口分別代表金、木、水、火、土五行，融合中國風水概念設計。

自然採光的玻璃頂蓬使寬敞的中央街道更加明亮，不少商家都擺起戶外桌椅，氣氛愜意。

北京街42號餐廳前的廊柱上，「成發精做招牌」工整的刻字也保存得依舊完好。

廣場內外可發現不少雕塑和壁畫，新與舊在此相遇。

遠東廣場
Far East Square
MAP P.114 C2

如何前往
◎ 位於Telok Ayer站出口B對面
◎ 距Chinatown站出口F約300公尺
◎ 距Raffles Place站出口F約250公尺

info
◎45 Pekin St
◉www.fareastmalls.com.sg

遠東廣場以原有的店屋建築群改裝，可說是傳統與現代的融合。進駐眾多餐廳、酒吧、咖啡館，以及Amoy和Clan兩家飯店，其中以亞洲料理佔了大多數，像是著名的亞坤咖椰土司的總店就位於這裡。此外，廣場內也有不少雕塑、壁畫和歷史遺產，例如萃英書院、應和館、福德祠等。

遠東廣場中的古早風

◎ 應和館
◎98 Telok Ayer St ◉09:00~17:00
◉週日

建立於1822年，是新加坡最古老的會館，創辦目的主要是為廣東移民介紹職業並聯絡感情，現在仍經常舉辦活動，促進客家人情感交流。

應和館於1999年被列為國家古蹟建築，天井和走廊是其主要建築特色。

1905年，會館創辦了應新學校，校址就設在會館內，雖然學校已於1969年停辦，當年的校鐘至今依然保存在會館的前廳中。

會館最初以寺廟的形式出現，奉祀關聖帝君，今日在會館內仍然可以看到關帝君的牌位。

◎ 福德祠
◎76 Telok Ayer St ◉10:00~22:00
◉免費

建於1824年，是新加坡第一間中國寺廟，由客家和廣東移民合力建造，感謝土地公的保佑。祠堂並扮演幫助新移民安頓、解決紛爭的功能，如今則改為博物館，裡頭陳列著早期移民的生活用品。

從昔日的獎狀、船舶模型等有趣的陳列傳單、漫畫書、電影，讓遊客能深入了解當時生活樣貌。

直落亞逸街
Telok Ayer Street
MAP P.114 C2

如何前往

◎ 從Telok Ayer站出口A出站即達

◎ 距Chinatown站出口F約500公尺

　　直落亞逸在馬來語中是「水灣」的意思，由此說明新加坡過去的地理樣貌。由於這裡曾是一條濱海道路，來自四面八方的文化都在此地泊船上岸，造就出新加坡最不可思議的奇觀。在這條不算長的街道上，華人三教合一的天福宮與南印度伊斯蘭的納哥德卡殿、阿爾阿布拉回教堂比鄰而居，而在不遠的地方又有幾座印度興都廟與西洋基督教堂，儼然就是一處露天的宗教博物館。

各種信仰的人們在這裡和平共處，從來沒有聽說有什麼紛爭發生，這在許多基本教義派的人聽來，的確相當匪夷所思。

客納街與安祥路
Club Street & Ann Siang Road
MAP P.114 B2C2

如何前往

◎ 距Chinatown站出口A約500公尺

　　客納街的名字即是來自英文的「俱樂部」，這是由於在19世紀末，一位土生華人富豪在此成立了威基利俱樂部，從此這裡便以「俱樂部街」聞名。而安祥路與客納街相連，高雅清幽的環境和隔鄰的牛車水鬧區形成強烈對比，走到盡頭還有一座綠意盎然的安祥山公園，提供人們一處靜思冥想的角落。

雖然當年的俱樂部如今已不對外開放，但客納街依舊延續其社交傳統，一整排繽紛亮麗的店屋裡，開著一間間時尚的餐廳、酒吧、藝廊與精品服飾店。

直落亞逸街上的 多元風景

◎ 天福宮
⏰158 Telok Ayer St ⏰每日07:30~17:30
🌐www.thianhockkeng.com.sg

新加坡規模最宏大的華人廟宇，大部分建材由福建渡海而來，就連主祀的媽祖像也是來自福建。特別的是，其地磚是由荷蘭運來，而門前鐵欄杆則是來自蘇格蘭，傳統之中也融合了少許歐洲趣味。

天福宮為正統的閩南式宮廟建築，完全以木架斗拱支撐，不著一根鐵釘。

◎ 納哥德卡殿 Nagore Durgha Shrine
⏰140 Telok Ayer St

大約建成於1830年，最有意思之處在於其外牆，整體雖是屬於南印度伊斯蘭色彩，但正立面卻運用了西方古典風格的拱門與柱飾；上半部則猶如一座宮殿的縮小版，有迷你的拱門和窗眼。

2007年整修時，將原本的白色灰泥牆面漆成了粉色系，看起來更是亮眼。

◎ 阿爾阿布拉回教堂 Al-Abrar Mosque
⏰192 Telok Ayer St

新加坡最古老的清真寺，建於1827年。立廟之初只是間小茅屋，因此被稱為「茅屋回教堂」，而其另一個名字是「丘利亞回教堂」，因為其信徒大都是南印度的丘利亞人。

寺廟主體在1986年改建後，成為一棟兩層樓的建築，但整體風格依舊樸實無華。

MAP P.114 B2B3

丹戎巴葛
Tanjong Pagar

如何前往

◎ 從地鐵Tanjong Pagar站出口A或I即達

◎ 距Chinatown站出口A約800公尺

　這裡從前鄰近海灣，是貨物輸送的要道，因此整條丹戎巴葛路的兩側店屋林立，形成特殊景觀。幸運的是，這些店屋在二次大戰中並沒有遭到破壞，近年重新粉刷後，又恢復往日的優雅面貌。

區域已成為餐廳、酒吧、俱樂部和婚紗店進駐的據點，比如著名的娘惹餐廳Blue Ginger就位在這裡。

丹戎巴葛

MAP P.114 B2

新加坡城市展覽廳
Singapore City Gallery

如何前往

◎ 從Maxwell站出口1出站約50公尺

◎ 距Chinatown站出口A約550公尺

info

⊙45 Maxwell Rd, The URA Centre

☎6321-8321　⊙09:00~17:00

㊡週日和國定假日　⑤免費

🌐www.ura.gov.sg

　新加坡城市建設的突飛猛進是有目共睹的，其賦予古蹟新生命的修繕工程也是不遺餘力，而這些成就的幕後推手就是新加坡城市發展局。這間位於城發局中的展覽廳設有10個展區，以互動方式介紹新加坡人的生活、城市發展、市鎮規劃、古蹟維護等主題。

最引人矚目的展品，是一座面積100平方公尺的新加坡市中心建築模型，鉅細靡遺地呈現整座城市的面貌。

新加坡河南岸：牛車水

新加坡獨特的店屋建築

中國城裡隨處可見的店屋(Shophouse)，通常是將1樓作為商店使用，人們則住在2樓以上。建築往往融合了中國、馬來、歐式的特色：細緻的木頭雕飾和Pintupagar(推開後會自動合上的半腰門，門上有縫隙可通風，又有隱密性)是典型的馬來風格；古典門窗和裝飾藝術的展現，是受到英國殖民時期的影響；至於中國式的特徵則表現在圖案與符號上，例如代表福氣的蝙蝠就是最常見的裝飾。

整體而言，店屋建築在簡單的線條中帶有華麗風格，因此有「中國巴洛克風」的說法。而歷經建築風格的時代演變，店屋的樣式也呈現不同風貌，每條街道都有自己獨特的姿態，除了牛車水老街和丹戎巴葛，尼路、恭錫路、廈門街、武吉巴疏路等，都值得造訪。

牛車水老街・老店尋寶地圖攻略

從地鐵站的出口A走出，立刻進入牛車水老街的精華地段，這片店屋林立的街區，每條都有不同的特色，像是熱鬧的徒步大街寶塔街與丁加奴街，處處是紀念品店與古董藝品店，登婆街則以藥材行、醫館著稱，碩莪街的老字號名店是觀光客的心頭好，而史密斯街是有名的美食街。

必買①招牌肉乾

林志源

創立於1938年的老牌肉乾店，產品都是新鮮製作，門口總是大排長龍，尤其逢年過節，盛況可比南門市場。肉乾口味有7、8種選擇，可以試吃看看再決定購買哪一種。除了新橋路的總店，在珍珠坊、ION Orchard也設有分店。

🅰️P.120A1 📍203 New Bridge Rd
🕐09:00~22:00 🌐www.limcheeguan.com.sg

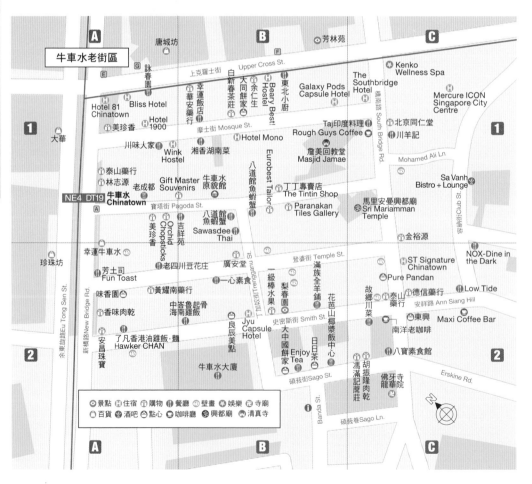

新加坡河南岸：牛車水

必買❷金錢肉乾

美珍香

美珍香是新加坡規模最大的肉乾和肉鬆品牌，自1933年創業至今，不僅在新加坡開有40多家店，包括台灣等亞洲各國都設有分店。店鋪裡各種口味的現烤肉乾香氣四溢，可以秤重購買，也可以買包裝好的。

🅿P.120A1 📍189 New Bridge Rd ⏰08:00~22:00
🌐www.beechenghiang.com.sg

必買❸龍蝦肉乾

胡振隆肉乾之家

胡振隆最初是以香麻油起家，卻以肉乾聞名於世，最知名的除了傳統豬肉乾外，還有龍蝦肉乾、鱷魚肉乾等創新口味，因而得以在肉乾店林立的老街區闖出一片天地。

🅿P.120C2 📍14 Sago St
⏰10:00~20:00
🌐www.huzhenlong.com.sg

肉乾別一次買太多，因為你還是得在當地吃完！

過去肉乾一直是旅遊新加坡時回國必帶伴手禮，但近年新加坡被列為口蹄疫區，依照海關規定，所有肉類食品皆不得帶回台灣(罐頭與醃漬品除外)，即使是真空包裝，被海關發現一樣會被沒收。愛吃肉乾的人，建議一到新加坡就先去買，這樣在回國之前每天都有肉乾可以吃。

馮滿記蓆莊

擁有超過百年歷史的馮滿記，主業雖是賣蓆子，但更受遊客歡迎的是放在前檯櫃子裡一瓶瓶的藥膏與藥油，熱門產品有專治跌打的紅花油、對風濕關節頗有療效的千里追風油、傷風感冒一試就靈的萬應驅風油、處理蚊蟲咬傷的荳蔻膏、治療富貴手和香港腳的回春膏等。

🅿P.120C2 📍16 Sago St
⏰10:00~18:00

必買❹紅花油、千里追風油

必買❺豆沙餅、月餅、雪花糕

大中國餅家

大中國餅家開業至今已有80多個年頭，新加坡人早已習慣在佳節前夕來此採購糕餅，其粵式年糕與中秋月餅都是人們記憶中的團圓味道，而平日最受歡迎的則是紅豆沙餅與棋子餅。

🅿P.120B2 📍34 Sago St ⏰09:30~20:00 (週一至18:00)
🌐www.taichongkok.com

東興

東興開店自1910年，專賣傳統廣式糕餅，舉凡咖哩酥、老婆餅、龍鳳餅、蛋撻及喜餅等，種類相當豐富。其中最知名的就是蛋撻，餅皮酥脆、內餡柔軟，除了原味之外，還推出椰絲等其他口味。

🅿P.120C2 📍285 South Bridge Rd
⏰09:00~22:00
🌐www.tongheng.com.sg

必買❻蛋撻

泰山藥行

創立於1955年，目前在新加坡共有4間店鋪。最受歡迎的有可降火氣的自製配方涼茶，以及一系列藥油、藥膏，也販售店家調配的肉骨茶藥材包。

📍P.120A1C2 🏠201 New Bridge Rd ☎6223-1326
🕐09:30~20:00 🌐www.thyeshan.com.sg

Pure Pandan

因為從小愛吃班蘭蛋糕，Mark毅然辭去工作，跑去烘焙學校上課，於2012年圓了開店夢想，販售多種口味的戚風蛋糕，包括綠茶、巧克力、榴槤、柳橙、香蕉等。班蘭蛋糕（Classic Pure Pandan）是鎮店招牌，將新鮮班蘭葉打成汁，加入天然食材烘焙而成，不含人工色素，口感偏向清淡，適合不喜歡太甜膩的愛好者。

📍P.120C2 🏠264 South Bridge Rd ☎6588-5788 🕐09:00~19:00 💲班蘭蛋糕一片2.2元起，瑞士捲8.8元起。🌐purepandan.com

DID YOU KNOW

清涼解渴的茶飲與中藥湯

茶飲與補品是新加坡華人飲食中不可或缺的一部分，在中藥行常可見門口擺售寶特瓶裝的菊花茶、薏米水、羅漢果等茶飲，而在超市與中藥店也有搭配好的藥材包，像是何首烏補血湯、十全大補湯、雪耳潤肺湯等，選擇相當豐富，可依自己的需求選購。

轉角遇見 舊時光·壁畫之旅

穿梭於牛車水的巷弄間，也許轉個彎、抬起頭，就會有驚喜闖入眼簾。那些散落於街邊牆面的壁畫，細膩地描繪出本土藝術家葉耀宗（Yip Yew Chong）的兒時情景，用色鮮明溫暖，畫面細節繁複，充滿異想天開的童趣，更成為遊客拍照打卡的熱門地。老街區最經典的壁畫大約有8幅，你找到了幾幅呢？

◎登婆街

在味香園甜品店對面，可發現闔家「慶中秋」的情景。過了丁加奴街交叉口往前走，左右兩側小徑裡分別是「牛車水菜市場」與「木屐和缸瓦鋪」。往橋南路方向走，右側會出現「粵劇團做大戲」。

◎史密斯街

在泰山藥行旁會看見逗趣的「名偵探柯南在牛車水」，小巷裡藏著「我家牛車水」，往新橋路方向走，可欣賞「寫信佬·妙手揮春」。

◎莫罕默阿里巷

整面牆都是「牛車水商販」壁畫，描繪新加坡建國獨立初期，街頭攤販的各種奇特景象。

都說牛車水以美食稱霸，閒話休講，且先吃了再說！

麥士威小販中心
Maxwell Food Centre

小販中心

 🏠 │ 牛車水老街

麥士威小販中心早在二戰之前便已存在，當時是販賣生鮮食材的市場，1986年才轉型為小販中心。目前設有100多個熟食攤位，以華人小吃尤其是嶺南美食為主，除了當地人外，不少觀光客也慕名而來，每到用餐時間，最好做好排隊的心理準備！

📍P.114B2 🚇距Chinatown站出口A約550公尺；距Tanjong Pagar站出口B或F約500公尺。 🕐1 Kadayanallur St (Maxwell Rd與South Bridge Rd路口)

【攤位編號】10、11 ｜ 天天海南雞飯
南洋小吃/

🕐10:00~19:30 🛌週一

天天是遊客到訪新加坡指名必吃的海南雞飯名店，攤位前總是以大排人龍來炫耀其絕頂人氣。老闆將老薑爆香後放入湯裡加熱，待湯沸沸將雞隻丟進去煮熟，撈起再以冷水稍浸片刻，肉質就變得滑嫩有彈性，鋪排在色澤晶黃的雞飯上，油香四溢，蘸著特製的辣椒、薑蓉與黑醬油入口，相當夠味。

雞飯 5元起 推薦菜

【攤位編號】77 ｜ 金華魚片米粉
華人小吃

🕐11:15~19:30 🛌週四

金華是麥士威排隊店家之一，餐點有魚片、魚肉、魚頭的湯和米粉可以選擇。其魚片和魚肉的差別，在於魚肉有事先炸過，吃起來較有口感，而魚片則是新鮮的水煮魚肉。許多人點餐時還會要求「加奶」，店家便會在湯頭中加入淡奶，除了原本的魚鮮和薑味外，又多了一股奶味，濃郁可口。

魚片米粉 5元起、魚肉米粉 5元起 推薦菜

【攤位編號】54 ｜ 真真粥品
華人小吃

🕐05:30~14:30 🛌週二和週四

真真的粥品主要為魚粥和雞粥，可依個人口味選擇是否加蛋。其粥底滾得細綿綿密，已不見完整的米粒，上頭撒上大量蔥花和油蔥酥，鮮味、鹹味、香氣皆十足過癮。

魚粥 4元起、雞粥 4元起 推薦菜

【攤位編號】31 ｜ 中國街興興
南洋點心

🕐07:00~13:00 🛌週日

賣的是南洋傳統甜點木薯糕(Tapioca Cake)和蕃薯旦(Ondeh-Ondeh)，前者原料是木薯，分為椰子和炒過的椰子兩種口味；而後者外皮的原料有香蘭葉、椰子和蕃薯，裡頭包著甜甜的椰糖，一咬下去就會流出來，絕對可以滿足嗜甜味覺。

木薯糕 每個0.7元、蕃薯旦 每個0.7元 推薦菜

【攤位編號】5 ｜ 洪家福州蠔餅
華人小吃

🕐09:00~20:00 🛌週日

蠔餅是道地福州小吃，老闆在長勺鋪上一層米漿後，放入芹菜、豬肉、蝦仁、牡蠣等餡料，再裹上一層米漿，放入熱油中炸熟就完成了，份量相當實在，吃起來鮮甜爽脆。

蠔餅 每個2.5元 推薦菜

新加坡河南岸：牛車水

牛車水大廈 Chinatown Complex

小販中心

 牛車水老街

牛車水大廈裡什麼都有，往地下室走，熱鬧的人聲、叫賣聲、打招呼聲，沸沸揚揚的，有的攤子連烏龜、蛇肉、青蛙肉都有在賣，標準的中國市場樣貌。至於2樓則是美食街，想吃好吃的請往那裡走。

◆P.114B2 ◆距Chinatown站出口A約200公尺 ⋒335 Smith St

【攤位編號】
02-127

了凡香港油雞飯麵
港式燒臘

◆10:30~15:30 ⑭週日
⊕www.liaofanhawkerchan.com

打著全世界最超值米其林星星的旗號，現在想吃了凡，恐怕得先排上1至2個小時，比天天海南雞還要誇張！炙烤得恰到好處的油雞肉質滑順，淋上特調醬汁後更添香氣，另外當地人也大力

招牌油雞飯6.8元、傳統叉燒飯7.8元

推薦叉燒與排骨，難以抉擇的話可以選擇雙拼。除了小販外，了凡也在牛車水大廈對街開了新餐館，售價雖然貴上一些，卻能享受更舒適的用餐環境。

【攤位編號】
02-104

雪花飛昌記冷熱甜品
南洋冰品

一來新加坡天氣太熱，二來飯後總還想再吃點甜的，這家雪花飛昌記的生意向來不比其他名店遜色。這裡的椰漿雪特別有名，椰漿雪就是本地常見的珍多冰；另一面招牌是文頭雪，其實就是愛玉冰。想要再豐富一點，則可以點加了各種水果的什果文頭雪。

椰漿雪1.5元起

八道館魚蝦蟹

中式海鮮

辣椒螃蟹：時價、星洲炒米粉16.8元
推薦菜

 牛車水老街

牛車水夜市裡人氣最旺的海鮮檔，很多人都推薦這裡的辣椒螃蟹，不過價格上算是偏貴。此外也有炒飯、炒米粉、炒時蔬、清蒸魚、港式點心等，選擇多元。

◆P.120B1 ◆距Chinatown站出口A約150公尺 ⋒51/53 Pagoda St ☎6222-2224 ◐12:00~00:00 ⑤$$

味香園甜品

華人冰品

紅毛榴槤雪花冰8元、鳳梨雪花冰9元
推薦菜

 牛車水老街

味香園的雪花冰種類繁多、色彩繽紛，尤其在炎熱的新加坡，吃上一盤更覺沁涼無比。除了冰品之外，這裡也有各式糖水甜品與糕點。有趣的是，味香園也是正萬里望食品的製造商，正萬里望花生在新加坡的地位好比台灣的乖乖，在這家店裡也能買到。

◆P.120A2 ◆距Chinatown站出口A約110公尺 ⋒63-67 Temple St ☎6221-1156 ◐12:00~21:30 ⑭週一 ⑤$ ⊕www.meiheongyuendessert.com.sg

亞坤咖椰土司
Ya Kun Kaya Toast

南洋小吃

咖椰吐司一份(2片)2.6元、咖椰土司套餐5.6元、半熟蛋(2顆)1.8元起

推薦菜

🏠 直落亞逸

創始於1926年,來自海南島的阿坤以椰奶混合糖、雞蛋與班蘭葉調配成咖椰醬,連同奶油塗抹在炭烤好的吐司裡,咬起來鬆脆,入口後清爽不甜膩,很快就在新加坡闖出名氣來。若是想將亞坤的味道帶回家,也可以在店裡購買罐裝的咖椰醬。

📍P.114C2　🚇距Telok Ayer站出口B約250公尺　🏠18 China St(遠東廣場鋪號01-01)　☎6438-3638　🕐週一至週五07:30~16:00,週六和週日07:30~15:00。　💲$
🌐www.yakun.com

哪裡還能再吃到亞坤
如果離開了牛車水還想再吃亞坤的話,該怎麼辦呢?其實亞坤除了遠東廣場這家本店外,在獅城還有50多家分店,包括萊佛士城、新達城、白沙浮廣場、ION Orchard、百利宮、董廈、高島屋、313@Somerset、怡豐城、樟宜機場第二、三航廈等處皆有,可以說,在新加坡想找一處吃不到亞坤的地方還真不容易。

Blue Ginger

娘惹菜　米其林

酸辣蝦30元、辣椒茄子16元、黑果雞30元

推薦菜

🏠 丹戎巴葛

Blue Ginger是傳統的娘惹餐館,1995年開業,規模不大,但裝潢雅致溫馨,口味非常道地,大量使用椰漿、咖哩、檸檬草等香料調味,像是酸辣蝦(Udang Masak Assam Gulai)、參峇茄子(Sambal Terong Goreng)或辣椒茄子(Terong Goreng Cili)、黑果雞(Ayam Buah Keluak)等招牌菜,在當地極富盛名。

📍P.114B3　🚇距Tanjong Pagar站出口A約300公尺　🏠97 Tanjong Pagar Rd　☎6222-3928　🕐午餐:12:00~15:00,晚餐:18:30~22:30。　💲$$$　🌐www.theblueginger.com

---

Thanying

泰國菜

青咖哩雞肉20元、冬炎蝦湯12元、清檸蒸鱸魚42元

推薦菜

🏠 丹戎巴葛

Thanying是皇家仕女的意思,其料理與服務皆比照泰國皇家等級。其食物小而精緻,因為傳統皇室要優雅地用餐,所以廚師要做出適合小口享用的食物。雖然泰國人口味偏辣,但這裡的每道菜都可以自由選擇辣度。

📍P.114B3　🚇距Tanjong Pagar站出口A約300公尺　🏠165 Tanjong Pagar Rd (Amara Hotel, Level 2)　☎6222-4688　🕐午餐:11:00~15:00,晚餐18:30~23:00。　💲$$$　🌐www.thanyingrestaurants.com

新加坡河南岸:牛車水

terra Tokyo-Italian

義大利料理　米其林✿

午間套餐
128/208元、
晚間套餐
208/308/408元
推薦菜

 丹戎巴葛

terra是間由日本主廚開設的義大利餐廳，這裡沒有菜單，完全由主廚決定餐點內容。來自日本的新鮮食材，加上主廚的新潮創意，做出充滿驚喜的義大利菜，讓這裡很快就拿下米其林的一顆星。

📍P.114B3 🚇距Tanjong Pagar站出口A約240公尺 🏠54 Tras St ☎9751-2145 🕐週一至週五12:00~14:30、18:30~22:30，週六18:30~22:30(不供應午餐)。 🚫週日 💲$$$$ 🌐www.terraseita.com

©terra Tokyo-italian

歐南園亞華肉骨茶
Outram Park Ya Hua Rou Gu Cha

南洋小吃

肉骨湯10元、
功夫茶5元起、
油條3元
推薦菜

 丹戎巴葛

在地人指名必吃的肉骨茶店，採用印尼排骨熬湯，搭配特製佐料，使得湯頭呈現金黃色澤，胡椒味不算重、但湯味稍鹹，排骨肉質較韌、有彈性，拿油條泡湯吃或白飯裡加點鹹菜，滋味都很好。

📍P.111D3 🚇距Tanjong Pagar站出口H約550公尺 🏠7 Keppel Rd 01-05/07 PSA Tanjong Pagar Complex ☎6222-9610 🕐週二至週六07:00~ 23:00，週日07:00~22:00。 🚫週一 💲$$ 🌐yahua.com.sg

南洋老咖啡
Nanyang Old Coffee

南洋小吃

咖椰吐司
一份2.6元、
咖椰吐司套餐5.8元
起、咖啡2.1元起
推薦菜

 牛車水老街

以「重現昔日美好的咖啡老味道」為主題，由專人現磨咖啡粉，運用長嘴壺與過濾布袋沖泡出一杯杯新加坡傳統咖啡，裝在青花瓷杯中，充滿復古氛圍。除了手工咖啡，還提供咖椰吐司、半生熟雞蛋、椰漿飯、娘惹糕等小吃。走上2樓用餐區，宛如來到迷你博物館，四周擺滿各種

咖啡調製器具和古早的家用品。店內推出傳統咖啡製作工坊，教導如何親手沖泡南洋咖啡，並販售自家研發的產品，包括辣椒醬、咖椰醬、傳統咖啡粉等。

📍P.120C2 🚇距 Chinatown」站出口A約350公尺 🏠268 South Bridge road ☎6100-3450 🕐07:00~18:00 💲$ 🌐nanyangoldcoffee.com

新加坡河南岸：牛車水

PS. Cafe
咖啡館

must eat!
松露薯條12元起、
凱薩沙拉17元起、
自製蛋糕14元起
推薦菜

🏠 安祥山

PS. Cafe是新加坡知名咖啡店，至今已有10多間店面，各具風格。其安祥山分店外頭就是寧靜的安祥山公園，室內裝潢則以黑、白色系貫串，氣氛輕鬆自在。這裡平日供應午、晚餐及下午茶，一樓設有酒吧，每週末供應的早午餐更具人氣。

📍P.114C2 🚇距Telok Ayer站出口A約450公尺，距Chinatown站出口A約600公尺。 🏠45 Ann Siang Rd, #02-02 ☎6708-9288 🕐午餐：11:30~16:00，晚餐：17:00~22:00。 💲$$ 🌐www.pscafe.com

SaVanh Bistro + Lounge
中南半島料理

must eat!
米春捲14元起、
雞尾酒20元起
推薦菜

🏠 客納街

隸屬IndoChine集團的SaVanh，將客納街的兩棟舊店屋改裝，1樓設為酒吧，2樓規劃為餐廳，專賣南洋料理。洋溢中南半島風格的裝潢讓人感受輕鬆氣氛，民族風味濃厚的藝術品、舒適的沙發，加上慵懶的爵士樂，讓這裡深受時髦男女歡迎。

📍P.114C2 🚇距Telok Ayer站出口A約350公尺，距Chinatown站出口A約450公尺。 🏠47 Club St ☎6325-8529 🕐15:00~午夜12:00 🚫週日 💲$$$ 🌐indochine-group.com

Native Bar
雞尾酒吧

must eat!
雞尾酒
26元起
推薦菜

🏠 直落亞逸

到本土風格的雞尾酒吧喝一杯新加坡文化，已形成一種夜生活風潮，特別是連續登上「亞洲50大最佳酒吧」年度榜單的Native。狹長的吧台和溫馨典雅的擺設，營造了說故事的場景；透過調酒師的巧思，從在地歷史文化汲取靈感，創造出一系列亞洲風情的雞尾酒。比如向娘惹美食致敬的「Peranakan」，以萊姆酒為基底，加入叻沙葉、石栗、椰糖、羊奶調配而成；以椰子殼盛裝的「Free of Life」，添加了椰奶椰汁，口感偏甜。喜歡探索的人，還可試試其他創意飲品或特調燒酒。

📍P.114C2 🚇距Telok Ayer站出口A約公尺，距Taniong Pagar站出口G約公尺。 🏠52A Amoy Street Level 2 ☎8869-6520 🕐18:00~午夜 🚫週日 💲$$$ 🌐www.tribenative.com

Lolla
地中海料理

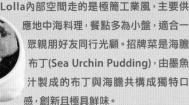

must eat! 推薦菜
海膽布丁全份65元/半份38元、週六四道式午餐98元

🏠 安祥山

Lolla內部空間走的是極簡工業風，主要供應地中海料理，餐點多為小盤，適合一眾親朋好友同行光顧。招牌菜是海膽布丁(Sea Urchin Pudding)，由墨魚汁製成的布丁與海膽共構成獨特口感，創新且極具鮮味。

🔼P.114B2　🚇距Tanjong Pagar站出口G約450公尺，距Chinatown站出口A約550公尺。　🏠22 Ann Siang Rd　☎6423-1228　🕐午餐：12:00~14:30，晚餐：18:00~23:00。　🈺週日　💲$$$　🌐www.lolla.com.sg

---

東亞餐室
Tong Ah Eating House
南洋小吃

must eat! 推薦菜
咖椰吐司一份2.6元起、酥脆薄片吐司3.2元起、茶或咖啡1.8元起

🏠 恭錫路

1939年，來自福州的Tang氏家族在Keong Saik Road與Teck Lim Road交叉口的店屋開設餐室，白天是供應咖椰吐司的Kopitiam，晚上則賣海鮮煮炒，Art Deco建築外觀搭配在地美食，形成標誌性的街頭風景。2013年由於租約到期，遂搬遷至附近的店屋，距離舊址不到100公尺。

80多年來，始終採用炭爐製作烘烤咖椰吐司，並以套著絲襪布袋的長嘴壺沖泡出一杯杯Kopi；抹上咖椰醬和牛油的炭烤吐司甜而不膩，吸引一批擁護者。除了傳統咖椰吐司，還推出酥脆薄片吐司、法式吐司和蒸麵包。

🔼P.114A2　🚇距Maxwell站出口3約350公尺，距Outram Park站出口4約400公尺。　🏠35 Keong Saik Road　☎6223-5083　🕐07:00~22:00(週三營業至14:00)　💲$　🌐www.facebook.com/TongAhEatingHouse

---

Shake Shack
美式漢堡

must eat! 推薦菜
漢堡9.9元起 Pandan Shake 8.6元起

🏠 丹戎巴葛

從紐約曼哈頓的熱狗餐車起家，沒想到賣漢堡賣到開連鎖店，從美國一路擴及世界各地，2019年在新加坡的星耀樟宜設立了首家店面，美式漢堡熱潮就此席捲全島。這間分店坐落在尼路的百年建築中，曾是製作虎標萬金油的工廠。基本款「ShackBurger」是夾了番茄、生菜和特製醬料的起士牛肉漢堡，有單層和雙層可選擇，麵包香軟、肉排濃郁多汁。喜歡嘗鮮的人，別錯過新加坡限定的「Pandan Shake」，喝得到班蘭葉的香氣。

🔼P.114A3　🚇距Maxwell站出口3約公尺，距Outram Park站出口4約公尺。　🏠89 Neil Road #01-01　🕐週日至週四11:00~22:00，週五和週六11:00~22:30。　💲$$　🌐www.shakeshack.com.sg

芳林巴刹和熟食中心
Hong Lim Market & Food Centre

小販中心

 牛車水老街

雖然觀光人氣不如麥士威熟食中心來得高，但1978年建立的芳林巴刹和熟食中心可是牛車水最古早的小販中心之一。位於芳林苑的組屋裡，100多個攤位分布在1、2樓，以當地人為主要客層，每到中午就出現排隊長龍，雖有自然採光，但人潮湧進時較為悶熱。其中藏著不少榮獲米林必比登推介的在地美食。

📍P.114C1 🚇距Chinatown站出口E約120公尺

【攤位編號】02-66　馳名結霜橋三輪車叻沙　南洋小吃/

🕐10:30~15:00 🚫週四和週日

從打工仔轉業開起小吃攤，沒有任何的家業傳承，老闆Daniel Soo全憑自學鑽研，創製出海南式叻沙，與加東的叻沙口感截然不同。減少椰漿的用量是最大特色，老闆專注於湯底的鮮度，採用干貝、蝦米、蠔和蝦殼熬煮2小時以上，湯頭香濃卻不油膩，再加上豐盛的配料，包括整隻琵琶蝦、雞肉絲、魚餅和豆芽等，同時老闆會詢問客人要不要加血蛤，敢吃的話就嘗試吧！此外，這裡的米暹（Mee Siam）以果汁提味，在別處吃不到。

叻沙7元起、果汁米暹6元起　推薦菜

【攤位編號】02-17　歐南園炒粿條　華人小吃/

🕐06:00~15:00 🚫週日

1950年代創立於丹戎巴葛金華戲院附近，曾搬至歐南園的組屋，最後落腳在芳林，目前已交棒給第三代經營。好吃的秘訣在於火候的掌握，以及每盤粿條會加進一顆半的雞蛋，讓口感更濕潤。最大關鍵是添加了豬油渣下去炒，血蛤、臘腸、魚餅、豆芽等配料也給得很充足。

炒粿條4.5元起　推薦菜

【攤位編號】02-68　福海茶室　南洋小吃/

🕐06:30~15:30 🚫週六和週日

這間老茶室供應傳統的Kopi和Teh，現場可以看到老師傅親手沖泡咖啡、親手烘烤吐司的畫面，充滿在地市井風味。另外還販售自製的薏米水、甘蔗汁、酸柑汁，每日新鮮限量。

咖啡1元起　推薦菜

【攤位編號】02-58/59　亞王咖哩雞米粉麵　南洋小吃/

🕐09:00~21:00

亞王咖哩雞米粉麵在這裡設有兩間攤檔，比鄰而居。湯頭濃郁偏辣，加上嫩雞胸肉、馬鈴薯、魚板，以及吸飽咖哩湯汁的油豆腐，讓食客愛不釋口。點餐時可選擇粗米粉、黃麵、幼米粉，或者任選兩種雙拼，也是別出心裁的吃法。

6元起　推薦菜

廈門街熟食中心
Amoy Street Food Centre

小販中心

 直落亞逸

這座熟食中心建立於1983年，不畏麥士威熟食中心和老巴剎的左右夾擊，依然走出自己的一片天，街坊鄰里和金融商業區的上班族經常前來覓食。從古早小吃到現代創意風味，選擇多樣，也是攤檔獲選米其林必比登推介最多的熟食中心。如果不想長時間排隊，建議避開尖峰時段前來。

🔗P.114C2　🚇距Telok Ayer站出口A約350公尺，距Tanjong Pagar站出口G約290公尺。🏠7 Maxwell Road

【攤位編號】	超好麵
01-39	南洋小吃/

🕐11:00~20:00　🚫週日

同在烹飪學校學習廚藝的邱松銘和譚晏樺，將現代歐洲烹調技巧與亞洲美食結合，創造出「新加坡風味拉麵」。自2013年開業，2016年便榮登米其林必比登推薦榜，主角的基底正是彈牙的雞蛋麵，製作成乾的拉麵型態，搭配叉燒肉、五香、馬鈴薯炸蝦和溫泉蛋，撒上蔥花，再附一碗雲吞蝦湯，精彩呈現本土的食材特色。儘管價位偏貴，仍阻擋不了食客聞風而來。

must eat!
Singapore Style Ramen
10.8元起
推薦菜

【攤位編號】	桐記牛肉粿條
01-42	華人小吃/

🕐週二至週五11:00~19:30，週六至週一09:00~14:30。

這家超過六十年的老字號只賣一款美食，就是海南牛肉粿條(海南牛肉粉)，分為乾的和湯的兩種選項。小碗的配料只放牛肉片，大碗的則多了牛肚、牛腱肉和牛肉丸；湯底採用牛肉骨熬煮24小時，濃郁芳香，河粉咬起來有彈性，牛肉片薄薄的很鮮嫩。如果點乾的，湯底會呈現深褐色的果凍羹感，將美汁拌著牛肉片入口，或沾點自製辣醬，濃稠卻不油膩。

must eat!
牛肉粿條
6~8元起
推薦菜

【攤位編號】	The Original Vadai
02-84	印度小吃

🕐08:30~15:45　🚫週六和週日

1980年代末，印度女士Jumana Rani將傳統的Vadai(一種印度版油炸甜甜圈)進行微調，創製出外表金黃酥脆、內部蓬鬆的Prawn Vadai，並在芽籠士乃的開齋節市集中擺攤販售，沒想到深受當地人歡迎。歷經多年擺攤生涯，終於在2020年開設店鋪。除了結合蝦隻，還推出小魚乾、辣椒、洋蔥、起士、蔬菜等口味，堪稱新加坡的原創小吃，在印度或馬來西亞可是找不到呢！

must eat!
Prawn Vadai
一個1.2元
推薦菜

【攤位編號】	咖啡快座
02-78	南洋小吃

🕐07:30~14:30　🚫週六和週日

1935年來自海南島的蘇爺爺以手推車販售咖啡，1942年設立了咖啡店，1999年進駐廈門街熟食中心，取名為「咖啡快座」。目前由第三代的三兄妹繼承承，並注入年輕活力。除了傳統的Kopi和咖椰吐司，更推出許多新口味，包括口碑最好的黑芝麻吐司，以及肉桂、花生、班蘭等。人氣王則是巧克力摩卡拿鐵，使用海鹽焦糖、黃油山核桃、萊姆酒和愛爾蘭奶油等調製而成。

must eat!
咖啡
1.6元起
黑芝麻吐司
3.5元起
推薦菜

前往新興時髦街區中峇魯，只要一個地鐵站的距離！

英國殖民時期，政府在中峇魯(Tiong Bahru)蓋了一棟棟公共住宅，這便是新加坡第一代的「組屋」。這個具有歷史的老社區氣氛寧靜悠閒，自從2010年起，第一間咖啡店40 Hands與獨立書店BooksActually陸續進駐後，近年又開設了許多時尚、性格的餐廳及咖啡館，獨特的氛圍與發展軌跡，讓這裡成為新加坡文青最愛的聚會地。

寧靜的巷道，讓中峇魯散發一種夏日午夢的迷人氣質。

這些建築歷經二次大戰而保存下來，目前已被新加坡政府列為歷史保留區。

流線造型的樓梯是早期組屋的一大特徵。

漫步街巷，可以發現本土藝術家葉耀宗所繪製的壁畫，訴說昔日在地生活情景。

新加坡河南岸：牛車水

MAP P.110 B2

Tiong Bahru Bakery

如何前往
距Havelock站出口1或2約350公尺

info
📍56 Eng Hoon Street #01-70
☎6220-3430 🕐07:30~20:00
💲 $ $ 🌐www.tiongbahrubakery.com

透過咖啡和麵包在街坊鄰里中說故事、交朋友，是Tiong Bahru Bakery的初衷，自2012年在此開幕就擄獲當地人的心。店內簡約明亮，販售法國知名烘焙師的手作麵包與西點，可頌是必點招牌，咬起來酥鬆且層次分明，入口後黃油甜香四溢卻不油膩。經典之作則是Kouign Amann，一種源自布列塔尼的圓形酥餅。此外還有各種三明治與糕點，佐以Latte、Cappuccino等咖

must eat!
可頌4.2元起
Kouign Amann 5.8元
咖啡4.8元起
推薦菜

啡，悠閒的氛圍讓它成了在地國民品牌，分店已迅速擴展全島。

中峇魯市場
Tiong Bahru Market

MAP P.110 B2

如何前往
距Havelock站出口1
或2約250公尺

info
📍 30 Seng Poh Rd

　中峇魯市場於2006年重建後，將生鮮攤販全部集中在1樓，2樓則規劃為小販中心。露天中庭帶來良好採光與流通空氣，頂樓還設置花園，顛覆了小販中心髒亂昏暗的刻版印象。這裡的小吃種類多樣，來用餐的多半是在地人，觀光客較少。

【攤位編號】02-05 ｜ 楗柏水粿 華人小吃

🕐 05:30~20:30 🌐 www.jianboshuikueh.com

風味獨特的水粿是以米為主要原料，先將米磨成粉漿，再倒入一個個半圓形的鋁製模子，放進蒸籠蒸熟後，香Q有彈性的水粿就出爐了。大快朵頤之前，記得淋上楗柏特製的油蔥醬料，口感一級棒。

5個3.5元 10個7元 推薦菜

【攤位編號】02-02 ｜ 中峇魯潮州粿 華人小吃

🕐 07:30~14:00 休 週一

包糯米飯的是飯粿，包黑豆的是黑豆粿，包沙葛的是筍粿，包韭菜的是韭菜粿，每種粿都現做現賣。如果要當場吃的話，老闆會幫你把粿在平底鍋上煎一下，沾上特製醬料，吃起來味道更香。

潮州粿 推薦菜

【攤位編號】02-11 ｜ 中峇魯炒粿條 華人小吃

🕐 11:00~22:00 休 週二至週四

這裡的炒粿條香氣夠，配料也足，炒的粿條和麵條中會加入蛤蜊、魚片、雞肉、豆芽菜和蛋等配料。尤其感人的是，為了照顧中峇魯的老人，炒粿條25年來不漲價，傳為本地佳話。

炒粿條 4元起 推薦菜

【攤位編號】02-69 ｜ 德盛豆花水 華人小吃

🕐 04:30~12:00 休 週一

店內販售自製的傳統豆花和豆漿，豆花軟嫩，口感香滑，很受到喜愛，因為豆花通常早早就賣完，想吃可得早點來。德盛的豆漿也很香濃，甜度適中，不少人偏好他們的豆漿加仙草。

豆花 1.2元起 推薦菜

【攤位編號】02-15 ｜ 甜甜園甜品屋 南洋冰品

🕐 11:00~21:00 休 週三

這裡有超過70種甜品選擇，最受歡迎的有由印尼傳至東南亞的珍多，以桂圓肉、白果、蓮子等食材熬煮的傳統清湯，以及在星馬都相當受到喜愛的紅豆冰等。

清湯2元 紅豆冰2元起 推薦菜

Plain Vanilla Bakery

MAP P.110 B2

如何前往

距Havelock站出口1或2約700公尺

info

⚲1D Yong Siak St ☎8363-7614

🕐07:30~19:00 💲 $ $

🌐www.plainvanilla.com.sg

　店鋪空間白淨明亮，櫃檯一邊擺放著一款款小巧可愛的杯子蛋糕，另一邊則是不同種類的蛋糕及派、塔，看著都令人垂涎。室外空間裝飾許多花草植物，僅擺放著幾張大桌子、雜誌櫃及吊椅，保留了相當寬敞的空間給顧客。店外成排的腳踏車也提供租借，吃完點心後不妨騎著單車一遊中峇魯。

must eat!
杯子蛋糕
1個4.9元起
推薦菜

Cat Socrates

MAP P.110 B2

如何前往

距Havelock站出口1或2約750公尺

info

⚲78 Yong Siak Street #01-14 ☎6333-0870 🕐週一10:00~18:00，週二至週四10:00~19:00，週五週六10:00~20:00，週日09:00~18:00。

🌐catsocrates.wixsite.com/catsocrates

　創立於2008年，展售來自世界各地和新加坡本土的設計師產品，舉凡家居裝飾、廚具、織物、文具、自製果醬、紀念品等，琳瑯滿目；還可發現工藝、插畫等主題圖書雜誌，以及當地出版社的書籍。尤其充滿在地色彩圖案的杯墊、抱枕、紙膠帶、馬克杯、手提袋等，最受遊客喜愛。店貓Mayo每天送往迎來，有時趴在收銀台，有時窩在貓樹吊床午睡，是中峇魯分店的守護者。另一家分店開在加東的如切路。

Creamier

MAP P.110 B2

must eat!
冰淇淋
1球4.3元起
冰淇淋鬆餅
10.9元起
推薦菜

如何前往

距Havelock站出口1或2約750公尺

info

⚲78 Yong Siak Street #01-18 ☎8817-9986 🕐週一至週四15:30~22:00，週五13:00~22:00，週六和週日12:00~22:00。

💲 $ $ 🌐creamier.com.sg

　沒有花俏的噱頭，採用優質原料、配方以及對手工的完美追求，就是Creamier冰

淇淋的魔力來源，分店均坐落於古老社區，好比中峇魯這棟馬蹄形組屋中的一方小小空間，每天供應現做的限量手工冰淇淋，包括草莓、黑森林、抹茶、巧克力薄荷等10多種口味；茶和咖啡也是手工現泡，搭配熱鬆餅加1~2球冰淇淋，身心彷彿被療癒了！

H 新加坡河南岸除了美食雲集，更是精品設計酒店的大本營！

復古華麗

©The Scarlet
©The Scarlet
©The Scarlet
©The Scarlet

MAP P.114 B2

思嘉旅店
The Scarlet
安祥山

🚇距Chinatown站出口A約550公尺 🏠33 Erskine Rd 📞6511-3333 💲$$$ 🌐www.thescarlethotel.com

由1924年的老樓房與15間店屋改建而成，外觀與格局均保留老房子的典雅復古，內部則採現代奢華風，狂野與節制相互拉扯，營造出獨樹一格的空間感。「Scarlet」意為深紅，同是又象徵《飄》的女主角郝思嘉，房間運用深紅、鐵灰、黑、紫等色彩，優雅中帶有如火一般的熱情。

©Amoy Hotel
©Amoy Hotel

©Amoy Hotel

©Amoy Hotel

華人文化

MAP P.114 C2

客安酒店
The Clan Hotel
直落亞逸

🚇在Telok Ayer站出口B斜對面 🏠10 Cross Street 📞6228-6388 💲$$$$$ 🌐www.theclanhotel.com.sg

延續著當年華人移民打造會館的承諾，宛如照顧親人般，提供房客隨時待命的優質服務。從大廳一路往上綿延至324間客房，放眼所及皆流露東方藝術的設計巧思，每間客房坐擁牛車水或中央商業區的俯瞰窗景。其中78間Master系列尊貴客房，在入住期間均配備專屬管家，舉凡燙熨衣服、擦皮鞋、提供夜床服務等，照料無微不至。往頂樓去，更有被網友封為Instagram拍照最美的游泳池，30層樓高的視野充滿療癒之美。

©The Clan Hotel

時尚尊寵

MAP P.114 C2

華綉酒店
Amoy Hotel
直落亞逸

🚇在Telok Ayer站出口B斜對面. 🏠76 Telok Ayer St 📞6580-2888. 💲$$$ 🌐www.stayfareast.com

坐落於遠東廣場的華綉酒店，以華人移民發展的歷史為設計主題，酒店大廳正對著福德祠博物館，讓旅客能更深刻感受牛車水的昔日歷史。裝潢及擺設結合了懷舊中式風格以及現代時尚設計，包括大廳的百家姓及石板裝飾，以及客房內的中式板凳及陶瓷臉盆，彷彿穿梭於時光中。

繽紛色彩

MAP P.114 C1

皮克林賓樂雅酒店
PARKROYAL on Pickering
牛車水

🚇Chinatown站出口E約300公尺 🏠3 Upper Pickering St
☎6809-8888 💲$$$$$ 🌐www.parkroyalhotels.com

酒店造景不僅有如梯田般的流線，更與其中的綠色花園融為一體，內部挑高的大廳、石材、植被及水流元素，成功營造出濃濃的度假氛圍。5樓的無邊際泳池可以一覽城市風景，300公尺長的空中花園步道種植了多種熱帶植物。而花園概念也延伸至客房，不僅房外牆邊種滿綠色植被，客房也以環保、自然為設計理念，室內著重自然採光，裝潢設計以木質、石材為主。

設計綠建築

PARKROYAL

MAP P.114 A1

珍珠山瑞麗酒店
Hotel Re! @ Pearl's Hill
珍珠山

🚇距Outram Park站出口2或8約700公尺 🏠175A Chin Swee Rd ☎6827-8288 💲$$ 🌐www.hotelre.com.sg

酒店改建自一所小學，四周圍繞著綠林樹野。內部設計概念擷取6、70年代的復古元素，利用大膽的色彩搭配各種主題，每個樓面皆以不同顏色裝潢，充滿繽紛的視覺效果。而豪華套房更分別以李小龍、霹靂嬌娃、貓王、詹姆斯龐德為圖案主題，備受賓客歡迎。

新加坡河南岸：牛車水

DID YOU KnoW
另類住房經驗，老戲院改裝的酒店

史密斯街與丁加奴街路口，有座外觀紅白相間的建築，曾是專門演出粵劇的戲院——梨春園。粵劇在19世紀曾是華人社群最重要的娛樂活動，因此梨春園自然成了牛車水最熱鬧的場所，當時的華人還因此稱史密斯街為「戲院街」。梨春園如今改為Hotel Calmo，可體驗入住老戲院的感覺。在橋南路、登婆街和摩士街附近，也有許多開在店屋中的背包客棧和膠囊旅館，可至各大訂房網站預訂。

◎Hotel Calmo Chinatown
🏠25 Trengganu Street 🌐hotelcalmo.co

自然藝術

MAP P.114 A2 **Hotel 1929**
歐南園

◎距Chinatown站出口A約400公尺 ◎距Outram
Park站出口4約350公尺 ☊50 Keong Saik Rd ☎6347-
1929 ⑤$$ ⓦwww.hotel1929.com

這棟建築建於1929年，雖然有點歷史，但飯店本身卻設計
得極為時尚。以各種造型的椅子為亮點，擺設於飯店各角
落，營造新與舊的混搭之美。32間客房的空間源自店屋原
有的格局，部分單人房面積狹小，可體驗昔日移民住在店
屋格房的生活。

個性時尚

新加坡河南岸：牛車水

MAP P.110 C2 **D'Hotel Singapore**
中峇魯

◎距Outram Park站出口8約500公尺 ☊231 Outram Rd
☎6595-1388 ⑤$$$ ⓦwww.discoverasr.com

D'Hotel隸屬於Ascott集團的酒店品牌，獨特的圓弧
外觀洋溢著裝飾藝術(Art Deco)風格。酒店內充滿大
自然的元素和藝術設計感，特別邀來6位藝術家以花禽
鳥獸為創作主題，將油畫或攝影圖片完美融入41間客
房中，宛如住進美術館，隨處可見游魚花草，讓人心情
開朗。

組屋改建

MAP P.110 B2 **華星酒店 Link Hotel**
中峇魯

◎距Outram Park站出口8約650
公尺 ☊50 Tiong Bahru Rd ☎
6622-8585 ⑤$$ ⓦwww.
linkhotel.com.sg

酒店由30年代的組屋改建而成，
屬於裝飾藝術風格，改建時保留
了原有樑柱結構，僅在空間裝潢
上花心思做變化。288間客房置身

其中，分別以馬來、華人、印度與現代為設計主題，呈現
多元民族的繽紛特色。

想不到這樣迷你的國家，竟能容納如許百變！

新加坡河北岸
North of Singapore River

新加坡河北岸

可以用什麼方式在最短時間內環遊世界呢？答案是搭乘新加坡地鐵。不信的話，你可以試試從充滿英國維多利亞氣息的政府大廈站上車，只要一站，就讓你看到道地阿拉伯式的蘇丹回教堂和亞拉大街！嚇到了嗎？再坐兩站，出站後眼前竟是不折不扣的印度街景！再加上其他地方隨處可見的華人與馬來特色，這到底是什麼魔法？哆啦A夢的任意門嗎？

你知道這和拉斯維加斯大道上的山寨造景有所不同，這些多元文化的拼貼是貨真價實的，源自新加坡獨特的地理位置與歷史脈絡，但是看到這麼多世界不同角落的縮影濃縮於此，感覺還真是有點奇妙。只能說，不知是世界太小，還是新加坡太大？

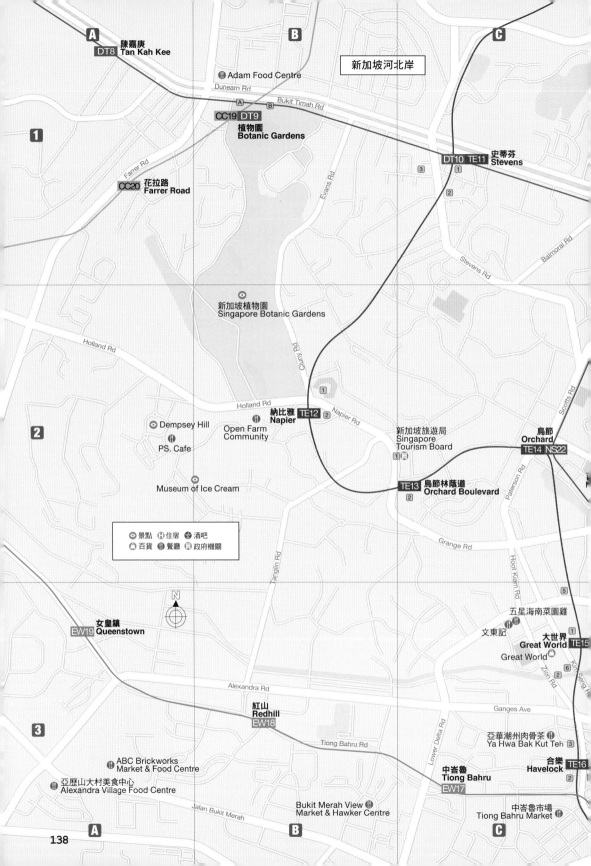

A DT8 陳嘉庚 Tan Kah Kee

Adam Food Centre

Dunearn Rd

B Bukit Timah Rd

新加坡河北岸

C

CC19 DT9
植物園
Botanic Gardens

Farrer Rd

史蒂芬
DT10 TE11
Stevens

1

CC20 花拉路
Farrer Road

Evans Rd

Stevens Rd

Balmoral Rd

新加坡植物園
Singapore Botanic Gardens

Holland Rd

Cluny Rd

Holland Rd

納比雅
TE12
Napier

Napier Rd

新加坡旅遊局
Singapore
Tourism Board

烏節
Orchard
TE14 NS22

Scotts Rd

2

Dempsey Hill

PS. Cafe

Open Farm
Community

Museum of Ice Cream

TE13 烏節林蔭道
Orchard Boulevard

Paterson Rd

Grange Rd

Hoot Kiam Rd

景點 住宿 酒吧
百貨 餐廳 政府機關

Tanglin Rd

五星海南菜園雞

文東記

大世界
Great World TE15

女皇鎮
EW19 Queenstown

N

Kim Seng Rd

Great World

Zion Rd

Alexandra Rd

Ganges Ave

紅山
Redhill
EW18

Tiong Bahru Rd

Lower Delta Rd

亞華潮州肉骨茶
Ya Hwa Bak Kut Teh

合樂
Havelock TE16

3

ABC Brickworks
Market & Food Centre

亞歷山大村美食中心
Alexandra Village Food Centre

中峇魯
Tiong Bahru
EW17

Jalan Bukit Merah

Bukit Merah View
Market & Hawker Centre

中峇魯市場
Tiong Bahru Market

A **B** **C**

D **E** **F**

文東記

型記海南雞飯
Loy Kee Chicken Rice

發起人
肉骨茶餐館

黃埔小販中心
Whampoa Food Centre

型記雞飯粥品

老亞弟
肉骨茶

1

Ａ NE9
文東記

Ａ
Ｂ NS20 諾維娜
Novena

文慶
Boon Keng Ｂ

United Square
Shopping Mall

威南記
雞飯餐室

黃亞細肉骨茶餐室
Ng Ah Sio Bak Kut Teh

Ｃ

恭食烘焙坊
Keong Saik Bakery

Ｃ

DT23 明地迷亞
Bendemeer

紐頓
Newton
NS21 DT11

紐頓
小販中心 Ｂ

花拉公園 NE8
Farrer Park

斯里尼維沙柏魯瑪興都廟
Sri Srinivasa Perumal Temple

慕達發中心
Mustafa
Centre

勞明達
Lavender
EW11

協勝隆

2

小印度
Little India DT12 NE7

維拉瑪卡里亞曼興都廟
Sri Veeramakaliamman Temple

大華
豬肉粿條麵

新加坡總統府
The Istana

印度傳統文化館
Indian Heritage Centre

DT22 惹蘭勿剎
Jalan Besar

Golden Mile
Food Centre

梧槽
DT13 Rochor

蘇丹回教堂
Sultan Mosque

313@Somerset

NS23

索美塞
Somerset

明古連
Bencoolen
DT21

武吉士
Bugis
DT14 EW12

CC5
尼誥大道
Nicoll
Highway

多美歌
Dhoby Ghaut
NS24 NE6 CC1

福康寧公園
Fort Canning
Park

百勝
Bras Basah
CC2

白沙浮商業城
Bugis Junction

新加坡
國家博物館
National Museum of
Singapore

濱海中心
Esplanade
CC3

寶門廊
Promenade
DT15 CC4

福康寧
Fort Canning DT20

政府大廈
City Hall
NS25 EW13

新達城
Suntec City

River Valley Rd

新加坡國家
美術館
National Gallery
Singapore

克拉碼頭
Clarke Quay

克拉碼頭
Clarke Quay NE5

國會大廈
Parliament
House

新加坡摩天觀景輪
Singapore Flyer

3

新加坡河 Singapore River

Havelock Rd

牛車水
Chinatown NE4 DT19

駁船碼頭
Boat Quay

濱海灣
Marina Bay

D **E** **F**

嘿，別光只是暴飲暴食，來去**博物館**提升氣質吧！

王牌景點 **1**

新加坡河北岸：市政區博物館群

> 許多博物館都是由維多利亞時代的建物改建，建築本身就很有看頭。

◎ 搭乘地鐵東西線/南北線至政府大廈站(City Hall, EW13/NS25)：較靠近新加坡國家美術館、亞洲文明博物館。
◎ 搭乘地鐵環線至百勝站(Bras Basah, CC2)：較靠近新加坡國家博物館、新加坡美術館、土生華人博物館。
◎ 搭乘地鐵濱海市區線至明古連站(Bencoolen, DT21)：可前往新加坡國家博物館、美術館和新加坡藝術學院。

至少預留時間
看1間博物館：1~2小時
專看博物館：1~2天

MAP
P.139
E2E3

市政區博物館群
Museums in Civic District

　　雖然新加坡沒有像羅浮宮、大都會那樣名震天下的博物館，但這並不代表新加坡的博物館沒有看頭，尤其以東南亞藝術而言，這裡的收藏可謂獨步全球。

　　新加坡國家級的博物館都集中在市政區，像是2015年底隆重開幕的新加坡國家美術館，就是近年來南洋藝文界的頭號大事。不少人會把**新加坡國家美術館**和**新加坡美術館**相混淆，前者廣泛收藏了新加坡與東南亞藝術史上的重量級作品，而後者則以展出當代藝術為主。搞清楚了嗎？那就再加一個**新加坡國家博物館**讓你頭昏一下，這個博物館展出的是新加坡今昔的歷史與文化。由於博物館們的名字實在相近，所以你更應該把這幾頁好好研究一下，免得買票進去了才發現和自己想得不太一樣。

造訪市政區理由

① 新加坡國家級的博物館全都位於這兒!

② 漫步英殖建築群中,感受維多利亞時代風采。

③ 到萊佛士酒店的Long Bar點杯正宗的新加坡司令。

©National Museum of Singapore

觀賞藝術創作不一定非要走進美術館,地下通道和路邊牆面也能發現許多驚喜。

怎麼玩市政區博物館群才聰明?

掌握各博物館優惠時段

如果你是博物館迷,建議事先上網查好各館的開放時間,部分的博物館在週五會延長閉館至晚上9點,有的會每月指定日期提早1小時開館,懂得利用這些時段入場,就能避開參觀人潮,氣定神閒慢慢參觀。

善用專人導覽解說

每間博物館都有志工為遊客做專人導覽解說,這些導覽行程都是免費的,而且都有中文場次,想更深入了解各博物館的館藏,可以到相關櫃檯報名登記。

參觀博物館無疑是了解一個國家及其文化最快的捷徑。

新加坡國家美術館的黃廷芳頂樓花園,是個不錯的觀景台。

市政區宛如露天博物館,隨處可見英國殖民時期的古典建築。

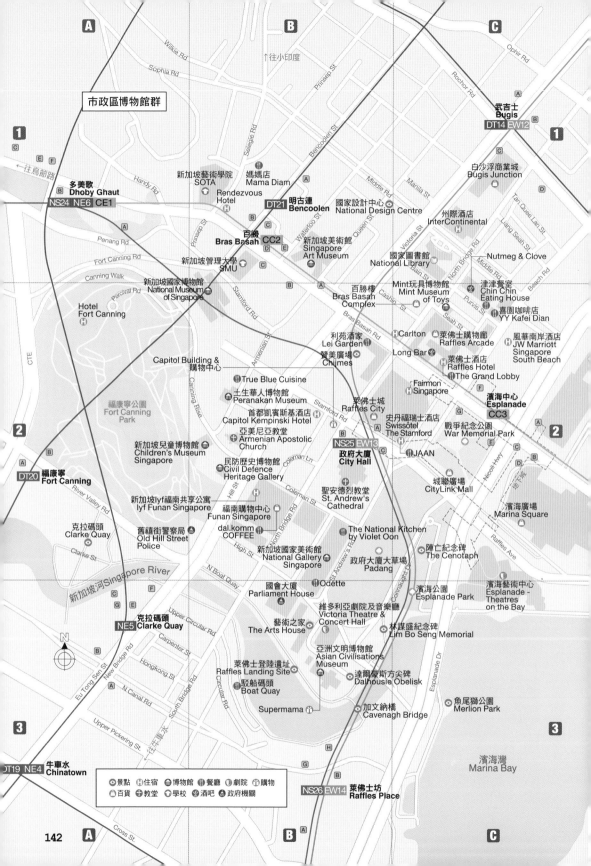

市政區博物館群

A

B

C

1

往小印度↑

往烏節路→

多美歌
Dhoby Ghaut
NS24 NE6 CE1

武吉士
Bugis
DT14 EW12

白沙浮商業城
Bugis Junction

新加坡藝術學院
SOTA

媽媽店
Mama Diam

Rendezvous
Hotel

明古連
Bencoolen
DT21

國家設計中心
National Design Centre

州際酒店
InterContinental

百勝
Bras Basah CC2

新加坡美術館
Singapore
Art Museum

國家圖書館
National Library

Nutmeg & Clove

新加坡管理大學
SMU

津津餐室
Chin Chin
Eating House

Penang Rd

Fort Canning Rd

Canning Walk

新加坡國家博物館
National Museum
of Singapore

百勝樓
Bras Basah
Complex

Mint玩具博物館
Mint Museum
of Toys

喜園咖啡店
YY Kafei Dian

Hotel
Fort Canning

Carlton

萊佛士購物廊
Raffles Arcade

風華南岸酒店
JW Marriott
Singapore
South Beach

2

利苑酒家
Lei Garden

Long Bar

萊佛士酒店
Raffles Hotel

The Grand Lobby

贊美廣場
Chijmes

Fairmon
Singapore

濱海中心
Esplanade
CC3

福康寧公園
Fort Canning
Park

Capitol Building &
購物中心

True Blue Cuisine

土生華人博物館
Peranakan Museum

萊佛士城
Raffles City

史丹福瑞士酒店
Swissôtel
The Stamford

戰爭紀念公園
War Memorial Park

DT20
福康寧
Fort Canning

首都凱賓斯基酒店
Capitol Kempinski Hotel

亞美尼亞教堂
Armenian Apostolic
Church

JAAN

新加坡兒童博物館
Children's Museum
Singapore

民防歷史博物館
Civil Defence
Heritage Gallery

政府大廈
City Hall
NS25 EW13

城聯廣場
CityLink Mall

克拉碼頭
Clarke Quay

新加坡lyf福南共享公寓
lyf Funan Singapore

聖安德烈教堂
St. Andrew's
Cathedral

濱海廣場
Marina Square

舊禧街警察局
Old Hill Street
Police

福南購物中心
Funan Singapore

陣亡紀念碑
The Cenotaph

dal.komm
COFFEE

The National Kitchen
by Violet Oon

新加坡國家美術館
National Gallery
Singapore

濱海公園
Esplanade Park

NE5
克拉碼頭
Clarke Quay

新加坡河 Singapore River

國會大廈
Parliament House

政府大廈大草場
Padang

Odette

濱海藝術中心
Esplanade -
Theatres
on the Bay

藝術之家
The Arts House

維多利亞劇院及音樂廳
Victoria Theatre &
Concert Hall

林謀盛紀念碑
Lim Bo Seng Memorial

萊佛士登陸遺址
Raffles Landing Site

亞洲文明博物館
Asian Civilisations
Museum

達爾豪斯方尖碑
Dalhousie Obelisk

魚尾獅公園
Merlion Park

駁船碼頭
Boat Quay

Supermama

加文納橋
Cavenagh Bridge

3

DT19 NE4
牛車水
Chinatown

濱海灣
Marina Bay

◉景點	🏨住宿	🏛博物館	🍴餐廳	🎭劇院	🛍購物
🏬百貨	✝教堂	🎓學校	🍷酒吧	政府機關	

NS26 EW14
萊佛士坊
Raffles Place

N

在重量級的博物館中，重新認識這個國家的文化。

新加坡國家美術館
Singapore National Gallery

MAP P.142 B2

如何前往

◎距City Hall站出口B約550公尺

info

⌂1 St. Andrew's Rd ☎6690-9400

⏰10:00~19:00，售票至閉館前30分鐘。 價格：常設展：成人20元、7~12歲及60歲以上15元，以上包含免費導覽。特展：成人25元、7~12歲及60歲以上20元；聯票每人30元。

www.nationalartgallery.sg

　　美術館由相鄰的兩棟歷史建築組成，中央有著高聳圓頂的是建於1939年的舊最高法院，一旁較低矮的古典主義建築，是落成於1929年的舊政府大廈。2015年底揭幕的國家美術館將這兩棟建築合而為一，成為新加坡最大的博物館。不但收藏了新加坡近當代的重要作品，更擁有全球最完整的東南亞藝術收藏。或許你對亞洲藝術的了解不像對歐洲大師那般深刻，但這樣也好，因為你更容易激發出眼睛一亮的驚奇感。

舊最高法院
巨大的科林斯圓柱風格華麗，其大門正上方至今仍能看到正義女神拿著天秤評斷人間是非。

©Singapore National Gallery

©Singapore National Gallery

舊政府大廈曾歷經新加坡許多歷史性的時刻，包括日軍對英國投降、新加坡宣布獨立等，這裡都是重要場景。

重要館藏

《國語課》National Language Class
蔡名智 Chua Mia Tee / DBS新加坡展廳

蔡名智是新加坡國寶級老畫家，擅長社會寫實畫風，雖然有人批評他的畫缺少藝術想像，但這種畫風卻抓住不少時代記憶。像這幅繪於1959年的《國語課》，一群華人學生在課堂學習，黑板寫著Siapa Nama Kamu?是馬來文「請問大名」的意思。1959年是新加坡脫離英國殖民的一年，這幅看似日常的畫作，其實隱含了當時人們對國家的想像與自治的希望。

《自畫像》 Self-Portrait
張荔英 Georgette Chen /DBS新加坡展廳

張荔英以靜物畫聞名，她是國民黨元老張靜江之女，曾在巴黎、紐約等地學畫，二戰結束後移居新加坡，任教於南洋美術學院，對本地的美術發展有極大貢獻。這幅自畫像是美術館鎮館寶之一，面部的膚色與陰影以柔和筆觸表現，對照五官明確俐落的線條，呈現出超然而充滿自尊的臉龐。

《佔領時期的市場》
Marketplace during the Occupation
Fernando Cueto Amorsolo /UOB東南亞展廳

Amorsolo是菲律賓藝術史上最具影響力的畫家，其繪畫題材大部分來自菲律賓的田園景色，以及平日觀察到的周遭人物。這幅畫描繪的是日本佔領期間的鄉間市集，足以看出他高超的素描技巧和對於光線的精準掌握。

🔊

在專人解說下看展，更能體會其中奧妙
新加坡國家美術館在週六和週日會有不同梯次的免費專人導覽，行程長度約1小時。有興趣的話可以在B1大廳的櫃檯報名，行程前20分鐘開始接受登記，每梯額滿人數為20人。
其中文場次如下：

11:30	博物館建築導覽
14:30	DBS新加坡藝廊導覽
15:00	UOB東南亞藝廊導覽

新加坡國家博物館
National Museum of Singapore

MAP P.142 B1B2

新加坡國家博物館是本地歷史最悠久的博物館。

如何前往

◎距Bras Basah站出口B或C約250公尺(經新加坡管理大學地下道)

◎距Dhoby Ghaut站口A約350公尺

info

🏠 93 Stamford Rd ☎6332-3659

🕐10:00~19:00(每月第一個週六、每月第一個和第三個週四09:00開放) 💲聯票：成人15元、60歲以上11元，6歲以下免費。由於館內部分整修中，門票會依此做調整，請以官網為準。

🌐www.nationalmuseum.sg ⭐週五13:30、週六及週日11:30、13:30、14:30有免費中文導覽，另有其他主題導覽，可洽櫃台或上網查詢。 ❗展覽廳內請勿使用閃光燈、腳架拍照

　博物館的建築主體完工於1887年，主要規劃為新加坡歷史館與新加坡生活館兩大區塊，前者將新加坡從古到今的歷史向遊客娓娓道來，從古代的獅子城、英國殖民時代、日佔昭南時期，到戰後的現代新加坡，是認識這個國家最快的捷徑。後者則從社會現象與日常生活的人事物切入，呈現新加坡人在各個時期的生活面貌。

重要館藏

新加坡石
Singapore Stone

早年英軍修建新加坡河口碉堡時，發現一塊巨大的砂岩石板，上面刻有神祕的古代文字，至今尚無人能夠破譯，專家推測年代可能在13世紀左右。然而1843年殖民政府為了拓寬河道，下令炸毀這塊石板，雖然有識之士積極搶救，但只救回這一小塊，後來捐給博物館，成為鎮館之寶。

而馬來族也流傳一則古老神話，有位名叫Badang的青年在精靈幫助下獲得了神力，他在和印度勇士比武時，將一塊巨石扔到了新加坡河口，因此當石板出土時，不少當地人都認為這便是傳說的印證。

李維之鐘
Revere Bell

大鐘的鑄造者，就是美國開國故事中「夜騎」的主角——保羅李維。李維的女兒Maria嫁給了第一任駐新加坡美國領事，於1843年從波士頓運來這口鐘，當作禮物送給聖安德烈教堂，這也是唯一流落美國海外的李維之鐘。後來這口鐘因為出現裂痕而被收藏在國家博物館裡。

萊佛士爵士寫給阿登布魯克上校的親筆信函。

現在看起來復古的物件，都是當年最時髦的款式。

苦難昭南展廳陳列不少日佔時期的電影海報、老照片等文物。

走進新加坡人的廚房，看看其實還挺熟悉的。

到裕廊汽車電影院去看場老電影吧！

皇家殖民地展廳中，陳列有金文泰、瑞天咸、珊頓托馬斯等海峽殖民地總督的肖像畫。

MAP P.142 B2

土生華人博物館
Peranakan Museum

一棟建於1910年的華人學校(道南學校,相當美輪美奐。

如何前往
距Bras Basah站出口B約400公尺(經新加坡管理大學地下道)

info
🏛39 Armenian St ☎6332-7591 ⏰10:00~19:00(週五延至21:00) 💲成人12元、60歲以上8元、6歲以下免費。 🌐www.nhb.gov.sg/peranakanmuseum ✻每天有免費的英語導覽解説,中文導覽為週五至週日,詳細時間請至服務櫃台或官網查詢。

博物館於2008年開幕,後來歷經整修在2023年重新開放,擁有全新的常設展廳,分布於3個樓層中,從土生華人的根源、婚禮習俗、宗教信仰,到公共生活與飲食文化,都有豐富且精彩的館藏,尤其是娘惹精緻的珠繡製品與風格獨特的傢俱器皿,特別令參觀者印象深刻。許多展示也結合了多媒體效果,讓人彷彿走進了土生華人的生活當中。

©Peranakan Museum

峇峇娘惹的婚禮一樣要拜見高堂,事實上婚禮的習俗是峇峇娘惹文化中保留最多華人色彩的一環。

©Peranakan Museum

這是館內最有意思的展品之一,原來的主人改信天主教後,將家中雕龍畫鳳的神桌櫃改裝成禱告壇,以聖家庭的畫像取代福祿壽三仙與神主牌位,也算得上中體西用。

©Peranakan Museum

淺談土生華人
Peranakan在馬來語中指的是「…的子女」,用來指涉外來族群與本地人所繁衍的後裔,而在新加坡,Peranakan最大的族群便是土生華人。值得注意的是,並非所有跨族群的華人後裔都可以稱為土生華人,今日土生華人的祖先大多在明朝時便從閩粵沿海移居此地,當地馬來人聽到他們常常「阿爸、阿娘」的叫,所以他們的後代男的便叫「峇峇」,女的就叫「娘惹」。所謂三代成峇,經過幾個世紀的繁衍,峇峇娘惹逐漸發展出與華人、馬來都不相同的混合文化,表現在語言、習俗、服裝、料理等各方面。因此土生華人與清末才來的「新客」後代,屬於截然不同的文化族群。

MAP P.93 B2

新加坡兒童博物館
Children's Museum Singapore

如何前往
◎距City Hall站出口B約450公尺

info
🏛23-B Coleman Street ☎6337-3888 ⏰10:00~19:00,開放場次為09:00、11:00、14:00、16:00。 💲成人15元、兒童10元。請提前上網預約場次與購票。1名兒童必須由1位成人陪同入場(皆須買門票)。 🌐www.nhb.gov.sg/childrensmuseum

兒童博物館坐落於擁有百年歷史的殖

孩子們透過館內身臨其境的氛圍、互動式遊戲、激勵人心的主題和多樣化展覽,盡情遊玩、學習、探索,讓想像力飛馳。

民時期建築中,原為英華學校的一部分,1995年起曾是新加坡集郵博物館,由於舉辦了一系列家庭展覽而在親子間深獲好評,當地政府決定改為「專為12歲以下兒童開放的博物館」,在2022年底重新開放。

新加坡美術館
Singapore Art Museum

MAP P.142 B1

新加坡美術館的前身是聖約瑟書院，創建於1855年，為當地首座天主教男子學校。

©Singapore Art Museum

如何前往

◎距Bras Basah站出口A約80公尺

◎從Tanjong Pagar Rd的Amara Hotel前搭乘公車80、145號，在Opp Former Railway Stn站下車步行可達Distripark。

info

⊙71 Bras Basah Rd

•**Tanjong Pagar Distripark**

⊕P.110C3 ⊙39 Keppel Rd, #01-02 6697-9730 ⊙10:00~19:00 ⊕成人20元，60歲以上15元，6歲以下免費。 ⊕www.singaporeartmuseum.sg

SAM試圖重新定義美術館的理念，將展覽據點慢慢擴及他處，包括鄰街的SAM at 8Q，提供多媒體互動式展覽，以及2022年在丹戎巴葛港口區設立的Distripark，持續推出精彩的藝術創作展。

SAM美術館於1996年開幕，展出內容以新加坡和東南亞地區的當代藝術作品為主，兼具前衛與互動性，而完善的軟硬體設施更讓該館成為東南亞第一座符合國際標準規格的美術館。目前關閉整修中，預計2026年重新開放。

亞洲文明博物館
Asian Civilisations Museum

MAP P.142 B3

©Asian Civilisations Museum

博物館所在的建築物，是落成於1867年的皇后坊，這座新古典主義建築最初的設計是要作為法庭之用，後來則成為政府單位所在地。

北越的千手觀音像，年代約在18世紀左右，青銅材質，外表鍍上金漆，24隻手分別拿著不同物品。

如何前往

◎距City Hall站出口B約850公尺

◎距Raffles Place站出口H約450公尺

info

⊙1 Empress Pl ☎6332-7798 ⊙10:00~19:00（週五延至21:00） ⊕常設展+特展All-Access：成人25元、學生及60歲以上20元（須出示護照），6歲以下免費。建議事先上網訂票，可省去現場排隊。 ⊕www.acm.org.sg ⊕每天有2~3場免費英文導覽，週五至週日推出免費中文導覽，場次時間時有變動，請洽櫃台或上網查詢。

館內分為東南亞藝廊、古代宗教藝廊等部分，以豐富的古文物、工藝品、場景、圖片、影像、聲音，介紹各個文明的發展變遷、宗教信仰、宇宙觀念、家庭倫理與工藝技巧。另外，館中也設有特展、探索區，讓你進入不同文明的屋宇中，體驗各民族的生活。

Supermama

Supermama是新加坡著名的設計商品店鋪，在博物館中設有分店。最著名的商品是與日本有田燒瓷器品牌Kihara合作生產的瓷盤、瓷杯，將新加坡元素如魚尾獅、擎天樹、組屋、海南雞飯等融入設計中。另有向本地食材致敬的「Pasar Botanica」系列，製成桌巾、圍巾、餐具等。此外也引進藝文設計類書籍和各種紀念品，可以邊逛邊玩味設計。

⊙10:00~19:00 ⊕www.supermama.sg

新加坡河北岸：市政區博物館群

建築巡禮

在英國殖民時代建築群中，穿越回到十九世紀。

新加坡十分重視歷史建築的保存，即使物換星移許多年，這一區仍流露出濃厚的殖民時期風情，悠悠訴說著新加坡的過往風華。

新加坡城市建設的奠基者——哥里門
George D. Coleman

喬治哥里門出生於愛爾蘭，1822年萊佛士將他帶到新加坡，命他規劃整座城市的建設。哥里門運用他鍾愛的帕拉第奧式風格，打造出一棟棟古典建築，而他的設計概念也被日後建築師所採用，可以說，我們今日看到的英殖時代建築，都是奠基於哥里門一人之手。

H | MAP P.142 C2 | 萊佛士酒店
Raffles Hotel

酒店門口那包著頭巾的印度門房，是萊佛士特有的景觀。萊佛士酒店建於1887年，從正門望去，純白色的維多利亞式建築聳立眼前，進入大廳更可感覺它的優雅氣質，許多傢俱經過修整後再度散發出光采，例如大廳的老式立鐘就是飯店興建初期就存在的，歷史十分悠久。

🚇距City Hall站出口A約350公尺　🏠1 Beach Rd　☎6337-1886　💲 $ $ $ $ $ $　🌐www.raffles.com/singapore

DID YOU KNOW

曾下榻於萊佛士酒店的名人

20世紀初，萊佛士酒店是各界名人經常流連的地方，擁有「東方美人」的封號。像是名作家毛姆，就在這裡完成他的著名短篇《雨》，另外像是卓別林、康拉德、吉卜林等人，也曾在此入住。

🍴 MAP P.142 B2 | 贊美廣場
Chijmes

這個新古典主義建築群起建於19世紀的耶穌聖嬰修道院，後來收容許多孤兒，成為一所小型學校。哥德式的教堂建於1904年，天花板的彩繪玻璃非常耀眼，時至今日已成為舉行婚禮的熱門場所。學校關閉後，贊美廣場經過幾年整修，也變身為藝廊、餐廳和酒吧的聚集地。

🚇距City Hall站出口A約250公尺　🏠30 Victoria St　www.chijmes.com.sg

👁 MAP P.142 B3 | 萊佛士登陸遺址
Raffles' Landing Site

1819年，英屬東印度公司的萊佛士爵士就是從這裡登陸，展開新加坡現代化的歷程。為了紀念，政府在此豎立一尊萊佛士雕像，以很酷的姿勢守護著新加坡。

🚇距Raffles Place站出口H約600公尺

新加坡開埠的關鍵人物——萊佛士
Thomas Stamford Raffles

為了與荷蘭爭奪海權，任職於英屬東印度公司的萊佛士奉命在馬六甲海峽建立據點，1819年1月29日，萊佛士在今日的新加坡上岸，並與柔佛蘇丹簽約，將此地開放為自由貿易港。萊佛士積極促進新加坡的都市發展，奠定穩固基礎，可以說，新加坡能有今日的繁榮，萊佛士功不可沒。

聖安德烈教堂
St. Andrew's Cathedral
MAP P.142 B2

　　教堂建於1862年，由麥佛森上校設計，屬於早期英國哥德式建築風格。最大特色在於潔白無暇的教堂外觀，當初是將貝殼、石灰、蛋清、糖混合後，加入椰殼和水，做成混泥鋪砌，因此外牆特別平滑有光澤，顯得莊嚴聖潔。

從City Hall站出口B，出站即達　11 St. Andrew's Rd　週二至週五09:00~17:00，週六11:30~18:30，週日07:30~17:30。　週一　www.cathedral.org.sg

亞美尼亞教堂
Armenian Church
MAP P.142 B2

　　這間亞美尼亞教會的教堂建於1835年，是哥里門的作品之一，也是新加坡最古老的基督教堂。圓弧造型的結構和四面突出的門廊，展現了和平聖潔的精神，內部的天花板穹頂則是傳統亞美尼亞教堂的建築元素。一旁的墓園裡可以找到安妮絲卓錦小姐的墓碑，日後成為新加坡國花的卓錦萬代蘭就是她發現的。

距City Hall站出口B約400公尺　60 Hill St　10:00~18:00　www.armeniansinasia.org

舊國會大廈藝術之家
The Arts House at The Old Parliament
MAP P.142 B3

　　舊國會大廈建於1827年，是新加坡現存最古老的政府建築，出自哥里門之手。在殖民政府時代，這裡曾作為法庭、郵局及議會等政府機構，1965年新加坡獨立建國，這裡才成為國會大廈。1999年新大廈落成，舊國會大廈便以「藝術之家」為名，成為舉辦藝術展覽與各種表演的場地。

距City Hall站出口B約600公尺　1 Old Parliament Ln　每日10:00~21:00　www.theartshouse.sg

維多利亞劇院及音樂廳
Victoria Theatre & Concert Hall
MAP P.142 B3

　　劇院始建於1862年，由兩座建築物與一座鐘樓相連，左邊是維多利亞劇院，目前作為藝術表演場地，右邊是開幕於1905年的維多利亞音樂廳，現在是新加坡交響樂團的據點。由於兩棟建築興建時間不同，因此1906年又在中間建了一座鐘樓，將兩棟建築合而為一。

距Raffles Place站出口H約550公尺　9 Empress Pl

DID YOU KNOW
你一定不會對加文納橋畔的銅雕視而不見，因為實在太有意思了！

　　這個名為《第一個世代》的雕塑，由本地藝術家張華昌完成於2000年，五個正要往河裡跳水的男孩，凝結成一個生動的瞬間，令人彷彿看到昔日碼頭的喧鬧。在橋的西南拱座上也有一個可愛的貓家族銅雕，那是新加坡特有的Kucinta貓，也是世界上體型最小的貓品種，過去經常在河畔出沒。加文納橋建於1868年，是新加坡唯一的懸索橋，以前任海峽殖民地總督命名。

還有些**好地方**如果不告訴你，你可能會打我~

MAP P.142 A2B2　舊禧街警察局
Old Hill Street Police Station

大廈建於1934年，以當時流行的新古典主義為設計風格，落成後作為警察局使用。目前進駐機構有新加坡通訊及新聞部，以及文化、社區及青年部。一樓有些許藝廊，中庭則有裝置藝術，可以參觀欣賞。

927扇色彩鮮豔的百葉窗佔據了整個視覺焦點，讓這座厚實的建築大樓，給人一種輕巧龐大、實然卻居然的印象。愉悅的印象。

📍距Clarke Quay站出口F約200公尺　🏠140 Hill St　🕐08:30~12:30，14:00~17:30。　🚫週六、週日　🌐www.mci.gov.sg

MAP P.142 C2　Mint玩具博物館
Mint Museum of Toys

Mint是「玩具的想像和懷舊時光」的英文縮寫，館場面積雖然不大，卻擁有來自世界各地、總數超過5萬件的玩具展品。5層樓的建築分為外太空、人物、兒時佳選和收藏品4個展區，各種年代卡通明星的相關產品一應俱全。在1樓的商店中，還能買到許多經典的懷舊玩具。

📍距City Hall站出口A約550公尺　🏠26 Seah St　☎6339-0660　🕐參觀：週二至週日09:30~18:30，每小時一個場次。　💲成人30元，7~12歲和60歲以上20元，6歲以下免費，以上包含15分鐘免費導覽。另不定期推出各種主題玩具展和活動，請至官網預約時段和購票。　🌐www.emint.com

丁丁和白雪正在研究大力水手卜派的誕生故事。

這個形式的機器人標誌著一整個世代的男孩童年。

MAP P.142 B2C2　萊佛士城
Raffles City

萊佛士城的商場包括地下室在內共有5層樓，舉凡流行服飾、時尚精品、生活百貨、餐廳、美食街等，都是一時之選。許多本土知名品牌也紛紛進駐，包括Awfully Chocolate、The Cookie Museum、PS. Cafe、TWG Tea、Mr. Coconut以及手工皮革文具店Bynd Artisan等。

📍從City Hall站出口A，出站即達。　🏠252 North Bridge Rd　☎6318-0238　🕐每日10:00-22:00　🌐www.rafflescity.com.sg

走出政府大廈地鐵站出口，迎面而來就是萊佛士城，這家老字號百貨公司佔盡地利之便。

Cinnabon

1985年創立於西雅圖的Cinnabon，以手工肉桂捲聞名。位於萊佛士城地下1樓的分店，除了經典肉桂原味，也有添加焦糖花生、黑巧克力的選擇。肉桂捲分為Mini和Big兩種，喜歡嘗鮮者，不妨搭配焦糖肉桂冰飲，外帶或內用皆宜。

🏠252 North Bridge Road #B1-60, Raffles City　🕐11:00~20:00　💲迷你肉桂捲4.2~4.8元起，大肉桂捲6.8~7.6元起。　🌐www.facebook.com/cinnabon.sg

由於城聯廣場的過道性質明顯，早已成為從市政區通往濱海灣的必經之路。

萊佛士購物廊
Raffles Arcade
MAP P.142 C2

萊佛士酒店裡設有一處優雅氣派的購物專區，聚集10多間知名品牌專賣店，像是Rolex、Elliott & Carmen、MB&F、Leica等，都藏身在浪漫的白色拱廊中。

🛍距City Hall站出口A約300公尺（經萊佛士城） ⏱ 328 North Bridge Rd ☎6337-1886 ⏰ 10:00~20:00 🌐www.rafflesarcade.com.sg

城聯廣場
CityLink Mall
MAP P.142 C2

城聯廣場可謂名符其實，真的是一座把整個城區連起來的購物商場，更像是百貨公司化的地下街，連結了政府大廈地鐵站、萊佛士城、新達城、濱海藝術中心及濱海廣場等，讓人們免除了在地面穿越馬路的麻煩，還可以邊走邊買東西。

從路面要尋找城聯廣場的入口，請看這個標牌。

🛍從City Hall站出口C，循指標可直接進入城聯廣場。 ⏱1 Raffles Link ☎6339-9913 ⏰10:00-22:00 🌐 www.citylink.com.sg

物，似乎成了一種風雅享受。

在這裡逛街購

拱廊裡有一間Raffles Boutique，販售各種酒店獨家品牌的禮品，比如手提袋、筆記本、馬克杯，以及各式茶葉、咖椰醬禮盒與Door Man布偶娃娃，也包括新加坡司令禮盒。

©Raffles Hotel

福南以Live、Work和Play為主題，打造全新的綜合廣場，包括一座購物中心、兩座辦公大樓和lyf共享服務公寓。

福南購物中心
Funan Singapore
MAP P.142 B2

購物中心總共6個樓層、超過200間商店和餐廳，擁有新加坡最頂尖的3C數位商品專賣店。同時邀來在地第一個綠色集體企業The Green Collective進駐，陳列眾多本土生態品牌的產品，推出自製肥皂、潤唇膏和植物交換等活動。

🛍距City Hall站出口B約280公尺 ⏱107 North Bridge Road ☎6631-9931 ⏰10:00~22:00 🌐www.funan.com.sg

7點至10點開放騎乘。

購物中心在1樓規劃了一條室內單車道，僅限上午

商場正中央設計了一座攀岩牆（Climb Central），提供玩家挑戰和體驗課程。

新加坡河北岸：市政區博物館群

民以食為天，有氣質的人也是會肚子餓的…

Odette

法式料理 米其林 ✿✿✿

must eat!
5道式午餐
348元
7道式晚餐
348~498元
推薦菜

🏠 新加坡國家美術館舊最高法院翼

Odette是法國主廚Julien Royer的祖母，她曾教導Julien如何用簡單的食材烹調出不簡單的菜餚，這深深影響著Julien的料理哲學，讓他日後發展出獨樹一幟的「Essential Cuisine」菜系。他的料理自在遊走於傳統與新潮之間，看起來和美術館中的畫作相媲美，嚐起來也是顛覆性的美味，開業不到1年，立刻拿下米其林星星。

🔺P.142B3 🚇距City Hall站出口B約550公尺 🏠1 St. Andrew's Rd, #01-04 ☎6385-0498 ◷午餐12:00~13:15，晚餐18:30~20:15。 🈳週日、週一及國定假期 💲 $$$$$ 🌐www.odetterestaurant.com ❗12歲以下恕不招待

利苑酒家 Lei Garden

粵菜館 米其林 ✿

must eat!
冰燒三層肉24元
千葉豆腐24元
即燒片皮鴨
半隻46元
推薦菜

🏠 贊美廣場內

來自香港的利苑選用最好的材料，講究火候的精確，少油少鹽，提倡健康概念。特別推薦招牌菜千葉豆腐，保有黃豆原味和滑順口感，細緻的刀法令人讚嘆，曾獲香港旅遊局至高榮譽獎肯定。此外，冰燒三層肉、即燒片皮鴨也得品嚐，記得要先預約。

🔺P.142B2 🚇距City Hall站出口A約250公尺 🏠30 Victoria St, #01-24 ☎6339-3822 ◷11:30~15:00、18:00~22:00 💲 $$$

True Blue Cuisine

娘惹菜 必比登推介

must eat!
黑果雞(Ayam Buah Keluak)30元、燉鴨(Itek Sio)22元
推薦菜

🏠 土生華人博物館旁邊

殖民時期的家具、古董器皿、百年來的家族老相片、傳統服飾的服務人員，裡裡外外滿溢古色古香的娘惹風情。這間餐廳獲獎無數，菜單上幾乎道道都是主打。招牌菜當屬黑果雞，由於黑果有毒，須先花上40天時間處理，最後取出果肉與香料混和，再放入殼內與雞肉一起烹煮，肉質軟嫩並帶著豐富香氣。

🔺P.142B2 🚇距Bras Basah站出口B或C約350公尺(經新加坡管理大學地下道) 🏠47/49 Armenian St ☎6440-0449 ◷週一至週六11:30~14:30、17:30~21:30。 🈳週日 💲 $$$ 🌐www.truebluecuisine.com

新加坡河北岸：市政區博物館群

©JAAN
©JAAN

JAAN
法式料理 米其林✽✽

must eat!
午餐套餐
198元起
晚餐套餐
388元起
推薦菜

 瑞士史丹福酒店70樓

JAAN由來自英國的行政主廚Kirk Westaway提供現代英式美食，他細心研究餐餚與大自然間的和諧之道，利用新鮮食材間的交互作用，引出更鮮美的天然味道，其菜單依照時令每季更換，務求顧客擁有極致的用餐體驗，不僅獲頒新加坡的米其林二顆星殊榮，也入選「全亞洲50家最好的餐廳」之一。

⊕P.142C2 ⊕從City Hall站出口A，出站即達。 ⊕2 Stamford Rd ☎6837-3322 ⊕午餐：週三至週六11:45~14:30，晚餐：週二至週六18:30~22:30。 ⊗週一和週日 ⑤ $ $ $ $ $ ⓦwww.jaan.com.sg

---

Long Bar
雞尾酒吧

must eat!
新加坡司令
39元起
推薦菜

🏠 萊佛士酒店

新加坡司令(Singapore Sling)是新加坡國家級的調酒，所有人來到新加坡都一定要喝上一杯，而其發源地就是萊佛士酒店的Long Bar！大約在1915年左右，華裔酒保嚴崇文調製出這款專為女性設計的粉色甜雞尾酒，從此打響了Long bar在新加坡的傳奇地位。品飲時可搭配桌上的花生，吃完花生後請隨意將殼丟到地上，別覺得這樣不禮貌，因為這可是Long Bar的傳統。

⊕P.142C2 ⊕距City Hall站出口A約350公尺 ⊕1 Beach Rd ☎6412-1816 ⊕12:00~22:30 ⑤ $ $ $ ⓦ www.raffles.com/singapore

---

The Grand Lobby
英式下午茶

must eat!
萊佛士下午茶
98元起
推薦菜

🏠 萊佛士酒店1樓大廳

下午茶發源於19世紀的英國上流社會，在殖民時期傳入新加坡，雖然許多酒店都推出這項午茶饗宴，但想要體驗英式傳統Afternoon Tea，千萬不能錯過第一把交椅的萊佛士酒店。坐在百年歷史環繞的Grand Lobby，享用賞心悦目的三明治、英式鬆餅(Scone)、小西點等，整齊排放在三層銀製的托盤上，啜飲紅茶或花茶，沉湎在黃金年代的午後時光。

⊕P.142C2 ⊕距City Hall站出口C約400公尺 ⊕1 Beach Road, Grand Lobby, Raffles Hotel ☎6412-1816 ⊕早餐：週一至週五7:00~10:30，下午茶：每天12:00~18:00。 ⑤ $ $ $ ⓦwww.raffles.com/singapore

---

媽媽店Mama Diam
南洋美食、酒吧

must eat!
辣椒軟殼蟹包
18.9元起、乾香草肉骨茶24.9元起、雞尾酒20元起
推薦菜

🏠 38 Prinsep Street

熱鬧的街道旁出現一方小小庭院，桌椅擺放宛如街頭食堂，卻掛滿了懷舊零食和玩具、滿櫃子舊雜誌和報紙，彷彿來到1980年代老雜貨店。拉開雜誌櫃的門，才發現裡頭藏著一間餐廳酒吧。以復古為包裝元素，餐飲靈感結合在地小吃文化，例如乾香草肉骨茶、辣椒軟殼蟹包、叻沙豬腸粉等；特調雞尾酒則推薦Chai Tarik Brew，以舊式煉乳罐裝盛，嗨頭十足。

⊕P.142B1 ⊕距Bras Basah站出口D約500公尺、距Bencoolen站出口B約300公尺 ☎8533-0792 ⊕週日至週四16:00~10:30，週五和週六16:00~午夜12:00。 Happy Hour每天16:00~18:00。 ⑤ $ $ ⓦwww.mamadiamsg.com

津津餐室
南洋美食

**白雞、燒雞
一人份6元起**

推薦菜

🏠 **19 Purvis St**

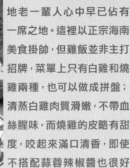

1935年開業的津津,在當地老一輩人心中早已佔有一席之地。這裡以正宗海南美食掛帥,但雞飯並非主打招牌,菜單上只有白雞和燒雞兩種,也可以做成拼盤;清蒸白雞肉質滑嫩,不帶血絲腥味,而燒雞的皮略有甜度,咬起來滿口清香,即使不搭配蒜蓉辣椒醬也很好吃。由於採用傳統海南烹調手法,因此雞飯的香油味較淡,口感偏乾。

🚇P.142C2 📍距City Hall站出口A約600公尺 ☎6337-4640 🕐11:00~21:00 💲 $

Nutmeg & Clove
雞尾酒吧

**各式雞尾酒
25元起**

推薦菜

🏠 **8 Purvis Street**

連續多年獲選為「亞洲50大最佳酒吧」,其店名Nutmeg & Clove取自新加坡在英國殖民期間,曾經種滿荳蔻和丁香的過往。店裡的雞尾酒加入許多亞洲香料和本土素材,口味特殊卻很和諧,例如「Nutmeg & Clove」是以伏特加為基酒,加入荳蔻、丁香、荔枝,並附上一塊山楂餅;而向娘惹糕致敬的「For the Love of Kueh」,將白蘭地與椰子、班蘭葉、米漿等混搭而成。喜歡本土創意調酒的人不妨來試試。

🚇P.142C2 📍距City Hall站出口A約600公尺 ☎9389-9301 🕐週一至週四17:00~午夜,週五和週六16:00~午夜。 🚫週日 💲 $ $ $ 🌐www.nutmegclove.com

喜園咖啡店
南洋美食

**咖椰烤麵包
2元起**

推薦菜

🏠 **37 Beach Rd**

這是家老式咖啡店,由幾棟店屋組成,圓形大理石桌搭配木板凳,古早經典的餐室風貌就濃縮在這裡。圓圓胖胖的烤麵包夾著咖椰醬與奶油,咬下去的瞬間可以吃到炭烤的酥脆外皮,此時再來一杯用長嘴壺沖泡的布袋咖啡,充滿南洋風情

的早餐莫過如是。此外,這裡的海南雞飯也頗具盛名,不讓烤麵包專美於前。

🚇P.142C2 📍距City Hall站出口A約550公尺 ☎6336-8813 🕐週一至週五07:30~19:00,週六和週日08:00~19:00。 💲 $

dal.komm COFFEE
咖啡連鎖店

**咖啡5元起
吐司三明治
9元起
鬆餅11元起**

推薦菜

🏠 **福南購物中心3樓**

來自韓國的咖啡連鎖店,因為韓劇《太陽的後裔》、《妖精》和《陽光先生》都曾到店內取景拍攝而聲名大噪,便將觸角伸往星馬一帶。採用獨家選購的阿拉比卡咖啡豆,混合調製而成,口感絲滑。位於福南購物中心的分店除了Latte等基本款,還有各種花式混搭的咖啡飲品,例如Coffee Cube、Sweet Potato Latte等,全天供應餐點,包括多種口味的吐司三明治、披薩和鬆餅等。

🚇P.142B2 📍距City Hall站出口B約280公尺 🏠107 North Bridge Road #03-17, Funan Mall 🕐10:00~22:00 💲 $ $ 🌐www.dalkomm.com.sg

河岸餐廳前的露天座位統一規劃為Bluebell區，五顏六色的燈光，將碼頭照耀成一片奇幻世界。

新加坡河北岸：克拉碼頭

◎ 從地鐵東北線的克拉碼頭站 (Clarke Quay, NE5)出口C出站，就會看到李德橋(Read Bridge)，過了橋就是克拉碼頭。

至少預留時間
就要看你有多少電力了~

ⓘ
🌐www.clarkequay.com.sg

🍸 ⭐ MAP P.139 D3E3 **克拉碼頭**
Clarke Quay

　　當問起新加坡的夜生活，通常腦中第一個浮現的，就是克拉碼頭的畫面。克拉碼頭原本是新加坡河畔的貨運倉庫區，河運沒落後，大約在1990年代開始轉型，逐漸朝餐飲娛樂的象限發展邁進。

　　今日的克拉碼頭分為5個區域，各以不同顏色作為倉庫建築物的外觀，目前聚集了超過60家餐廳、酒吧與夜店，每間都自有其主打特色，花招百出，創意十足，讓人想每個晚上都回來，再換個新花樣來玩玩。當然，這裡越到夜晚越熱鬧，午夜似乎只是個不具有任何意義的詞彙，克拉碼頭的午夜，沒有人想睡覺。

造訪克拉碼頭理由

1 夜生活～

2 夜生活～

3 夜生活～

人行道上架設有大型透明天篷，這些天篷具有冷風系統，能降低高溫以及阻擋烈日風雨，讓遊客得以輕鬆漫步其中。

餐酒館通常設有室內和戶外兩種座位，露天清爽愜意，室內則可聆聽樂團現場演奏。

怎麼玩克拉碼頭才聰明？

當然要晚上再來

雖然克拉碼頭白天也有店家營業，但基本上這是個愈夜愈美麗的地方，建議晚上再過來。

在Happy Hours喝個盡興

新加坡酒吧賣的酒並不便宜，這是由於罪惡稅的緣故，好在許多酒吧都有Happy Hours，原則上是晚上9點以前，可以喝得盡興一點。

預先上網查詢各店注意事項

若有泡夜店的打算，建議先上夜店網站查看當日活動詳情，還有就是要注意穿著，如果只穿短褲、拖鞋，可能會入不了場。

掌握末班車動向

如果會玩到很晚，先提醒你地鐵的末班車時間：從克拉碼頭站開出的南向末班車約是23:54，北向末班車約00:02。

玩得安全最重要

最後，一定要注意自身安全，否則怎麼玩都是不聰明。

155

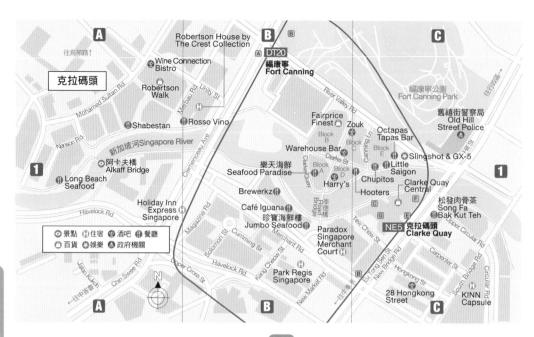

克拉碼頭

往烏節路↑

Robertson House by The Crest Collection

Wine Connection Bistro

Robertson Walk

Mohamed Sultan Rd
Merbau Rd
Unity St
River Valley Rd

DT20 福康寧 Fort Canning

福康寧公園 Fort Canning Park

往行宮廟↓

Shabestan
Rosso Vino

Nanson Rd

新加坡河 Singapore River
Clemenceau Ave

Fairprice Finest
Zouk

Octapas Tapas Bar

舊禧街警察局 Old Hill Street Police

Block B
Block C
Canning Ln

阿卡夫橋 Alkaff Bridge

Warehouse Bar

Slingshot & GX-5

Long Beach Seafood

樂天海鮮 Seafood Paradise
Clarke St

Block E

Block A
Block D

Little Saigon

Harry's
Chupitos

Clarke Quay Central

Brewerkz
Hooters

松發肉骨茶 Song Fa Bak Kut Teh

Havelock Rd

Holiday Inn Express Singapore

Café Iguana

Magazine Rd

珍寶海鮮樓 Jumbo Seafood

李德橋 Read Bridge

Tew Chew St

NE5 克拉碼頭 Clarke Quay

Upper Circular Rd

⊙ 景點　🏠 住宿　🍺 酒吧　🍴 餐廳
🛍 百貨　🎭 娛樂　🏛 政府機關

Paradox Singapore Merchant Court

Cumming St
Solomon St
Merchant Rd
Kang Chaow St

Eu Tong Sen St
New Bridge Rd

Carpenter St

Hongkong St

South Bridge Rd
Circular Rd

Jalan Kukoh
Chin Swee Rd

往中吉寶廟↓

Havelock Rd
Kang Chaow St
New Market Rd

Park Regis Singapore

28 Hongkong Street

KINN Capsule

N

克拉碼頭對岸的河濱坊(Riverside Point)，則是餐廳聚集的美食重鎮。

彷彿出自童話的阿卡夫橋 Alkaff Bridge
阿卡夫橋位於羅伯申碼頭(Robertson Quay)，橋名是紀念20世紀初的新加坡首富，其造型靈感則源自早期航行於此的木頭貨船。2004年時，政府聘請菲律賓著名藝術家Pacita Abad為橋身彩繪，她用了55種顏色、超過900公升工業顏料，將橋身漆得光彩動人、活力十足，簡直就像從愛麗絲夢遊仙境裡搬過來的一樣。

白天的克拉碼頭雖然少了燈光，但依舊有著豐富色彩。

上夜店記得帶護照，尤其當你保養有術時
雖然新加坡可以喝酒的年齡和台灣一樣是18歲，但要21歲才能泡夜店喔！

©Attica

聽樂團、看球、跳舞，還是單純喝酒，**各式夜店**任君挑選~

新加坡河北岸：克拉碼頭

The Chupitos Bar

店家編號 Block E 01-01

Happy Hours » 21:00前，每人8元。

這是新加坡首間Shooters Bar，光是Shot的種類多到讓人眼花撩亂，從香甜可口的，到讓人一杯就倒的都有，也有多款深水炸彈。當中有不少口味充滿星馬風情，如新加坡司令、班蘭蛋糕、美祿哥斯拉等。熱門酒中還有一款叫女童軍(Girl Scout)的，隨酒附贈一支烤棉花糖。這裡白天是餐廳，提供現代菜餚，比如牛排、炸薯條、洋蔥圈等，晚上則搖身成為酒吧，有現場樂團演唱和DJ Party秀在不同天輪番上陣，充滿活力。

\主打特色/
超過130種Shot。每天都有促銷優惠活動，有時是雞尾酒買一送一，有時是免費品嚐當天特定的Shot。

📍P.156C1　📞8850-9412　🕐週二、週四和日：17:30~01:30，週三和週五：17:30~03:00，週六：17:30~04:00。　💲Shot一杯12元起，推出買10送2優惠。洋蔥圈或薯條等輕食每份14元起。　🌐chupitos.sg

店名為西班牙文Shots的意思，而這裡正是一間Shot酒吧。

這種一杯乾的，有很多種口味都是烈酒，想一次試多己的酒量，最好先掂量自

Little Saigon

店家編號 Block E 01-02

Happy Hours » 21:00前，所有酒類半價優惠。

在小西貢可以品嚐越南春捲、河粉、法式三明治以及街頭小吃，搭配深色木質家具裝潢，再加上現場樂團演唱，充滿東方的熱情活力。這裡除了生啤酒、葡萄酒、利口酒、烈酒和雞尾酒之外，還推出亞洲風格的雞尾酒，以熱帶水果和香草來調製，不妨試試；當然也有越南咖啡和無酒精飲品，提供多種選擇。

\主打特色/
喝酒配越南小吃，還有現場演唱可以聽。

📍P.156C1　📞6337-7862　🕐週日至週四17:00~01:00，週五和週六17:00~02:00。　💲生啤酒17.5元，雞尾酒17.5元起，越南春捲10元起，越南三明治15元起。　🌐littlesaigonasia.com

\ 在酒吧區搞彈跳是要讓人不吐不快嗎？ /

走過克拉碼頭的河畔，很難不注意到這兩座奇怪的極限設施。
Slingshot是利用類似橡皮筋或彈弓彈射的原理，宛如火山爆發般將座艙彈向70公尺高空，挑戰失速、失重的恐懼感，刺激指數比起高空彈跳絕對有過之而無不及。
GX-5 Extreme Swing則是將座艙上升至40公尺的高度後，瞬間變成盪鞦韆，在空中來回擺盪，盪幅幾乎達180度，尤其盪到最高點時，鞦韆座椅還會自己翻轉，建議身體有狀況或剛喝完酒的人最好不要輕易嘗試！
📍P.156C1　📞6338-1766　🕐16:30~23:30　💲成人45元、18歲以下35元。但GX-5 Extreme Swing限定12歲以下不可乘坐。　🌐www.gmaxgx5.sg

新加坡河北岸：克拉碼頭

Zouk自1991年開幕至今，堪稱新加坡夜店的常青樹，雖然歷史悠久，但魅力全然不減。

Capital鎖定專業工作人士，提供Lounge般的舒適氛圍，擁有島式酒吧、專屬DJ控制台等區域，設計摩登優雅。

店家編號
Block C
01-05 to 06

Zouk

Zouk不僅多年榮獲新加坡旅遊局評選的「年度最佳夜生活去處」，也被封為全世界最佳俱樂部之一。近年，Zouk娛樂集團的勢力蔓延，旗下3間夜店幾乎盤據了克拉碼頭C區大半的面積。

\主打特色/
新加坡祖師爺級舞廳俱樂部，擁有3間主題夜店。

走進燈光明亮的雕塑隧道，來到俱樂部的核心「Zouk」，乾冰瀰漫於多層次舞池，隨著電子舞曲搖擺狂歡，深獲年輕人喜愛；「Phuture」以Hip Hop、R&B音樂為主，請來本土藝術家在牆面彩繪，搭配俏皮風格家具，洋溢動感活力。餐酒館則有「Red Tail」和「Here Kitty Kitty」，從輕食美酒到日式風格，選擇豐富。

P.156B1C1　9006-8549　Zouk：週三、週五及週六22:00~03:00。Capital：週四至週六22:00~03:00。Phuture：週三至週六22:00~03:00(週六延至04:00)。Red Tail：週二至週六14:00~23:00(週六延至04:00)。Here Kitty Kitty週二至週六18:00~午夜12:00(週六延至04:00)。　門票價格視每晚DJ陣容的不同而有差異，請提前上網查詢。　www.zoukclub.com　Capital男生必須年滿25歲、女生滿23歲才能入場；其他3間須滿18歲。

河畔順遊駁船碼頭 \夜生活番外篇/

很難想像，在一個世紀以前，被炙熱豔陽曬得黝黑的苦力和水手們，為了討生活，曾在這裡擔著重物汗如雨下的樣子。打從萊佛士簽下自由貿易合約後，來自鄰近國家的移民大批湧入，使得駁船碼頭(Boat Quay)成為貿易集散地。到了1860年代，有四分之三的海運作業都在此進行，開啟了今日新加坡的繁榮。從UOB大樓前方的「鳥」雕塑，往西延伸至Elgin Bridge的河岸，是餐飲最密集的一條龍。

P.142B3和P.036A1A2
距Raffles Place站出口H或G約350公尺

夜晚的駁船碼頭搖身變成燈光燦爛、人聲紛雜的餐飲娛樂區，河畔的餐廳和酒吧無不使出渾身解數來吸引顧客。

位於Boat Quay 26號的Penny Black，是全獅城唯一提供Old Speckled Hen（一種英式啤酒）的維多利亞式Pub。

Harry's和Southbridge是本區的知名酒吧，此外還有西班牙、印度、泰國、義大利等美食以及海鮮餐館。

用餐選擇

空腹別喝太多酒，先吃一頓才健康~

松發肉骨茶

南洋美食 必比登推介

肉骨湯 8.9元起
推薦菜

🏠 **11 /17 New Bridge Rd**

創立於1969年，從流動攤販發展成擁有10多間店面的排隊名店，除了這兩家相隔咫尺的店面外，在烏節路的先得坊與牛車水的唐城坊也能吃到。其肉骨茶分量適中，湯底味道鮮美，胡椒味和其他名店相比之下較為清淡，推薦給不擅吃辣的人。此外，豬腳及特調功夫茶也是招牌。

🔺P.156C1 🚇在Clarke Quay站出口E的斜對面 💲$ $ ⓤ songfa.com.sg ◎ **11號店** ☎6533-6128 ◎ 10:00~21:00 ◎ **17號店** ☎6438-2858 ◎11:00~22:00

珍寶海鮮樓 Jumbo Seafood

中式海鮮

麥片活蝦28元起、鹹蛋金沙蝦球28元起、辣椒螃蟹時價(1kg大約100元起)
推薦菜

🏠 河濱坊

珍寶於1987年從東海岸海鮮中心起家，是新加坡海鮮餐廳的龍頭之一，目前版圖已擴及駁船碼頭、登普西山等地，其中又以克拉碼頭對岸的這間生意最好。來到這裡當然要點一份招牌的辣椒螃蟹，不僅蟹肉鮮嫩，醬汁更是香辣可口，光是拿饅頭沾醬吃，就能整盤吃乾抹盡。

©Jumbo Seafood

🔺P.156B1 🚇距Clarke Quay站出口C約200公尺 🏠30 Merchant Rd, # 01-01/02 ☎6532-3435 ◎11:30~22:00 💲$ $ $ ⓤ www.jumboseafood.com.sg

---

雞肉沙嗲 16元起、Beer Sampler (4小杯) 24元
推薦菜

Brewerkz

微釀啤酒屋

🏠 河濱坊

這間餐廳就是一間微釀酒廠，巨大的發酵桶就在客人頭上精釀著新鮮啤酒，從管線及噴嘴中噴出的，每一滴都是甘冽的清香。店家自製的招牌啤酒以重口味的Indian Pale Ale和淡的Golden Ale最受歡迎。若是不知該選擇何種啤

酒，建議點一組Beer Sampler，就能一次嚐到所有口味。

🔺P.156B1 🚇距Clarke Quay站出口C約280公尺 🏠30 Merchant Rd #01-05/06 ☎9011-9408 ◎ 12:00~00:00 💲$ $ ⓤwww.brewerkz.com ✿現釀啤酒16:00之前有85折優惠

新加坡河北岸：克拉碼頭

如果你得了不逛街會很癢的病，烏節路的
百貨公司讓你一次痊癒！

詩家董百貨所在的董廈，是烏節路上相當具有東方風格的建築。

新加坡河北岸：烏節路

◎ 地鐵南北線的烏節站(Orchard, NS22)：位於烏節路的精華區域，有地下通道可直接前往ION Orchard、董廈、邵氏樓等百貨公司。
◎ 地鐵南北線的索美塞站(Somerset, NS23)：剛好位在烏節路的中間點，無論往百利宮或Orchard Central的方向走，都很方便。

跨越烏節路上方的Orchard Gateway不僅是座天橋，也是重要的購物通道。

至少預留時間
只是逛逛而已：1~2小時
重度購物逛：說了你也不會聽的…

www.orchardroad.org

MAP P.139 C2D2

烏節路
Orchard Road

　　許多國際一級大城市都有條光鮮亮麗的購物大街，像是紐約的第五大道、巴黎的香榭大道等，不過要像烏節路這樣大型百貨公司一間緊連一間，手牽手綿延2.2公里，一點縫隙也沒有，這情況還真是不多見。喜歡血拼的人一定會覺得此間真是天堂，高端名牌、國際設計、地方特色、平價時尚，幾乎沒有什麼是找不到的。尤其遇上熱賣會的季節，這些東西全都可以低價入手，就連平日購物慾望不強的人，看到這樣的折扣，也難免心花怒放。

造訪烏節路理由

1. 百貨公司卯起來逛，一口氣搞定血拼行程！
2. 如果遇上熱賣會，應該沒什麼理由不來這裡。
3. 這條馬路上也藏著不少著名餐廳與咖啡館。

新加坡的遊客中心就在烏節路上

旅客詢問中心提供各式旅遊資訊，包括代訂住宿、代售各景點和活動票券等，提供免費Wifi。

◎ 烏節路旅客詢問中心
🚶 P.162C3
🏠 216 Orchard Rd
🕐 每日08:30~21:30

◎ ION Orchard旅客詢問中心
🚶 P.162B2
🏠 ION Orchard一樓服務台
🕐 每日10:00~22:00

最接地氣的購物選擇——本土設計品牌

強調Made with Passion的本土品牌，近幾年帶動了新加坡的流行風潮。除了有在台灣設櫃的CHARLES & KEITH，有些品牌在烏節路設有店鋪，參考如下。想搜尋更多本土商品，可至新加坡旅遊局網站查詢，🌐www.visitsingapore.com/things-to-do/shop

◎SABRINAGOH(流行服飾)：董廈、百利宮
◎Love, Bonito(流行服飾)：ION Orchard、313@Somerset
◎Bynd Artisan(皮件文具)：ION Orchard
◎Janice Wong(手作蛋糕甜點)：百利宮

怎麼玩烏節路才聰明？

台灣買不到的品牌款式

新加坡雖是購物天堂，但價格不見得比台灣便宜。其強項在於登陸的品牌與進貨的型號比台灣齊全，不妨先研究一下哪些是台灣買不到的，血拼起來比較有意義。即使是台灣也有的品牌，但在當地推出的款式和台灣不同，也值得淘寶。

到熱賣會撿便宜

一年中折扣最低的時候是6、7月舉辦的新加坡熱賣會(Great Singapore Sale)，1994年至今已發展成全島性活動，尤其以烏節路最具看頭。無論百貨公司、購物中心或小型精品店等，紛紛推出各種特賣促銷，有時甚至能搶到3折優惠。

記得辦理退稅

在貼有Tax Free Shopping的商店，只要消費滿100元就可享有退稅。

DID YOU KNOW

烏節路可是個風水寶地啊？

烏節路是全新加坡商業活動最旺盛的區域，幾乎所有大型百貨公司都搶著在這條路上插旗，背後原因主要是出於風水。據說烏節路是新加坡水流匯聚之處，大路走向又順著氣脈直向水口，因此擁有十分強大的聚財氣場。

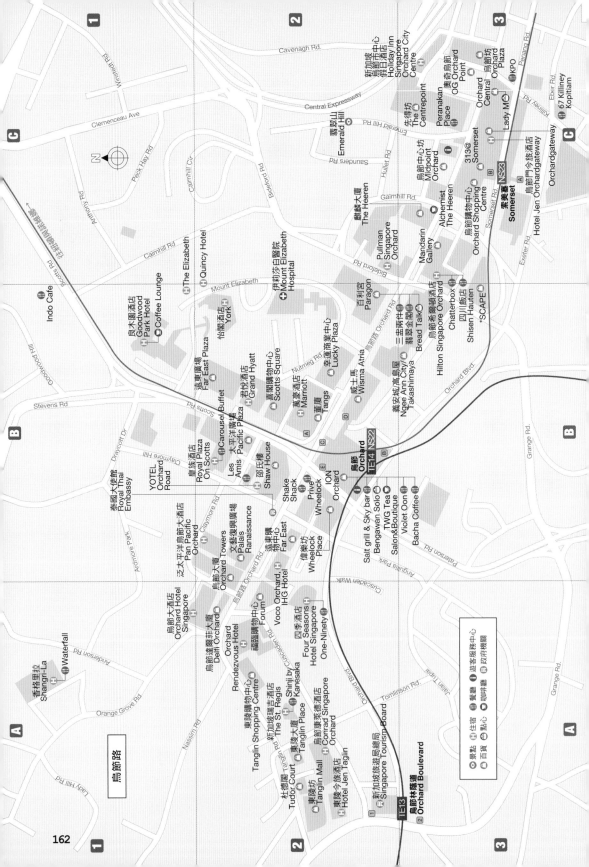

重量級百貨公司，列隊集合早點名！

Orchard Central
MAP P.162 C3

如何前往

◎距Somerset站出口B約250公尺

info

⊕181 Orchard Rd　◉每日11:00~22:00

www.orchardcentral.com.sg

Orchard Central最特別的是建築外觀，一到夜晚，整座商城完全透明，就像超大型展示櫥窗，讓品牌能見度大增。商場的購物動線具有實驗性的設計，52座電扶梯將顧客帶往任何想去的區域，不用瞎繞半天。展售**品牌以本土設計師的作品為主**，種類多變又不失原創性。

這間新加坡最高的購物中心，12層樓外加地下2層的高度，讓它在烏節路上傲視群雄。

商場內的設計線條俐落，充滿現代時尚美感。

先得坊於1983年開幕，屹立於烏節路上40餘載。

先得坊
The Centrepoint
MAP P.162 C3

如何前往

◎從Somerset站出口B，穿過313 @ Somerset與Orchard Gateway即達。

info

⊕176 Orchard Rd　◉

每日10:00~22:00　⊕thecentrepoint. fraserscentrepointmalls.com

除了購物之外，先得坊也曾在最佳裝飾建築比賽中獲獎。

先得坊是一座**全方位的平價商場**，區分為包括時裝、美容、生活、運動、餐飲及家庭等區域。如果想大肆購物又不想花大錢，不妨到進駐其中的美羅(Metro)百貨逛逛，從家居用品到流行服飾都有。

DID YOU KnoW

時尚街區旁的祕密花園──翡翠山 Emerald Hill

位於先得坊旁的Peranakan Place聚集了Acid Bar和Alley Bar兩間酒吧與一處露天咖啡座，彷彿是一道通往祕密花園的入口，外面是新潮時尚的烏節路，穿過了咖啡座往斜坡走去，竟是寧靜自得的翡翠山土生華人區。這些風格典雅、顏色豐富的樓房，有的大門深鎖，有的依然是私人住宅，僅少部分被餐廳、咖啡店、酒吧佔據，許多遊客喜歡坐在這兒喝杯咖啡、歇歇腿或聊聊天，還可以欣賞這些美麗的傳統建築。

⊕180 Orchard Rd　⊕www.peranakanplace.com

313 @ Somerset

MAP P.162 C3

如何前往
◎從Somerset站出口B出站即達

info
⊕313 Orchard Rd　◎每日10:00~22:00

🌐www.313somerset.com.sg

　313 @ Somerset販售的品牌多走**國際平價路線**，包括ZARA、Love, Bonito、Cotton On、iORA等，以及人氣超旺的文具精品店Smiggle和Typo，讓商場的人潮始終洶湧不斷。這裡的美食街也相當平民化，從基本型的咖啡店、輕食屋到各種餐廳及小吃攤等，應有盡有，強烈展現在地生活文化。

313 @ Somerset建於地鐵站上方，長方體的建築外觀裹上時髦的銀灰色調，深具現代設計感。

來自澳洲的Typo文具禮品店，販售各種造型獨特的新奇小物，深受年輕人喜愛。

麒麟大廈商店格局和裝潢都很活潑。

萬神殿式的中庭，是麒麟大廈的一大特色。

麒麟大廈
The Heeren

MAP P.162 C3

如何前往
◎距Somerset站出口B約400公尺

info
⊕260 Orchard Rd　◎每日10:00~22:00

🌐www.heeren.com.sg

　外觀宛如玻璃珠寶盒的麒麟大廈高達20層樓，僅6層為購物商場，其他則是公司行號與辦公室，由於採光自然，購物氛圍也顯得活潑愉悅。新加坡老牌百貨公司Robinsons創立於1858年，選擇在此開設旗艦店，獨家的美容化妝品牌是百貨的主打之一。知名**3C電子品牌COURTS NOJIMA佔據1樓**，吸引不少人潮。

Mandarin Gallery

MAP P.162 C3

Mandarin Gallery以玻璃帷幕作為建築門牆，形塑出晶瑩剔透的設計之美，將場內眾多專賣店的高質感襯托得淋漓盡致。

如何前往
◎距Orchard站出口3與Somerset站出口B皆約400公尺

info
⊕333A Orchard Rd　◎每日11:00~22:00

🌐www.mandaringallery.com.sg

　百貨樓高4層，走逛在1、2樓之間，能找到眾多**國際級品牌**，舉凡Boss、Max Mara、奢華運動時尚Michael Kors、頂級行李箱Rimowa，以及時尚內衣潮牌Victoria's Secret也在1樓開設旗艦

充滿質感的櫥窗展示，讓人逛起街來心情愉快。

商場不負Gallery之名，周邊展示了不少大型藝術作品。

店。3、4樓則以休閒運動、生活用品、美髮美妝及餐廳為主，展現跳脫傳統的購物文化。

百利宮
Paragon
MAP P.162 B2

如何前往

◎距Orchard站出口1約400公尺

info

📍290 Orchard Rd　🕐每日10:00~22:00

🌐www.paragonsc.com.sg

百利宮的店面約有200多家，想要找Burberry、Coach、Gucci、Givenchy、Prada這樣的**國際精品設計名牌**，絕對不是什麼難事。而在百利宮中，還有2家佔地廣達數層樓的百貨公司：Metro與Marks & Spencer，位於6樓的玩具反斗城，其規模在新加坡也是首屈一指。

與義安城隔著烏節路相望的百利宮，也是赫赫有名的大型購物商場。

義安城號稱新加坡最大的市場，前方的百貨公司，面積也很大，經常舉辦各類型活動。民眾與

商場內部名牌如雲，光是這裡就足以逛上大半天。

義安城/高島屋
Ngee Ann City / Takashimaya
MAP P.162 B3

如何前往

◎從Orchard站出口3進入威士馬的地下樓，走地下通道直達

info

📍391 Orchard Rd　🕐每日10:00~21:30

🌐www.ngeeanncity.com.sg

這座龐大的購物中心由高島屋和義安城組成，在這裡可以找到如Louis Vuitton、Chanel、Fendi等品牌，如果是**名牌服飾配件愛好者**，來這裡準沒錯。4樓的紀伊國屋書店，佔地達3萬平方公尺，規模為東南亞最大，也可看到台灣出版的中文書籍。

董廈
Tangs at Tang Plaza
MAP P.162 B2

如何前往

◎從Orchard站出口1出站即達

info

📍310 Orchard Rd　🕐週一至週六10:30~21:30，週日11:00~20:30　🌐www.tangs.com

董廈紅簷綠瓦的中國式建築，在烏節路上可説是十分突出。

南洋布商董俊竟以販賣手染布料起家，他在1932年時創立了詩家董百貨，成為新加坡零售業的先驅。後來他看中烏節路的地理位置，在這裡開了一棟購物商場，起初並不被看好，卻從此改變了烏節路的命運。這裡進駐的店家包羅萬象，從國際知名品牌到在地設計無所不包，深受新加坡人喜愛。

新加坡也有黑店？

大致説來，新加坡擁有良好的購物環境，在這裡買東西基本上相當安全，但還是有極少數黑店存在。最臭名昭彰的是小印度森林廣場、牛車水珍珠大廈與烏節路幸運商業中心(Lucky Plaza)裡的部分店家，尤其是3C產品的店面，他們專以外國人為坑殺對象，讓人平白花費不必要的金錢或是買到次級品。若對產品及其行情不太有研究的人，最好避開到這些地方購買。

威士馬
MAP P.162 B2
Wisma Atria

如何前往

◎從Orchard站出口3出站即達

info

⊙435 Orchard Rd　◷每日10:00~22:00

⊕www.wismaonline.com

　遊逛1樓至3樓，除了Forever New、Seed Heritage、Lacoste和Porter International等國際名牌，Coach、Rolex、Mauboussin、Emperor Watch & Jewellery及TAG Heuer更在此設立了旗艦店，形成威士馬氣派的門面。**流行的個性潮牌**則聚集在地下樓，比如Charles & Keith、Pazzion、THEFACESHOP和Lovisa等，而Typo、Smiggle兩大生活禮品店繽紛趣味，適合尋寶。

威士馬廣場的許多品牌單價不高且引領流行，是時髦女性不可錯過的百貨商場。

由於位在地鐵站上方，又有地下通道與董廈、邵氏樓相連，因此一開幕就對烏節商圈的購物版圖產生強大衝擊。

寬敞的購物空間，讓ION有如一處消費聖殿。

ION Orchard
MAP P.162 B2

如何前往

◎從Orchard站出口4或5出站即達

info

⊙2 Orchard Turn　◷每日10:00~22:00，ION Sky觀景台：週二至週四16:00~20:00、週五至週六14:00~21:00。

⊕www.ionorchard.com

　ION優越的地段、8層樓的超大空間、新穎的造型設計，2009年一開幕便吸引LV、Prada、Dior、Burberry、Tiffany & Co.等將近**400家國際品牌專賣店**進駐，還同時坐擁TWG Tea、Bacha Coffee、Violet Oon和Lady M四家人氣餐廳。位於4樓的Art Gallery定期展出以多媒體、時尚美學為主題的藝術創作；購物中心上方的住宅高達56樓，登頂就是ION Sky觀景台，可俯瞰城市風貌。

邵氏樓
MAP P.162 C3
Shaw House

如何前往

◎從Orchard站出口1，循指標走地下通道可達

info

⊙350 Orchard Rd　◷11:00~21:00

⊕www.shaw.sg

　邵氏樓以日系的**伊勢丹百貨**(Isetan)為主，不僅各國名牌齊全，櫥窗也裝飾得很有現代感。最受注目的是頂樓熱鬧的**電影**

從百貨前方的廣場望去，烏節路上的車流、人流都一覽無遺。

城Lido，共有8個放映廳，設備新穎，感覺像是台北信義區的威秀影城。

用餐選擇

逛到眼花腿軟？趕快找間餐廳補充體力！

TWG Tea Salon & Boutique
歐式美食、下午茶

must eat!
下午茶套餐
25元起
早餐套餐33元起
茶冰淇淋2球14元起
推薦菜

 ION Orchard #02-20/21

新加坡頂級茶葉品牌 TWG Tea創立於2008年，標誌上的1837年是為了紀念新加坡開啟茶葉和香料貿易的歷史，發展至今已在世界多國設立分店。位於ION Orchard的茶屋充滿古典風味，從擺飾到服務人員的制服都非常講究，讓人以為走進了歐洲百年茶館。TWG Tea收藏有800多種茶葉，只要點一份下午茶套餐，就可從menu中任選茶款，搭配手工自製西點、三明治或Scone等，享受美麗午後；而手作的茶冰淇淋獨家限量，可別錯過了。

📍P.162B2 🚇從Orchard站出口4或5出站，走上2樓即達。 ☎6735-1837 🕙10:00~21:30 💲$$$ 🌐www.twgtea.com

Bengawan Solo
娘惹糕點

must eat!
Lapis Sagu
每片1.2元、班蘭蛋糕一個20元、鳳梨塔一盒28元起
推薦菜

 ION Orchard #B4-38

這家店是娘惹糕點的第一把交椅，顏色鮮豔的各色糕點整齊地擺放在櫃子裡，各種口味都不相同，其中最具人氣者非班蘭蛋糕莫屬，不少人著迷於其香氣與綿密鬆軟的口感，常可看到遊客一次購買好幾盒。Bengawan Solo在各購物商場亦設有分店，例如義安城、Raffles City、Bugis Junction等，在樟宜機場各航廈也設置了專櫃，由於娘惹糕不能存放太久，如果想買來送禮，建議在離開新加坡前再到機場購買。

📍P.162B2 🚇從Orchard站出口4或5出站，走至地下2樓即達。 ☎6238-2090 🕙10:00~21:30 💲$$ 🌐www.bengawansolo.com.sg

must eat!
Dry Laksa
29元起、娘惹午茶雙人組59元起
推薦菜

Violet Oon Singapore
南洋娘惹料理

 ION Orchard #03-22/28-29

專攻娘惹料理的名廚Violet Oon，頂著高人氣的得獎光環，2018年底選在ION購物中心開設第4家餐廳，推出傳統娘惹菜與在地小吃，以及早期來自海南移民廚師所烹製的精選英國佳餚。在這裡可以享用仁當牛肉、黑果雞、參峇茄子和海南豬排等經典菜色。特別推薦名廚創意菜「乾叻沙」（Dry Laksa），以特調叻沙醬烹煮，加上蝦、豆乾薄、豆芽，入口不會太辣，米粉Q彈，相當開胃。此外，也可嚐嚐娘惹風味下午茶。

📍P.162B2 🚇從Orchard站出口4或5出站，走上3樓即達。 ☎9834-9935 🕙12:00~22:00 💲$$$ 🌐violetoon.com

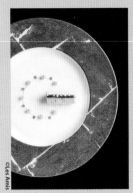

©Les Amis

KPO

新式酒吧

must eat!
啤酒約
17元起
推薦菜

 位於郵局裡

這棟看起來彷彿森林木屋的建築，其實是本地的一棟郵局，有趣的是，這裡除了能替民眾處理郵政事務外，還能幫助人們改善人際關係，因為在郵局小屋裡居然存在著一間酒吧！這裡不但氣氛一流、環境有特色，餐點也很到位，甚至還提供沙嗲、豬肉粥、椰漿飯等本地食物，在新加坡酒吧裡獨具一格。

📍P.162C3 🚇距Somerset站出口B約250公尺 🏠1 Killiney Rd ☎6733-3648 🕐週一至週五14:00~01:00，週六16:00~01:00。 休週日 💲$$ 🌐kpo.com.sg ✦20:00之前為Happy Hours，啤酒8折優惠。

Les Amis

法式料理 米其林❀❀❀

must eat!
3道式午餐
335元起、4道式晚
餐425元起
推薦菜

 Shaw Centre #01-16

Les Amis是烏節路著名的法國餐館，也是新加坡少數幾家米其林三星餐廳之一。主廚Sebastien Lepinoy來自法國，精通各式傳統法菜，又常有別出心裁的嘗試。他尤其注意食材的品質，像是這裡使用的手工Le Ponclet牛油，就是他費盡千辛萬苦尋來，還不得不附上自己與餐廳的履歷，才讓生產者同意供貨。另外，這裡擁有3千支頂級法國葡萄酒，酒單傲視群雄。

📍P.162B2 🚇從Orchard站出口1，經邵氏樓可達。 🏠1 Scotts Rd ☎6733-2225 🕐午餐12:00起，最後入座為13:15；晚餐19:00起，最後入座為20:15 💲$$$$$ 🌐www.lesamis.com.sg ❗請勿穿著短褲及拖鞋

Bread talk

麵包店

 先得坊 #B1-K6/K7

新加坡自創的麵包品牌，研發小組不時依照時事或創意，使用當地食材做出獨特的新式麵包。霸王、小魚辣椒、鬆鬆、鄉巴佬等，光聽這些麵包名字，就讓人覺得有趣。除了先得坊，在ION Orchard、313@somerset、Chinatown Point、Raffles City等購物中心都

能找到。

📍P.162B2C3 🚇從Somerset站出口B，穿過313 @ Somerset與Orchard Gateway即達先得坊。 🕐10:00~20:00 💲$ 🌐www.breadtalk.com.sg

基里尼咖啡店67 Killiney Kopitiam

南洋小吃

must eat!
咖椰土司1.8元
咖啡或茶2元起
推薦菜

🏠 **67 Killiney Rd**

打從1919年開業至今，基里尼的味道始終如一，讓附近居民每天甘願起個大早，就為了前來享用傳統的海南式餐點。標準吃法絕對要來份咖椰土司，炭烤過的白土司抹上奶油與咖椰醬，入口香甜酥軟，再喝一杯店家特調的Teh-O或Kopi-O，保證讓人瞬間清醒過來。

📍P.162C3 🚇距Somerset站出口A約250公尺 🏠67 Killiney Rd ☎6734-9648 🕐06:00~18:00 💲$ 🌐 www.killiney-kopitiam.com

四川飯店 Shisen Hanten

川菜館 米其林✿

must eat!
陳麻婆豆腐28元、擔擔麵15元、北京烤鴨半隻46元
推薦菜

🏠 **新加坡希爾頓酒店35樓**

1958年，陳健民在日本開了間名滿東洋的川菜館子，使他被尊為「日本川菜之父」。他的長子陳健一克紹箕裘，也是日本有名的料理鐵人。到了第三代的陳健太郎，將父祖事業擴展海外，並在新加坡先後拿下米其林2顆和1顆星！這裡最有名的是麻婆豆腐，豆腐先汆燙後，再和發酵3年的辣豆瓣醬一同烹調，不但香辣過癮，口感更如絲綢般滑嫩。

📍P.162C3 🚇距Orchard站出口4與Somerset站出口B皆約400公尺 🏠333 Orchard Rd, Hilton Singapore Orchard ☎6831-6262 🕐12:00~15:00、18:00~22:00 💲$$$ 🌐www.shisenhanten.com.sg

Coffee Lounge

台灣粥、在地美食

must eat!
台灣粥午餐便當25元起
推薦菜

🏠 **良木園酒店1樓**

一踏入Coffee Lounge，挑高的天花板、古老的歐式家具、兩旁的熱帶植物、圓拱型的長廊，都讓人想起殖民時期的美好感覺。這裡以台灣粥和當地美食聞名，尤其自1984年以來，台灣粥已成為餐廳招牌菜，不僅午餐推出便當組合，還有台灣粥的A La Carte Buffet，配菜豐盛且價格實

惠。此外，也提供新加坡本土菜餚如海南雞飯、肉骨茶等。

📍P.162B1 🚇從Orchard站出口1，經董廈沿Scotts Rd.往北可達良木園酒店。 🏠22 Scotts Road ☎6730-1746 🕐早餐06:00~10:30，午餐12:00~14:30，下午茶14:30~18:00，晚餐18:00~22:30。 💲$$ 🌐www.goodwoodparkhotel.com

Chatterbox

南洋料理

must eat!
文華雞飯
25元起
推薦菜

🏠 新加坡希爾頓酒店 #05-03

說起新加坡最高檔的海南雞飯，自然非Chatterbox莫屬！這套曾獲得多項大獎肯定的雞飯，餐點有雞肉、飯、三碟醬料及一碗雞湯，上桌時擺盤精美，而雞肉肉質入口軟嫩，沾上店家自製的酸辣醬料，味道更為了得，使人印象深刻，因此雖然價格高貴，餐廳仍然高朋滿座。

ⓟP.162C3 距Orchard站出口4與Somerset站出口B皆約400公尺 ⓐ333 Orchard Rd, Hilton Singapore Orchard ⓣ6831-6288 週一至週四11:30~16:30、17:30~22:30，週五至週日11:30~16:30、17:30~23:00。Ⓢ $ $ ⓦwww.chatterbox.com.sg

Alchemist @ The Heeren

咖啡館

must eat!
Espresso
4元起
Black 5元起
推薦菜

🏠 麒麟大廈旁1樓

2016年從中央商業區的小咖啡店起步，裝潢雖簡單樸素，卻懷著無比熱情為周邊社區提供優質咖啡。每週烘烤的咖啡豆，化為一杯杯香醇的Espresso傳遞至客人手中。位於麒麟大廈旁的這家分店，長條型的空間裡除了咖啡吧檯，其餘皆擺放著木椅，讓客人在烏節鬧區中能歇坐片刻，品飲好滋味，也提供簡單輕食和販售自家生產的咖啡產品。

ⓟP.162C3 從Somerset站出口B，穿過313@Somerset，往左沿烏節路走，橫越十字路口可達麒麟大廈。 ⓐ26 Orchard Road #01-ORA The Heeren ⓣ09:00~21:00 Ⓢ $ ⓦalchemist.com.sg

The Waterfall

義大利料理

must eat!
海鮮義大利麵
(Linguine Allo
Scoglio)34元、披
薩約25元起
推薦菜

🏠 香格里拉大酒店 花園翼1樓

餐廳正對著綠意盎然的花園，供應道地的義大利南部菜餚，以手工製作的義大利麵、海鮮以及主廚Marco De Vincentis的家傳食譜為主打。招牌料理包括海鮮義大利麵以及各式披薩。若飯後想吃甜點，不妨點一份Sharing Platter，一次品嚐提拉米蘇等4種甜點，可以多人一同分享義式甜蜜滋味。

ⓟP.162A1 距Orchard站出口1約1.2公里 ⓐ22 Orange Grove Rd, Shangri-La Hotel ⓣ6213-4138 午餐12:00~14:30，晚餐18:00~22:00。Ⓢ $ $ $ ⓦwww.shangri-la.com/cn/singapore/shangrila

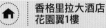

三盅兩件 Soup Restaurant

粵菜館

 百利宮#B1-07

must eat!
三水薑茸雞
26.9元起、潮州橄
欖飯10.9元起、豆
腐蝦29元起
推薦菜

老闆來自廣東三水，昔日三水移民到新加坡的婦女大多從事苦力，薪水微薄，必須存上兩個月工資才能買到一隻雞，在過年期間烹煮。她們將雞肉蒸熟後切片沾薑，以生菜包起食用，這便是店內招牌菜「三水薑茸雞」的由來。餐廳重新調整料理方式，既讓人緬懷早年生活，又能享受當代美味。目前三盅兩件除了百利宮外，在樟宜機場、怡豐城、新達城、荷蘭村等處都開有分店。

🅰P.162B2 🚇距Orchard站出口1約400公尺 🏠290 Orchard Rd ☎6333-6228 🕐每日11:30~22:00 💲$ $ 🌐www.souprestaurant.com.sg

One-Ninety

國際自助餐

 四季酒店大堂樓層

must eat!
午餐Buffet
58元起、晚餐
Buffet98元起
推薦菜

餐廳代表符號是個圓圈，代表地球、宇宙的無限，也代表料理上的勇於創新，融合了歐式和亞洲的食材與概念。來到One-Ninety，你可以選擇用精緻的餐具裝著自助餐台裡的佳餚，搭配一道主菜和甜點，或選擇主廚推薦菜單，透過年輕廚師的巧思創意，端上來的每一道料理都令人驚奇。

🅰P.162A2 🚇距Orchard站出口11約350公尺 🏠190 Orchard Blvd ☎6831-7250 🕐早餐06:30~10:30，午餐12:00~14:30，晚餐18:00~22:30 💲$ $ $ 🌐www.fourseasons.com/singapore

Lady M

千層蛋糕店

 Orchard Central #01-27 & #02-7

must eat!
法式千層蛋糕
一份14元起
推薦菜

來自紐約、堪稱名媛貴婦等級的蛋糕精品店Lady M，在新加坡開設了多家分店，位於Orchard Central的裝潢風格不走奢華路線，整排落地玻璃窗的天台造型，陽光輕灑，可俯視烏節路；而開在ION的Champagne Bar採取開放式的座位，與購物環境融為一體。招牌甜點「法式千層蛋糕（Mille Crêpes）」以近30張輕薄如紙的法式薄餅層層堆疊，每一層夾抹淡淡的奶油醬，最上層的焦糖透出金黃色澤，相當誘人。除了經典原味，還有香檳、綠茶、鳳梨、海鹽焦糖等可選擇，搭配咖啡、伯爵冰茶或香檳組合，心情瞬間明亮起來！

🅰P.162C3 🚇從Somerset站出口B步行可進入Orchard Central 🏠181 Orchard Road, Orchard Central ☎6509-3672 🕐週日至週四11:30~22:00，週五和週六11:30~22:30 💲$ $ 🌐www.ladym.com.sg

延伸行程

嫌烏節路的餐廳高消費？再坐兩站地鐵，各式美食俗擱大碗！

MAP P.139 D2

紐頓小販中心
Newton Food Centre

如何前往

搭乘地鐵南北線／濱海市區線至紐頓站(Newton,NS21/DT11)出口B，往Clemenceau Ave North方向走，通過天橋可達。

info

⊙500 Clemenceau Ave N.

　　紐頓小販中心由於靠近市區，距離地鐵站不遠，加上又是電影《瘋狂亞洲富豪》的拍攝場景，因此深受外國旅客歡迎。這裡的攤位數量眾多，主要以海鮮類為主，另外也有燒烤、魚圓粿條、蝦麵、鴨麵、蠔煎等選擇。大部分店家是從傍晚開始營業到凌晨，很適合來此吃晚餐或宵夜。

晚上是紐頓小販中心最熱鬧的時間，幾乎所有店家都開張營業了。

烤方魚
約15元起、老虎蝦約20元起、麥片蝦約24元起
推薦菜

海鮮攤
華人海鮮

◷約18:00~04:00

　　這裡有超過半數的攤檔販售海鮮，除了高價位的辣椒螃蟹、胡椒螃蟹外，也有中價位的烤方魚、老虎蝦及麥片蝦等菜色。各攤都有服務員招呼顧客及帶位，店家會在招牌上標明各料理的價位，記得在點餐和結帳時留意計價單位並詢問清楚，以免和店家發生糾紛。其中「元記海鮮」、「TKR沙哆」人氣很旺，編號27的「聯合海灘燒烤」則榮獲必比登推介。

【攤位編號】69 | **順華魚圓粿條麵** 華人小吃

◷18:00~21:30 ⊛週三和週日

　　新加坡的魚圓，就是我們所說的魚丸。這裡的魚圓很大顆，QQ的很有彈性，而外表看起來像餛飩的是魚餃，也是自製的。這裡的魚圓湯和魚圓麵，一定要試試。

魚圓湯5.5元
魚圓麵5.5元
推薦菜

【攤位編號】60 | **紐頓天香大蝦麵** 華人小吃

◷11:00~03:00

　　蝦麵的湯頭若好喝，這碗麵便成功了一半。天香以豬骨作為湯底，再放進炒過的蝦殼來增加甜味；大蝦則特地選用黑蝦，雖然價格較貴，但比起普通蝦子味道更棒，所以不惜血本。難怪老闆說，生意好的時候一天可賣出200多碗。

大蝦麵 15元
推薦菜

【攤位編號】73 | **合記炒蠔煎** 華人小吃

◷18:00~00:00 ⊛週一和週日

　　這種小吃據說源自潮州，以蕃薯粉勾芡，加進大量蚵仔和雞蛋以大火快炒，與台灣的蚵仔煎有異曲同工之妙，差別在於口感和調味方式。老闆一次煎的份量很多，淋上醬油時，突然升起熊熊烈火，讓人睜大了眼睛。

炒蠔煎 8/10/12元
推薦菜

【攤位編號】13 | **貴興鴨麵** 華人小吃

◷09:00~21:00 ⊛週三和週日

　　貴興的菜單十分廣泛，舉凡海南雞飯、炒飯、滷鴨飯、滷鴨麵、鴨肉粥、粿汁和叉燒等，什麼都有。但真正獲選米其林必比登推薦的，就是滷鴨麵。店家將整隻鴨子放入滷湯中燉滷好幾個小時，肉質滑嫩多汁，搭配麵、粥或米飯，都是鮮美的選擇。

滷鴨麵 4元起
推薦菜

新加坡河北岸：烏節路

威南記雞飯餐室
南洋美食

📍P.139D1 🚇從Novena站出口B走Thomson Rd，約350公尺可達United Square。 🚉United Square, 101 Thomson Rd, #01-08 ☎6255-6396 🕐11:00~21:00 💲$

店內主要有白雞、油雞、燒雞三種可選，吸附醬汁的雞肉滑嫩細緻，雞皮薄而不膩，雞飯香而不油，粒粒分明且口感扎實，單吃就很夠味，與沾了醬料提味的雞肉搭配起來更是得宜。除了這間位於United Square的店鋪，威南記在加東的百匯商場、樟宜機場第二航廈也有分店。

雞飯
5.6元起
推薦菜

MAP
P.139
D1

諾維娜
Novena

如何前往

搭乘地鐵南北線至諾維娜站(Novena, NS20)，從出口A或B可搭計程車前往馬里士他路。

　諾維娜雖是新加坡的醫療重鎮，但其實街邊巷弄裡也藏著不少驚天美食，尤其是馬里士他路(Balestier Rd)一帶，林立著許多肉骨茶餐室和海南雞飯店家，讓小編絲毫不敢怠惰，還是乖乖挪出一頁版面介紹。

發起人肉骨8
元、油條2元
推薦菜

發起人肉骨茶
南洋小吃

📍P.139E1 🚇從Novena站出口B往右走，至對街的Opp Novena Church站，搭21或131號公車在Shaw Plaza站下車可達。 🚉347 Balestier Rd ☎6352-6192 🕐11:45~00:00 🚫週二 💲$ 🌐www.founderbkt.com.sg

發起人開業於1978年，老闆蔡水發為養豬出身，因而對豬肉的各部位瞭若指掌。他特別選用後背排骨來熬湯，添加蒜頭與胡椒，將湯頭熬成金黃色，淺嚐一口，胡椒味濃厚，肉昆大塊，咬起來頗有彈性。曾經慕名而來的大咖族繁不及備載，舉凡劉嘉玲、周杰倫、吳宗憲等人都留下過合影，尤其周潤發更是對這裡讚不絕口。

黎記雞飯粥品
南洋美食

📍P.139E1 🚇從Novena站出口B往右走，至對街的Opp Novena Church站，搭21或131號公車在Opp Balestier Pt站下車可達。 🚉Blk 91 Whampoa Drive #01-49/50 ☎6256-2256 🕐07:00~15:00 🚫週四和週五 💲$

80多年的老字號「黎記」，傳到第二代即開枝散葉，其中位於黃埔小販中心 （Whampoa Food Centre）裡的熟食檔由黎家大哥獨立經營，生意興隆，在當地美食票選活動中「黃埔黎記」始終榜上有名。整隻黃油雞以文火烹煮30分鐘，嚴格掌控火候，搭配獨家秘方調理，肉質相當有彈性。再拿蔥、薑、蒜與雞油一起爆香，加入米飯和香蘭葉，淋上雞湯蒸煮，就完成充滿黎記風味的油香飯。醬料提供3種選擇，包括薑蓉、紅辣椒與黑醬油。

白雞飯4元起
燒雞飯4.5元起
推薦菜

這裡的街景與氛圍,真的讓人有到了印度的錯覺~

在興都廟中所看到的神像雕塑,都和印度教的神話有關。許多神像有三頭六臂、手持蓮花、刀戟、光環等法器,並常以獅、龜等動物為坐騎,或可見到化身為怪獸的神祇。不論是否懂得教義,光欣賞這些雕像及壁畫也頗具藝術價值。

竹腳中心附近的加寶路(Kerbau Rd)聚集不少藝廊和藝術公司,因而被稱為「小印度藝術地帶」。色彩斑爛的華人富商陳東齡故居也在附近。

新加坡河北岸:小印度

◎ 地鐵東北線/濱海市區線的小印度站(Little India, NE7/DT12):位於小印度的主要幹道上,由此站下車可步行抵達小印度拱廊、竹腳中心等景點。
◎ 地鐵東北線的花拉公園站(Farrer Park, NE8):位於小印度北方,方便前往斯里尼維沙柏魯瑪興都廟及慕達發中心等景點,亦可由此前往惹蘭勿剎一帶。
◎ 地鐵濱海市區線的惹蘭勿剎站(Jalan Besar, DT22):位於小印度東南邊,可快速前往惹蘭勿剎歷史區。

至少預留時間
2~3小時

MAP
P.139
E2

小印度
Little India

　　在小印度,眼光總是會不自覺地被各種顏色吸引,婦女們穿著的鮮豔沙麗,眉心或點著一抹朱砂,拜神的花卉攤位掛起鮮豔的花環,各種顏色、聲音和香味均充斥感官,眼、耳、口、鼻、舌,沒有一處不豐富了起來,愛上小印度,竟是如此理所當然的事。

　　小印度是新加坡重要歷史保留區之一,興都廟宇梵音裊繞,印度香料氣味四溢。這裡的人們百餘年來始終固守自己的文化傳統,可說是新加坡民族色彩最濃厚的區域,稍微一恍神,還會誤以為自己來到了真正的印度呢!

造訪小印度理由

① 來小印度，就是要吃道地印度料理。

② 在小印度拱廊一帶，當一天假印度人。

③ 去惹蘭勿剎遊逛新興特色街區。

別忘了佛教也是印度的主要宗教之一，這座釋迦牟尼菩提迦耶寺供奉一尊大佛與臥佛，已成為當地景點。鄰近還有龍山寺、安古利亞回教堂，呈現多元信仰景觀。

📖 **小印度的由來**

在19世紀時，這裡還是歐洲人的聚居地，今日小印度的道路名字便來自街上較有地位的居民。早年這裡有一座賽馬場，後來進而發展出牛隻交易的市集，當時交易商總是僱用印度人來管理牛群，隨著牛市生意愈做愈大，這裡的印度人也愈來愈多，終於發展成印度裔的族群社區。

怎麼玩小印度才聰明？

有種聰明叫入境隨俗

拜訪寺廟小叮嚀

進入興都廟參觀，首先請留意自己的穿著，如果你當天穿得太暴露、太隨便、太前衛，那麼在寺廟外面看看就好。既然你都決定今天要來小印度了，出門前還是選穿保守一點的衣物比較穩妥。進入興都廟前記得脫鞋，把鞋子放在寺廟入口，在新加坡不會被偷的。大部份寺廟允許遊客拍照，但如果你的鏡頭對著神職人員、朝拜者或進行中的儀式，一定要先取得同意，這才是尊重的表現。

認識在地用餐習俗

大家應該都知道印度人用手吃飯，而且是只用右手。因為對遊客來說有點強人所難，餐廳還是會為遊客準備餐具，不過即使如此，用餐前把手徹底洗乾淨才是禮貌（這已經不只是衛生問題了）。同時，個人進食的餐具與上菜分食的餐具一定要分開。還有一種情形比較少見，就是有印度人請你吃飯的話，吃到盤底朝天表示你還餓，盤中留一點飯菜才是吃飽的意思。

175

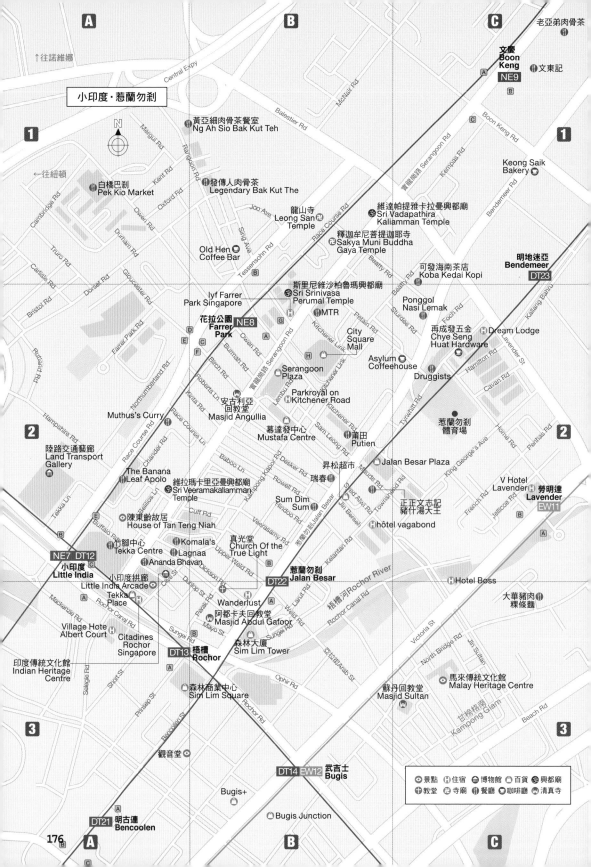

在這裡逛一圈，就知道小印度的名字不是喊假的～

由於興都廟每天12:00至16:00都會關閉，因此信徒大多在黃昏時前來，尤其週二及週五都是擁擠的日子。

MAP P.176 A2

維拉瑪卡里亞曼興都廟
Sri Veeramakaliamman TempleGallery

廟裡供奉的是擁有力量和勇氣、能夠主掌生死的千手女神迦梨(Kali)。

📍距Little India站出口E約350公尺 🚏141 Serangoon Rd ⏰05:30~12:00、17:00~21:00 🌐www.srivkt.org

　　落成於1855年，南印度式的高聳塔樓上裝飾許多立體的彩色神像、聖牛及戰士。早年印度移民會來這裡祈求迦梨女神保祐他們的異鄉生活，由於信徒中有很多是在石灰場工作，也讓這裡有了「石灰村的寺廟」的別稱。據說二次大戰時，日軍對新加坡猛烈空襲，當地居民紛紛躲進廟裡，而寺廟竟奇蹟似地毫髮未傷。

MAP P.176 A2

印度傳統文化館
Indian Heritage Centre

📍距Little India站出口E約350公尺 🚏5 Campbell Ln 📞6291-1601 ⏰10:00~18:00 ❌週一 💲成人8元，學生及60歲以上5元，6歲以下免費入場。 🌐indianheritage.gov.sg

　　2015年5月開幕的印度傳統文化館，是新加坡首間專門展示南亞文化的文化館，館內5個永久展區，分別展出從古到今南亞族群與東南亞的發展歷史，涵蓋宗教、移民、政治、社會等主題，以及印度族裔對現代新加坡的貢獻。館藏共有443件文物，包括佛像、布匹、服飾、木雕、首飾、老照片及手寫史料等等。

4層樓的現代建築受到陽光照射，就像閃耀的寶石；而夜間經過的燈光照一格格的玻璃牆內，印度彩繪更顯搶眼。

慕達發中心24小時不打烊，難怪購物人潮總是擠得水洩不通。

MAP P.176 B2

慕達發中心
Mustafa Centre

📍距Farrer Park站出口F約300公尺 🚏145 Syed Alwi Rd ⏰24小時 🌐www.mustafa.com.sg

　　許多歐美觀光客來到新加坡，第一站不是到烏節路購物，而是來慕達發大血拼，這座其貌不揚的購物中心究竟有何魅力？只要來過的人都知道，這裡的商品超級多，從日常用品、點心零嘴、衣服、香水、新加坡紀念品到珠寶首飾、電器、名牌商品應有盡有，加上貨真價實，雖然不能殺價，但同樣一件商品，價格可能就比其他地方便宜得多。

小印度拱廊
Little India Arcade

🚇距Little India站出口C約280公尺　🏠48
Serangoon Rd　🕐每日09:00~22:00　💰

littleindiaarcade.com.sg

　　小印度拱廊聚集了各式各樣的店家,吃喝採買,一應俱全,適合發揮血拼的天性,好好買個痛快。隨處可見的印度貼Pottu、印度手環、印度沙麗、提袋、珠寶盒,都是女性來到小印度的必買物;手工製作的桌墊、燈罩,顏色鮮豔,賞心悅目,更是營造家中異國情調的幫手。

在這座看似平凡的店屋建築裡,竟藏有一處繽紛雜沓的印度市集。

小印度拱廊的入口之一,彷彿若有光。

這裡購物的最大原則就是不要衝動,雖然價格不算是昂貴,但還是有殺價空間,如果想省點荷包,不妨跟店家議個價,也許能撿到便宜。

【攤位編號】 01-16	Moghul Sweet Shop

🕐09:30~21:30

這間頗受歡迎的老店,主要販售北印度的甜點和糖果。推薦Gulab Jamun這種點心,那是表面裹上一層楓糖的起士球,風味十分特殊;而Pattisa Soan Papdi這款方形點心,表面鋪了一層果仁,口感酥鬆且香脆,口味略甜。如果不嗜甜食,這裡也有像是Samosas(印度咖哩角)這類的鹹點。

【攤位編號】 01-17	Selvi's

🕐09:30~20:45

店鋪大門朝向實龍崗路,是一家美容美髮沙龍。這裡提供印度彩繪,窄窄的走廊經常坐滿正在畫彩繪的遊客,圖案選擇眾多,價格依精細度和複雜度而不同,大約15元起跳。

美麗的印度香料彩繪——Henna

走在小印度街頭,經常可見許多人手上畫著美麗又複雜的圖樣。Henna在印度的歷史由來已久,它是利用一種獨特的顏料在人體描繪出花紋,當顏料中的單寧酸分子滲透進皮膚組織內,就出現了美麗的圖案。依個人體質不同,這些圖案約可維持數天至兩星期不等,接著就會自動消褪。

小印度拱廊1樓

Today's World
Marina Goldsmith
甘貝爾巷 Campbell Ln
Jothi Store & Flower Shop
LotusMantra
Appollo Sellappas
竹腳中心 Tekka Centre
Gokulam
Moghul Sweewt Shop
Ganesan Villas
Selvi's
Jayaram's Creation
印度傳統文化館 Indian Heritage Centre
Crescent Mobiles
Halifax Traders
Jayaram's Creation
Tamilcube Learning Centre
Jothi Music
GM Gift of Serenity
Jayaram's Creation
Citimax Stationery Trading
Celebration of Arts
Jewel's Shop
Selmor Restaurant
Leed's Mart
實龍崗路 Serangoon Rd
Hastings Rd
Clive St
The Banana Leaf Apolo

🛍購物　🍴餐廳　🎓教育機構
🎯娛樂　🍬點心　📍景點

【攤位編號】01-06/07	Jayaram' s Creation

⏱08:45~21:00 (週日至18:00)

大量批發的印度手環，價格便宜，樣式和顏色很多樣，送禮自用都是很好的禮物。這家店的手環可以讓你試戴之後，再決定要不要買，也難怪經常看到外國女生聚集在這裡挖寶，而且由於價格便宜，常常忍不住愈買愈多。

【攤位編號】01-71/72	Celebration of Arts

⏱11:00~19:30

這家藝品店的商品種類非常豐富，各種來自印度南北的桌墊、木雕、珠珠盒子等，顏色都很鮮豔，看起來賞心悅目。店家強調這些都是手工製作的，有印度風味濃厚的，也有顏色對比鮮明的，價格大約在18到25元左右。

甘貝爾巷
Campbell Lane

位於小印度拱廊旁，雖只是條小巷子，卻是人氣旺盛的小型市場。各色旗幟、燈罩在空中飛揚，印度人在這裡採買生活用品，觀光客在裡頭穿梭，尋找有趣的小玩意兒猛按快門。

DiD YOU KnoW
色彩鮮豔的印度花環花飾店

花對印度人來說是繁榮興盛的象徵，你可以看到印度人如何用紅玫瑰、黃色金盞花和白色的茉莉編織花圈，而紅、黃、白分別代表愛、和平及純潔，也是花環花飾最常使用的三種顏色。這些花環花飾是印度教徒奉獻給神的禮物，看滿街花飾店的密度，就知道這裡的教徒有多虔誠。

實龍崗路
Serangoon Road

小印度最熱鬧的大街，聚集許多沙麗店、金飾店及小吃店。在這條街上，你可以捕捉到最具印度風味的婀娜身影，色彩明亮豔麗的沙麗布，總是招攬許多客人上門。同時這裡每走幾步就會看到一家金飾店，印度人對黃金的喜愛由此可見一斑。

 小印度尋寶——如何選購沙麗(Sarees)

要將一條印度沙麗按照傳統模式穿繞上身，約需5.5公尺的尺碼，因此任何一家沙麗布店，其基本尺碼多半已先設定為5.5公尺，挑選重點還是在於個人對布料的喜好與需求。沙麗店都集中在實龍崗路上，進口來源以印度和日本為大宗，例如來自日本的Satin，5.5公尺約新幣40元起，最便宜的材質Chiffon約10元起。至於價值不斐的純絲沙麗，則只有在婚禮或寺廟慶典上才看得到。

 小印度的節慶日期每年不一樣喔！

由於印度教的節慶是根據印度曆，因此在公曆中的日期每年都不一樣，實際日期可以上新加坡旅遊局官網查詢。

◎ 豐收節(Pongal)：是慶祝豐收的節日，約在1月中，為期4天，寺廟會舉行禱告儀式，甘貝爾街上也會有表演與市集。

◎ 大寶森節(Thaipusam)：慶祝溼婆與雪山女神之子——戰神穆盧干誕生，約在1月或2月，為期2天。屆時會有一場別開生面的大遊行從斯里尼維沙柏魯瑪興都廟出發。

◎ 屠妖節(Deepavali)：又稱排燈節，慶祝天神戰勝邪惡的納拉卡蘇拉，約在10月底或11月初，為期5天。家家戶戶會點亮黃色油燈，並有各種慶典盛宴與市集。

©新加坡旅遊局

斯里尼維沙柏魯瑪興都廟
Sri Srinivasa Perumal Temple

🚇距Farrer Park站出口G約150公尺 🕐397 Serangoon Rd ⏰05:30~12:00、17:30~21:00 🚫週六 🌐www.sspt.org.sg

這座興都廟始建於1855年，不過其20公尺高的廟門高塔卻是1966年新建的。這裡供奉的是守護神毗濕奴(Vishnu)，柏魯瑪便是毗濕奴的另一個名字。相傳毗濕奴有10種分身，最有名的就是黑天(Krishna)，形象為一位手拿牧笛的藍皮膚牧童。廟裡可看到毗濕奴、其配偶吉祥天女、座騎大鵬金翅鳥與黑天等諸分身的神像，既綺麗多彩，又不失莊嚴肅穆。

廟門高塔上的神像，表現了守護神毗濕奴及其妻子吉祥天女的各種化身。

廟內天花板上色澤鮮豔的圓形圖案，代表宇宙中的九大行星。

廟宇正立面的色澤飽滿鮮豔，姿態生動的神像比起其他興都廟外的都要來得大。

雪山女神的坐騎是一頭獅子，並且和她的丈夫一樣，手持一把三叉戟。

維達帕提雅卡拉曼興都廟
Sri Vadapathira Kaliamman Temple

🚇距Farrer Park站出口G約450公尺 🕐555 Serangoon Rd ⏰06:00~12:00、17:00~21:00 🌐srivadapathirakali.org

這裡主祀濕婆(Shiva)之妻雪山女神(Parvati)，廟名中的Kali便是她分身之一的迦梨。同時供奉的還有她的兩個兒子：司職智慧與財富的象頭神格涅沙(Ganesha)，與主掌勇氣與堅強的戰神穆盧干(Murugan)。在寺廟正立面的上半部，便可看到他們的大型神像。

惹蘭勿剎
Jalan Besar

🚇距Farrer Park站出口H約500公尺

惹蘭勿剎原本是五金行、材料行集中的老工業區，近年來，越來越多咖啡店、餐廳和酒吧進駐這裡的老房子，主要集中在Jalan Besar、Tyrwhitt Road、Hamilton Road和King George's Avenue一帶，引領風潮的有「再成發五金」、「Asylum Coffeehouse」、「Druggist」、「Two Bakers」和幾家背包客棧，讓惹蘭勿剎成了風格獨具的休閒娛樂區。

這些店鋪有的布置融合工業風，有些則混搭出創意風格。

這裡的店家不約而同都保留原有的建築外貌、舊招牌，悄悄在老店鋪中布置出一方嶄新且迷人的空間。

用餐選擇

咖哩、烤餅、黃薑飯，全方位的印度料理體驗~

黃亞細肉骨茶餐室
南洋小吃

must eat!
肉骨湯9.8元起
功夫茶3~9元
滷大腸8.8元
推薦菜

208 Rangoon Rd

同樣都是將蒜頭、中藥搭配醬油、胡椒粒等食材伴隨豬骨熬湯，但黃亞細的湯頭卻獨獨教人難忘，原因就在於不公開的祖傳秘方。其肉骨湯頭非常濃郁，喝完後精神百倍，尤其湯裡添加的胡椒子讓口感清新，就算不喝茶也不覺得油膩。2010年黃亞細退休後，交由珍寶餐飲集團經營，持續打響老字號。

🚶P.176A1　🚇距Farrer Park站出口B約500公尺　☎6291-4537　🕐09:00~21:00　💲$ $　🌐www.ngahsio.com

新加坡河北岸：小印度

竹腳中心 Tekka Centre
市場和小販中心

665 Buffalo Rd

市場一樓有各種小吃，後面是販賣蔬果魚肉的傳統市場，而二樓大部分是印度服飾店鋪。在竹腳中心的熟食中心裡，印度料理的攤販佔居多數，你可以和印度人一起排隊，品嚐知名的黃薑飯、印度煎餅，還有許多攤位販賣一袋袋的印度酸奶，也就是不加糖的優格，雖然味道很酸，卻有益健康。

如果是印度薄餅(Roti Prata)和印度餡料煎餅(Murtabak)的愛好者，就往大排長龍的店家去，比如「Prata Saga Sambal Berlada」(編號01-258)、「Ar Rahman Royal Prata」(編號0-248)，想喝印度風味的飲品，旁邊就是「Ar Rahman Café」，販售拉茶、甘蔗汁、Lassi、美祿等，選擇眾多。

華人小吃也不少，像是獲得米其林必比登推介的「興記鵝鴨販」，提供潮州式滷鴨飯麵；「545黃埔蝦麵」料多實在，也是人氣店家。

🚶P.176A2　🚇從Little India站出口C，出站即達。　🕐06:00~23:00　🚫週一

must eat!
Dosai套餐
10.8元起、Lassi
一杯3.7元起
推薦菜

Komala's Restaurant
印度速食

5 & 7 Upper Dickson Rd

Komala's在新加坡開設多家分店，無論點餐方式、經營模式，還是用餐氛圍，都與麥當勞、漢堡王等速食店殊無二致，只不過餐點內容從漢堡、可樂換成了印度薄餅與拉茶，但並不會因為與傳統模式不同就失去了道地，對想吃印度料理卻看不懂菜單的遊客來説，十分方便。

🚶P.176A2　🚇距Little India站出口E約350公尺　🕐08:00~22:00　💲$　🌐www.komalasrestaurants.com

MTR Restaurant
印度料理

🏠 438 Serangoon Rd

1924年在印度開業的素食餐廳，於2013年到新加坡開設首間海外分店，正統道地的口味與乾淨明亮的用餐環境，吸引當地印度人與遊客前來用餐。3片印度鬆餅搭配3種沾醬的Set Dosa、MTR自創的蒸糕Rava Idli、包裹著辣味馬鈴薯的印度脆皮鬆餅Masala Dosa、香氣與口味厚重的米飯料理Bisibele Bhath等都是店家的推薦菜色，每一道都風味獨具，不妨多點幾樣嘗試。

📍P.176B2 🚇距Farrer Park站出口H約140公尺 ☎6296-5800 🕐08:30~15:00、17:30~21:30 🚫週一 💲\$ \$ 🌐www.mavallitiffinrooms.com

Lagnaa...barefoot dining
印度料理 必比登推介

🏠 6 Upper Dickson Rd

獲選米其林推薦的餐廳，其1樓為桌椅區，2樓設置席地而坐的矮圓桌，必須脫鞋進入，提供客人感受傳統用餐方式。主廚從傳統中變化出新口味，雞、魚、羊等主食，以參峇、Koorma(使用青椒、香料、腰果與香草)、咖哩、奶油(使用番茄與腰果醬)等方式烹調，就連薄餅Naan也有多種口味可選。尤其這裡的咖哩辣度分為10級，一般人建議選微辣的2級或小辣的3級。

📍P.176A2 🚇距Little India站出口E約350公尺 ☎6296-1215 🕐每日11:30~22:30 💲\$ \$ 🌐www.lagnaa.com

The Banana Leaf Apolo
印度料理

🏠 54 Race Course Rd

一入座，服務人員就會在桌上鋪一片芭蕉葉，葉面盛上白飯或黃薑飯，只要點想吃的幾樣主菜即可。咖哩魚頭是必吃的一道菜，不僅魚肉鮮嫩，咖哩湯汁的香辣更是無人能敵，若是用餐人數為2~4人，建議點小份量即可。吃飽後

把芭蕉葉往上折起，表示享用完畢，這樣服務生就不會再幫忙添飯。

📍P.176A2 🚇距Little India站出口E約130公尺 ☎6293-8682 🕐每日10:30~22:30 💲\$ \$ 🌐www.thebananaleafapolo.com

Ananda Bhavan
素食印度美食

must eat!
Thosai 4.7元起
套餐10元
推薦菜

🏠 **58 Serangoon Rd**

新加坡最古老的印度素食餐廳，打從1924年起就為本地居民提供餐點。來到這裡，不妨點一份Thosai或appom印度煎餅，煎得鬆鬆脆脆的大餅配上各種印度風味的沾醬或豆泥，大口咬下，滋味無窮，再喝一口印度拉茶，風味更是道地。Anada Bhavan擁有多間分店，在樟宜機場第二航廈也有店面。

🗺P.176A2 🚇距Little India站出口E約240公尺 ☎6396-5464 🕐07:00~22:00 💲$ 🌐www.anandabhavan.com

再成發五金
Chye Seng Huat Hardware
咖啡館

must eat!
咖啡4.8元起、
Cold Brew
Coffee7.5元起
推薦菜

🏠 **惹蘭勿剎**

這是新加坡咖啡品牌Papa Palheta的旗艦店，店家沿用原先五金行的店名，室內裝潢也使用了五金元素，店中央是一個大型的環形吧檯，牆邊醒目的鐵架上則販售咖啡相關用具。再成發深受咖啡迷及文青歡迎，在這裡除了點一杯招牌咖啡，還推薦各式輕食，例如冰淇淋起司蛋糕、法式吐司、可頌麵包夾炒蛋等。

🗺P.176C2 🚇距Farrer Park站出口H約650公尺 🏠150 Tyrwhitt Rd ☎6299-4321 🕐08:30~22:00 💲$$ 🌐www.cshhcoffee.com

Asylum Coffee House
咖啡館

must eat!
黑咖啡5.5元起
冰咖啡7元起、手
沖咖啡8.5元起
推薦菜

🏠 **惹蘭勿剎**

推門而入，純白牆面襯著木質椅和天花板，氛圍清新明亮，而吧檯的咖啡師正沖泡著飲品，準備為客人端上精品級的咖啡。Asylum擁有專業的烘焙機，台灣製造，配有感測器、探頭和加熱零件，採用紅外線而非傳統的傳導與對流，能夠穩定沖泡出新鮮、高品質的咖啡，吸引許多人前來品嚐每週限量推出的特色咖啡豆。

🗺P.176C2 🚇從Farrer Park站出口H，沿Kitchener Rd走，左轉Jalan Besar，共約600公尺可達；距Jalan

Besar站出口B約750公尺。🏠311 Jalan Besar ☎8921-9875 🕐08:00~16:30 💲$$ 🌐www.asylumcoffeehouse.com

Druggist

酒吧

must eat!
精釀啤酒
10~30元
推薦菜

🏠 惹蘭勿剎

酒吧開在中藥公會裡？店名還順理成章取名為「藥劑師」，莫名的狂想趣味讓人會心一笑。自2015年開幕以來，這裡已成為許多人的第二個家，因為氣氛easy，即使穿著短褲和涼鞋也能走進來喝一杯（當然也歡迎穿著商務套裝）！內行的都知道23款精釀啤酒是鎮店紅牌，搭配漢堡、炸雞、Tacos、松露薯條等美食，就是開懷無憂的最佳解藥。此外還提供雞尾酒、葡萄酒和亞洲烈酒等選擇。

🔺P.176C2 🚇乘地鐵東西線從Lavender站出口B，沿Horne Rd.走，左轉Tyrwhitt Rd可達，全程600公尺；或從Farrer Park站出口H，沿Kitchener Rd走，左轉Jalan Besar，全程700公尺。 🏠119 Tyrwhitt Road ☎6341-5967 🕐週一至週四16:00~午夜12:00，週五至週日15:00~午夜12:00。每天19:00之前是Happy Hour。 💲 $ $ 🌐www.druggists.sg

Ponggol Nasi Lemak

馬來美食

must eat!
Nasi Lemak雞翅
套餐5.6元起、炸
魚套餐6.2元起
推薦菜

🏠 惹蘭勿剎

這是當地人經常光顧的餐館，專賣椰漿飯（Nasi Lemak）。從1979年起，由創辦人Ang Chye Choon和Koh Ah Tan製作的傳統椰漿飯，以香蕉葉包裹，打響了名聲，自此開始供應給全島的經銷商和小販店面，久而久之變成一個老品牌，也開設了自家餐館，位於Jalan Besar的旗艦店推出4種椰漿飯套餐，主角分別是炸魚、1隻炸雞翅、2隻炸雞翅和蔬菜，再佐以黃瓜、小魚花生、荷包蛋或其他配菜。

🔺P.176C2 🚇從Farrer Park站出口G，沿龍崗路走，右轉Beattu Rd.，在與Sturdee Rd.交叉口左轉可達，全程650公尺；距Jalan Besar站出口B約900公尺。 🏠371 Jalan Besar #01-01 ☎6293-0020 🕐11:30~22:00 🛑週四 💲 $ 🌐www.ponggol nasilemak.com.sg

Coba Kedai Kopi

南洋美食

must eat!
Nasi Lemak雞
翅套餐4.8元起、
Kopi一杯1.3元起
推薦菜

🏠 惹蘭勿剎

從車水馬龍的街道轉進Beatty這條小路，周遭閒靜了下來，不遠處就看見Coba紅白綠相間的竹簾招牌，為斑駁的老房子襯托些許古早味。這間清真茶室餐館供應道地的印尼和馬來菜，包括Nasi Ambeng拼盤組合、可以自選配菜的Nasi

Padang和椰漿飯Nasi Lemak，再點一杯海南式Kopi O，坐在懷舊風格的空間裡，有種時光倒流的奇異感。

🔺P.176C1 🚇從Farrer Park站出口G，沿實龍崗路走，右轉Beattu Rd.，在與Sturdee Rd.交叉口左轉可達，全程600公尺。 🏠20 Beatty Road ☎6970-4961 🕐07:45~18:00 🛑週二 💲 $ 🌐coba.cobacoba.sg

延伸行程
一站之外，不能忽略的美味。

從花拉公園再往北坐一站，從文慶站下車後，附近也藏著不少好料，特別是當你想嚐遍各家肉骨茶或雞飯名店的話，這一趟就更是免不了。

> 推薦菜
> **肉骨湯**
> 8~12元
> *must eat!*

老亞弟肉骨茶
南洋小吃

 Blk 34 Whampoa West #01-67

老亞弟屬於潮洲風味，從1965年開賣至今，以平實清淡的肉骨湯溫暖了當地居民的胃。這裡的湯頭完全不加中藥材，只用胡椒和蒜頭為原料，放進排骨和肉骨一起熬煮，火候必須掌控得剛剛好，才能讓肉與骨相黏不散，輕輕一咬肉汁就跑出來，肉質香甜帶勁、滑嫩卻不糜爛，連蒜頭都能熬成外硬內軟。而且湯若喝完，可以免費續湯，讓人吃得心滿意足。

🅰P.139F1 📍距Boon Keng站出口B約300公尺 ☎9755-5250 ⏰07:00~21:00 (週三至15:00) 💲$

文東記Boon Tong Kee
南洋料理

 Blk 34 Whampoa West #01-93

文東記是新加坡有名的海南雞飯餐廳，雖然在新加坡有多家分店，但位於文慶這一家距離地鐵站最近，交通最方便。其雞隻來自馬來西亞農場，經過嚴格挑選，每隻都重達2.2公斤，肥瘦適中，烹煮時先以熱水燙熟，再放進冰水涼鎮，咬起來滑溜有彈性。餐廳也販賣自製罐裝沾醬，最知名的就是辣椒醬、薑蒜與黑醬油，搭配雞飯堪稱一絕。

🅰P.139F1 📍從Boon Keng站出口B出站即達 ☎6299-9880 ⏰11:00~14:45、17:15~21:30 💲$$ 🌐www.boontongkee.com.sg

> 推薦菜
> **油飯1.8元起、半隻白切雞24元起**
> *must eat!*

進入伊斯蘭的世界，聆聽新加坡的一千　零一夜

王牌景點 **5**

蘇丹回教堂的巨大金色圓頂是這一帶最著名的地標，也讓新加坡的多元文化多了一個具體形象。

新加坡河北岸：甘榜格南

◎ 搭乘地鐵東西線/濱海市區線至武吉士站(Bugis, EW12/DT14)，可前往武吉士周邊和甘榜格南歷史文化區。

至少預留時間
2~3小時

甘榜格南
Kampong Glam

MAP
P.139
F2

　　1819年萊佛士為了取得新加坡島，利用柔佛王室的內部矛盾，擁立侯賽因成為柔佛蘇丹，並將他帶到新加坡來簽訂條約。這位蘇丹原以為自己被天上掉下來的禮物砸中，沒想到砸下來的卻是傀儡的繩子，侯賽因從此被安置在甘榜格南，渡過他的大半餘生。

　　除了柔佛王室，萊佛士也把這一帶分給其他穆斯林族群，包括阿拉伯商人、馬來人、武吉士人等，碩大而耀眼的蘇丹回教堂圓頂，標誌了伊斯蘭教在這一區的主導地位，讓今人只需要走幾步路，就彷彿踏上神祕的西亞國度。另外，以武吉士地鐵站為中心所形成的商圈，和甘榜格南相距不遠，從購物中心、百年廟宇、熱鬧夜市到熟食中心等，充滿在地市民的打拼活力，也是逛街尋寶的好去處。

造訪甘榜格南理由

1 逛逛**亞拉街**和**巴梭拉街**，過一下遊玩西亞國度的癮。

2 晚上去**哈芝巷**，體驗阿拉伯式的夜生活。

3 在**武吉士街夜市**，大啖各國美食小吃。

在新加坡想塗鴉有兩條途徑，一是把屁股上的肉練厚一點，另一是成為知名藝術家，然後在哈芝巷光明正大作畫。

甘榜格南的地名由來

Kampong在馬來文中是「鄉村」的意思，而**Glam**是「白千層樹」的馬來文名字，其樹汁可提煉成藥油，樹幹則可用來造船。由於早年這處鄉村種滿了白千層樹，於是成了「甘榜格南」的地名由來。

至於**Bugis**則是南洋的一支部族，居住於今日印尼、馬來西亞的島嶼上，武吉士人在英國殖民之前，在柔佛王朝擁有很大的權力，英殖時期他們的商人也常在這一帶活動，因而留下了以他們為名的地名。

雖然甘榜格南以穆斯林文化著稱，但在武吉士街地鐵站附近，可以看見華人的滑鐵盧街觀音堂和克里斯南印度廟，比鄰而居，時刻提醒你，這裡可是新加坡。

怎麼玩甘榜格南才聰明？

避開店家公休日

在蘇丹回教堂一帶，大多數餐廳與商店於週日及假日都不營業，而週五中午因回教堂有宗教活動，由穆斯林開設的店面也都會暫時歇業，記得避開這些日子前往。

拿捏蘇丹回教堂的參觀時間

每天有五次禮拜，以週五中午的禮拜最為盛大。穆斯林在入內參拜前，必須先在庭院將全身洗淨，男人與女人則在不同樓層參拜。因此若想入內參觀，最好避開禮拜的時間，入內前一定要脫鞋。如果穿著短裙短褲，要先租借長袍圍上後才能進入。

哈芝巷白天夜晚各有風情

哈芝巷、巴梭達街和巴梭拉街一帶是本地重要景點，白天夜晚各有不同風情：上午遊客稀疏，最能好好欣賞牆上的彩繪壁畫；下午店門開張，可以逛逛創意小店；晚上酒吧將桌椅搬出街上，整條巷子立刻人潮洶湧。喜歡什麼樣的氛圍，就選擇在什麼樣的時間前來。

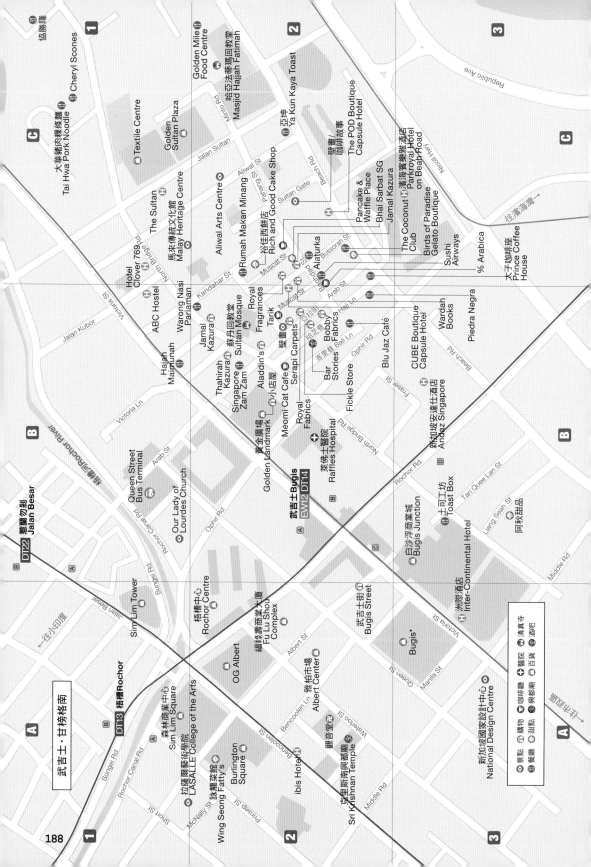

必看重點

不同文化匯聚衝擊，引爆不可思議的超現實感…

 MAP P.188 B2C2

亞拉街(阿拉伯街)
Arab Street

🚇距Bugis站出口B約300公尺

以蘇丹回教堂為中心，附近的街道都洋溢著濃厚的伊斯蘭風情，而商店最集中的區域非亞拉街莫屬。亞拉街上的主要商品有來自中東的正宗波斯地毯、完全取材天然的阿拉伯香水，以及絲巾、Kebaya服裝、蠟染布、抱枕、床罩套等，大多強調手工製作，價格中等，就算不買東西，隨便逛逛也很愜意。

亞拉街是甘榜格南最熱鬧的購物大街，各種中東、西亞玩意兒應有盡有。

 **MAP P.188 B2C2**

哈芝巷
Haji Lane

🚇距Bugis站出口B約350公尺

接近中午時分，哈芝巷的許多商家紛紛開店營業，到了傍晚，整條巷子就熱鬧了起來。穿梭其中，除了被鮮豔的塗鴉吸引，當然也要逛逛琳瑯滿目的小店鋪，從服飾精品、雜貨禮品、玩具店到黑膠唱片行等各類商家齊聚，適合慢慢尋寶。咖啡館、甜點店、酒吧和餐廳也為數不少，每當夜幕低垂，少數餐館有提供抽水煙服務，形成獨特的夜生活特區。

巴梭拉街有如蘇丹回教堂的御道，兩側高聳的椰子樹與色彩亮麗的店屋，讓這幅畫面更有味道。

這條街上的店屋建築格外繽紛，觀光氣氛濃厚。

 **MAP P.188 B2C2**

巴梭拉街
Bussorah Street

🚇距Bugis站出口B約500公尺

巴梭拉街位於蘇丹回教堂正前方，兩旁盡是高大的棕櫚樹與色彩繽紛的老店屋，店屋裡展售著新奇有趣的手工藝品與馬來服飾，包括著名的阿拉伯香水店Royal Fragrances和Jamal Kazura Aromatics。最繽紛亮眼的是滿街的中東餐館，提供土耳其和黎巴嫩料理；佇立在巴格達街交叉口的Kampong Glam Cafe，販賣清真的傳統馬來菜和各式飲品，經常座無虛席。

這條狹窄的巷道裡開滿了新奇特色小店，有一種在台灣逛老街的錯覺。

無論商店幾點開始營業，哈芝巷牆面的鮮豔壁畫，始終吸引眾多遊人前來。

當地所剩無幾的黑膠唱片行，值得來尋寶一下。

在亞拉街、哈芝巷、干達哈街和巴梭拉街一帶，會發現有幾種商店特別常見，這些商店賣的東西便是甘榜格南著名的特產或伴手禮。此外也有不少個性小店，等著你來發現。

❶ 阿拉伯香水

由於伊斯蘭教義嚴禁信徒觸碰酒類，因此阿拉伯的香水完全不含酒精，純粹取材自天然花草與精油調製而成，很多香味與名牌香水幾乎沒有差別，卻只要1/3的價錢，值得採購。

哪裡\買/　◎ Kazura：705 North Bridge Rd　◎ Jamal Kazura Aromatics：728 North Bridge Rd和21 Bussorah St

❷ 絲綢&沙龍布Kebaya

擁有60多年歷史的Royal Fabrics氣派非凡，走的是高價位路線，不但布料式樣繁多，還有漂亮的禮服陳列，穿在身上宛如天方夜譚裡的公主。Royal Fabrics曾在2006年榮獲《Tatlar》雜誌評選為最佳布料公司。

哪裡\買/　◎Royal Fabrics：84 Arab St　◎Aladdin's：110 Arab St

❸ 波斯地毯

這裡販賣的地毯多數是從伊朗等中東國家進口，純手工編織不但看起來充滿視覺意象，摸起來也是質地細緻，觸感不凡。不過一般觀光客出國逛街結果買張地毯回家，感覺有點超過，還好這裡也有販售小型的桌毯，價格不貴，用來裝飾居家，簡單一個字：潮！

哪裡\買/　◎ Serapi Carpets：86 Arab St

裕佳西餅店 Rich and Good Cake Shop

裕佳位於干達哈街上，這裡的招牌糕點是瑞士捲，屬於細長造型，每條都有近30公分長，有10餘種口味可選擇，其中最特別的當屬榴槤及咖椰口味。蛋糕鬆軟綿密，內餡濕潤，用料實在，吃起來亦不過甜。在星耀樟宜設有分店，方便遊客採買帶回國。

ⓐP.188C2　📍24 Kandahar St　☎6294-3324　▾週一10:30~17:00，週二至週六09:00~17:00。🚫週日及假日　🌐www.richngood.com　💲各種口味瑞士捲每條12元起

Wardah Books

這是一家專門販售伊斯蘭教英文書籍的書店，2002年在甘榜格南開業，店內的圖書庫存擁有4000多種，涵蓋藝術、哲學、可蘭經研究、地區歷史、小說和兒童讀物等類別。因為深信閱讀的秘密禮物就是時間，書店積極地進行社區閱讀推廣活動，並定期舉辦書會與作者見面會。

ⓐP.188C2　📍58 Bussorah Street　☎6297-1232　▾週日至週四10:00~19:00，週五和週六10:00~21:00。　🌐wardahbooks.com

Fickle Store

沒想到人字拖也能穿出流行時尚？為了滿足現代人的個性化需求，這間小店提供客製化的服務，從尺寸、顏色、鞋底、鞋帶到裝飾的精品緞帶等，客人都能細細挑選搭配，打造出獨一無二的專屬人字拖，沒有年齡性別的限制。店內也展售現成的各種拖鞋，可以現場選擇緞帶或飾品，組合出喜歡的款式。

ⓐP.188B2　📍42 Haji Lane　☎6291-0733　▾11:00~19:00　💲價格依樣式和裝飾物而有不同，基本款一雙20元起，客製化一雙約25~80元。🌐ficklestore.com

這座規模氣派的別墅庭園原本是柔佛蘇丹居住的宮殿。

蘇丹回教堂
Sultan Mosque

MAP P.188 B2

📍距Bugis站出口B約550公尺 📍3 Muscat St
🕙10:00~12:00、14:00~16:00 ❌週五

www.sultanmosque.sg

萊佛士當年為了鞏固英國統治新加坡的合法性，遂把侯賽因蘇丹留在甘榜格南，既然王庭在此，為他的子民興建一座信仰中心於是有其必要。蘇丹回教堂建於1824年，是新加坡最古老的伊斯蘭清真寺，不過今日美輪美奐的結構，卻來自於1932年的重建。在建築師Denis Santry主導下，蘇丹回教堂不但有了一座莊嚴華麗的金色圓頂，規模也比從前大得多，大到原本筆直的橋北路經過這裡時，都不得不繞了個彎。

現金色圓頂下方的深色部分，竟是由玻璃瓶底鑲嵌而成。這是重建時，窮人由於無法像富人一樣捐款，但為了也能貢獻一己之力，故把家中的玻璃瓶捐獻，可視為貧富一條心的象徵。

若是你眼力好的話，就會發

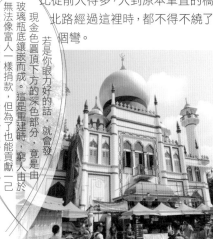

博物館中另一有趣的重點，是可以參觀今昔數個馬來人家的家中擺設。

文化館外有棟醒目的黃色別墅，當地人稱之為「黃色豪宅」。這棟華宅曾是馬來王族所有，但是滄海桑田，如今已成為餐廳，提供印尼料理。

馬來傳統文化館
Malay Heritage Centre

MAP P.188 C1

📍距Bugis站出口B約750公尺 📍85 Sultan Gate 📞6391-0450 🕙週二至週日 10:00~18:00 ❌週一 💲博物館成人6元，60歲以上長者及學生4元，6歲以下免費。目前閉館整修中，預計2025年底重新開放。 www.malayheritage.org.sg

1819年，萊佛士利用馬來皇族的內鬥，擁立了侯賽因蘇丹，並與他簽下租借條約，而侯賽因蘇丹也獲得了名義上統治者的地位。這座宮殿便是由侯賽因的兒子阿里蘇丹於1840年所建。今日園中的兩層樓建築規劃成展示馬來文化的博物館，從馬來人如何來到新加坡、早期馬來人的生活，到近代馬來人的文化成就，都有完整的介紹。

穆斯林的大日子——開齋節 Hari Raya Aidilfitri

©新加坡旅遊局

伊斯蘭齋戒月在伊斯蘭曆的9月份，一整個月的齋戒中，教徒從日出到日落都不能進食。齋戒月結束後則盛大舉辦一系列慶祝活動，其中又以芽籠士乃和甘榜格南地區最為熱鬧。開齋節的時間每3年會提前一個月，2025年會落在4月。

武吉士街
Bugis Street
MAP P.188 A2B2

📍從Bugis站出口C出站，過馬路即達。
🕐大約11:00~22:00 (週末會到更晚)

70年代，這裡是各國船員最喜歡流連的地方，入夜後街上盡是燈紅酒綠，後來遭新加坡政府整頓，現在則成了服飾、配件、鞋子、美容產品及食物等攤位聚集的熱鬧街市。白天這一區人潮不多，但一到晚上，人群便如洪水般湧進。這兒的小吃攤各國美食都有，你可以買一杯甘蔗汁喝，或是試試便宜的熱帶水果。

這裡不但貌似台灣夜市，就連熟悉的夜市叫賣聲在這裡也時常聽到。

DiD YOU KnoW
爭奇鬥豔的熱帶水果

新加坡當地生產的水果不多，幾乎都仰賴進口，尤其是馬來西亞、泰國、印尼、越南等地的熱帶水果，更是種類繁多。除了台灣常見的香蕉、鳳梨、百香果、芒果外，也有紅毛榴槤、山竹、山荔枝、人心果、波羅蜜、蛇皮果、榴槤、紅毛丹、蘭撒等各種奇形怪狀的水果。其中波羅蜜可在超市買到盒裝切好的，紅毛榴槤則是果汁攤的人氣果汁，喝來酸酸甜甜。

佈滿水晶網絡(Crystal Mesh)的外觀，讓這座商場在新加坡的辨識度極高。

Bugis+
MAP P.188 A3

Bershka

自2009年開幕後，商場即肩負著將購物人潮吸引至武吉士的重責大任。

📍從Bugis站出口C出站，就在馬路斜對面。 🏠201 Victoria St 🕐每日10:00~22:00 🌐www.bugisplus.com.sg

許多人第一眼看到Bugis+便對它留下深刻印象，因為佈滿水晶網絡凸面造型的外牆，讓整座商場看起來就像是一顆大鑽石。而商場也將目標顧客鎖定在20到30歲之間的年輕族群，因此無論在空間設計或店家選擇上，都讓人覺得相當新潮有活力。

走在廣場裡的中央街道上，陽光從玻璃天幕灑落，四周冷氣空調環繞，街道兩旁是咖啡屋和服飾店，逛起街來舒適愜意。

白沙浮商業城
Bugis Junction
MAP P.188 B3

📍從Bugis站出口C出站即達 🏠200 Victoria St 🕐每日10:00~22:00 🌐www.bugisjunction-mall.com.sg

新加坡首座擁有透明玻璃天幕的購物商場，佔地15萬2千平方公尺。往樓上走，商品特色和裝潢情調偏向年輕化，以當地流行品牌為主，尺碼相當適合東方人。另外像Levi's、New Balance這類的知名休閒品牌也不虞匱乏。肚子餓了，地下樓還有美食街可祭五臟廟。

新加坡河北岸：甘榜格南

各路料理狹路相逢，你今天想要吃誰？

土司工坊Toast Box

南洋小吃

must eat!
咖椰土司2元起
花生厚土司2.2元
咖啡或茶2.5元起
推薦菜

🏠 白沙浮商業城 #01-67

從巴西等地挑選上等咖啡豆，加入少許牛油，以攝氏200度高溫炭燒烘焙，再將磨好的咖啡粉巧手沖泡，針對客人需求添加煉乳、糖或淡奶，每一杯都烏黑香濃卻不苦澀。招牌的花生厚片採用特製麵糰揉成，炭烤後外脆內軟，口感與一般薄土司完全不同。土司工坊在新加坡擁有眾多分店，很容易就能找到。

🔺P.188B3 🚇距Bugis站出口C約120公尺 (穿過商場) 🏠200 Victoria St ☎6333-4464 ⏰週一至週四07:30~21:00，週五至週日07:30~21:30。 💲$ 🈺www.toastbox.com.sg

Bhai Sarbat Teh Tarik

印度飲料

must eat!
拉茶約
1.8元起
推薦菜

🏠 面向Baghdad St

1977年開設的拉茶店，起初連店名都沒有，卻擄獲了當地計程車司機的心，無形中為小店載來許多顧客，經常大排長龍。隨著名聲越來越大，再加上老闆將店面傳承給年輕一代，終於有了店名Bhai Sarbat。所謂拉茶，就是用鐵罐與杯子將茶在空中反覆拉扯，把空氣拉進茶水中，使煉乳與茶完全融合，口感因而更加滑順。如果想喝進階版，不妨點一杯薑茶(Teh Halia)，是店內的招牌飲品！

🔺P.188C2 🚇距Bugis站出口B約600公尺 💲$ 🏠21 Bussorah Street ☎8263-4142 ⏰06:30~13:00

🍴 \ 在甘榜格南尋找壁畫‧回憶舊時光 /

從亞拉街(Arab Street)轉往蘇丹回教堂的街角，將被眼前巨幅的壁畫所震撼。這是本土藝術家葉耀宗（Yip Yew Chong）的創作，用色明亮溫暖，畫面細節繁複且充滿童趣，訴說著昔日生活故事，也成為拍照打卡的熱門地。

◎亞拉街92號：這幅描繪了甘榜格南的歷史文化，將蘇丹回教堂、皇宮、朝聖者、小攤販和市井生活等景象，濃縮於牆面上。在拉茶人的圖案旁還真的開設一家「Tarik」咖啡店，販售咖啡、拉茶和輕食，讓壁畫和真實場景完美融合。

◎亞拉街58號後巷：紀念這裡曾存在許多藤籃店鋪的過往時光，透過三隻貓、懸掛藤籃和漁夫等元素，呈現趣味畫面。

◎Sultan Gate 29號：壁畫主題「Coffee Story」，描繪南洋咖啡和咖椰烤麵包的製作過程。

Warong Nasi Pariaman
印尼料理

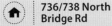

must eat!
仁當咖哩羊肉(Rendang Kambing)5元起、烤雞(Ayam Bakar)6.5元起
推薦菜

🏠 **736/738 North Bridge Rd**

這家餐館每天到了中午，就會擠滿用餐的人們。Nasi在馬來語中是「飯」的意思，而Pariaman是印尼西蘇門答臘的一個小鎮，這家餐廳標榜的就是來自該地的家鄉菜，無論是雞肉還是魚肉料理，都是用料豐富的重口味，尤其是濃厚的椰漿味道，南洋風味十足。

🔺P.188B2 🚇距Bugis站出口B約500公尺 ☎6292-2374
🕐07:30~15:00 💤週三 💲 $ 🌐pariaman.com.sg

Alaturka
土耳其料理

must eat!
烤肉串(karisik kebab)兩人份59元
推薦菜

🏠 **15 Bussorah St**

這家土耳其餐廳，聲名遠播到連馬來西亞電視台都專程前來採訪。說起土耳其料理，烤肉串絕對是必點招牌；而將肉泥捲成香腸狀的烤肉餅Kofte，也相當受到歡迎，尤其是口味偏鹹的Kofte配上清淡的蔬菜沙拉和米飯，滋味搭配得天衣無縫。

🔺P.188C2 🚇距Bugis站出口B約550公尺 ☎6294-0304
🕐11:30~22:30 💲 $ $ 🌐www.alaturka.com.sg

Singapore Zam Zam Restaurant
印度美食

must eat!
羊肉煎餅8元起
鹿肉煎餅13元起
推薦菜

🏠 **697 North Bridge Rd**

Zam Zam創立於1908年，擅長正宗的印度伊斯蘭食物，如印度煎餅(Murtabak)、印度香飯(Briyani)、印度炒麵(Goreng)等，有多種餡料可以選擇添加，包括雞蛋、洋蔥、羊肉、雞

肉、鹿肉或沙丁魚、羊肉咖哩、雞肉咖哩、蔬菜咖哩等，牆上有食物照片可供對照參考，點餐不成問題。

🔺P.188B2 🚇距Bugis站出口B約400公尺 ☎6298-6320 🕐07:00~23:00 💲 $ 🌐www.zamzamsingapore.com

阿秋甜品

廣東甜品

must eat!
楊枝甘露5.2元
鮮奶燉蛋3.8元
推薦菜

🏠 1 Liang Seah St #01-10/11

這是新加坡人氣很高的港式甜點店，裝潢與建築散發濃濃的傳統中國風，就連餐具也是使用古色古香的瓷器。必點的楊枝甘露嚐來香甜滑順，濃郁的芒果香氣中有清爽微酸的柚肉中和甜味，加上QQ的西米露增加豐富口感，每一口都是滿足。

🔺P.188B3 🚇距Bugis站出口D約150公尺 ☎6339-8198 🕐週一至週四12:30~午夜12:00，週五12:30~01:00，週六13:30~01:00，週日13:30~午夜12:00。 🌐www.ahchewdesserts.com 💲$

大華豬肉粿條麵

華人美食 米其林❀

must eat!
肉脞麵
6/8/10元
推薦菜

🏠 Blk 466, #01-12, Crawford Lane

跟牛車水的了凡一樣，營業超過70年的大華是全球首度獲得米其林一星肯定的小販。這裡以美味的肉脞麵聞名，麵條除了麵仔(黃色細麵)外，還有麵薄(黃色扁麵)、板麵等豐富種類，在各自燙熟的麵條淋上特調醬汁，再擺上肉丸、絞肉與肉絲、雲吞、豬肝、魚乾與豬油渣，光看就讓人食指大動。麵條入口的同時便衝出濃郁的烏醋香，隨之而來的是醬油的鹹味與微微的辣椒醬香氣，獨特的口味讓人一吃上癮。

🔺P.188C1 🚇距Lavender站出口A約400公尺 🕐09:00~20:30 🌐週一 💲$ 🌐www.taihwa.com.sg

Hajah Maimunah Restaurant

馬來料理 必比登推介

must eat!
椰漿螺肉7.5元起
千層糕1.5元起
推薦菜

🏠 11 Jalan Pisang

這間自助餐廳的餐台上，有超過40種傳統家鄉風味的印尼、馬來美食。不可錯過的是放在餐台最前頭的烤雞，外皮烤得焦香，肉質多汁柔嫩，咀嚼時溢滿口腔的香氣讓人回味無窮。除此之外，香辣過癮的椰漿螺肉Lemak Siput Sedut、炸豆腐雞蛋Tahu Telur、各色烤魚、牛尾湯等也是店家招牌。最後還有千層糕、椰絲球等傳統糕點可供選擇。

🔺P.188B1 🚇距Bugis站出口B約400公尺 ☎6291-3132 🕐07:30~19:30 🌐週日 💲$

% Arabica

咖啡館

must eat!
Espresso
4.8元起
Latte 7.4元起
推薦菜

🏠 56 Arab Street

「我真的每天都需要一杯美味的咖啡」這就是% Arabica咖啡館誕生的原因。從京都的旗艦店紅遍全世界，海外分店一家家展開，位於Arab Street老房子裡的裝潢走簡約純白路線，店內空間不大，騎樓擺放幾張桌椅頗有幾分文藝風格。吧台裡有全球最頂尖的濃縮咖啡機坐鎮，主打招牌包括Espresso、Latte、Americano和Macchiato，適合午後悠閒享用。

🔺P.188C2 🚇距Bugis站出口B約500公尺 ☎9680-5288- 🕐週日至週四08:00~18:00，週五08:00~15:00，週六12:00~20:00。 💲$ 🌐arabica.coffee

新加坡河北岸：甘榜格南

195

Cheryl Scones

英式Scone專賣店

must eat!
Scone單點3元起
（依口味而不同）
2 Scones+1 Soup
套餐11元起
推薦菜

🏠 Blk 466 Crawford Ln #01-04

話說Dan在品嚐了妻子Cherylin手工製作的Scone後，從此愛不釋口，於是合資開設了Cheryl Scones。店內推出超過36種口味的Scone，包括原味、杏薑、起司、叻沙、迷迭香、酪梨班蘭、葡萄乾燕麥等，每天新鮮限量手作，不含蛋、奶、蔥和酒精，可以佐茶、熱湯、三明治、冰淇淋或各種飲品一起享用。推薦2 Scones+1 Soup套餐，由主廚Alvin烹製的蔬食湯品與有機藜麥飯，養生又美味。

🔺P.188C1 🚇距Bugis站出口E或F約950公尺。或搭乘地鐵東西線從Lavender站出口A，沿Kallang Rd.，左轉循著梧槽河畔走，右轉通過Wave Bridge，往右進入國宅群可達，步行約10分鐘。☎9061-2596 🕐週三至週六11:00~19:00，週日11:00~16:30。🚫週一和週二 💲
💲 🌐cherylscones.com

Birds of Paradise Gelato Boutique

義大利冰淇淋店

must eat!
1球杯裝5.5元
甜筒餅裝6.8元
推薦菜

🏠 263 Beach Road

Birds of Paradise以大自然的植物為靈感，創造出風味獨特的義大利冰淇淋。為了向東南亞地區致敬，店家更從烹飪食材中尋找合適的成分，歸類為香料、花卉、水果、香草、可可和堅果6大主題，分別輕輕注入冰淇淋中，讓味道和香氣完美平衡。店內提供20多種口味，包括芒果、香蘭、黑巧克力、草莓羅勒、海鹽綠茶、荔枝迷迭香等。在牛車水、加東等地設有分店。

🔺P188C2 🚇距Bugis站出口E或F約600公尺 ☎9820-5763 🕐12:00~22:00 💲 🌐birdsofparadise.sg

椰子俱樂部
The Coconut Club

南洋美食 必比登推介

must eat!
經典椰漿飯
15元起
推薦菜

🏠 269 Beach Road

從餐廳名稱到菜單內容，都脫離不了椰子元素，必點招牌椰漿飯（Nasi Lemak）採用有機雞腿或雞胸以rempah香料醬醃製12小時再下鍋油炸，皮脆肉嫩，而茉莉香米加入椰奶蒸煮，吃得到淡淡椰香，再搭配花生、黃瓜片、小魚乾與荷包蛋，就是獲得米其林必比登推薦的美味。此外也販售炸魚椰漿飯、Gado Gado印尼式沙拉等，價位比小販中心和一般餐室來得貴，不妨依個人預算做選擇。

🔺P.188C2 🚇距Bugis站出口E或F約600公尺 ☎8725-

3315 🕐週二至週五11:00~15:00、18:00~22:30，週六和週日11:00~22:30。🚫週一 💲 💲 🌐www.thecoconutclub.sg

各位觀眾，新加坡唯一的世界遺產就在這裡！

這座佔地82公頃的植物園散落著天然原始森林和熱帶花園，是尋找綠意的最佳散步去處。

©Singapore Botanic Gardens

造訪新加坡植物園理由

1. 新加坡唯一的世界遺產
2. 可以看到包括新加坡國花在內的500多種蘭花
3. 鄰近的登普西山與荷蘭村，都是時髦的尋味地點

新加坡河北岸：新加坡植物園

植物園裡隨處可見藝術雕塑，像是位於草地的這尊「鞦韆上的女孩」，就是相當有趣的作品，其雕刻者為Sydney Harpley，豎立於1984年。

◎ 搭乘地鐵環線／濱海市區線至植物園站(Botanic Gardens, CC19/DT9)，走出口A即達植物園西北角的武吉知馬門(Bukit Timah Gate)，那裡距離雅各巴拉斯兒童花園與草藥園較近。
◎ 如果你只想看國家胡姬花園，可以搭乘地鐵湯申-東海岸線至納比雅站(Napier, TE12)，走出口1，可從Tanglin Gate入園，這裡距離國家胡姬花園較近
◎ 搭乘地鐵南北線至烏節站(Orchard, NS22/TE14)，再轉搭地鐵湯申-東海岸線在納比雅站(Napier, TE12)下車。

至少預留時間
半天

ⓘ
🏠1 Cluny Rd
📞6471-7138
🕐植物園05:00~00:00
💲植物園免費
🌐www.nparks.gov.sg/sbg

MAP P.139 B1B2

新加坡植物園
Singapore Botanic Gardens

　　2015年7月4日，新加坡植物園被正式列入世界遺產名錄。植物園的歷史可追溯到1822年，對植物學頗有造詣的萊佛士在福康寧設置一座植物試驗園，到了1859年，主導的農業園藝協會在東陵獲得一塊土地，植物園於焉正式成立。

　　除了提供市民休閒外，植物園還肩負更實用的任務，就是收集、培育各種植物，改良出對農業有助益的品種。最有名的例子是橡膠，1877年以前馬來半島是沒有橡膠樹的，這種原產於南美的樹種，經由英國皇家植物園傳到了新加坡，就在這裡繁殖成功，如今馬來西亞已成為世界重要的橡膠輸出大國。

　　當然，多數遊客來這裡不是為了看橡膠樹，今日新加坡植物園以全球最大的蘭花收藏著稱，而新加坡的國花正是卓錦萬代蘭，許多人是為了國家胡姬花園而來。

植物園西南角的天鵝湖(Swan Lake)，因為一對來自阿姆斯特丹的疣鼻天鵝而得名。

交響樂湖(Symphony Lake)的名字不是喊假的，湖上的舞台真的經常舉辦交響樂音樂會。

園內有40多棵樹齡約150歲的香灰莉樹(Tembusu)，每年花季(5~6月、10~11月)綻放的乳白色花朵，日落時分會散發出濃郁花香。

1998年為了慶祝新遊客中心落成而設立的這座鐘塔，於2014年被搬到了胡姬廣場上，成為進入國家胡姬花園前的地標物。

🔊

需要幫忙嗎？到遊客中心就對了
植物園裡有4個遊客中心，分別位於東陵門附近、那森門附近、國家胡姬花園和雅各巴拉斯兒童花園。如果你需要遊覽諮詢、更詳細的地圖(咳咳⋯如果你覺得我拼老命畫的地圖還不夠的話⋯)，或是其他方面的協助，都可以去找他們。開放時間是每日**08:00~17:30**。

跟著導覽員 \ 不再只是走馬看花 /

植物園每個星期六都會有專人導覽行程，而且任何人都可以**免費**參加，行程資訊如下：

日期	導覽時間	導覽地點	報名地點
每月第1個週六	09:00、10:00	草藥園	那森門遊客中心
	09:00、10:00(中文)、16:00	雨林	那森門遊客中心
每月第2個週六	10:00	世界遺產博物館等各藝廊	東陵門遊客中心
每月第3個週六	09:00、10:00(中文)、11:00、16:00	國家胡姬花園(需購票)	那森門遊客中心
每月第4個週六	10:00	歷史遺跡導覽	東陵門遊客中心

＊每月導覽主題和時間易有變動，請以官網為準。

掌握四季如夏的花期

新加坡一年四季如夏，因此不管你在哪一個月份過來，這裡都有滿滿的花可以看。若是想看新加坡國花卓錦萬代蘭，全年都有機會，尤以秋、冬最為盛開。

帶齊裝備

植物園佔地遼闊，如果想每個角落都去看看，可有的走了，因此建議你穿雙好走的鞋。由於草木繁盛，又有幾個大湖塘，這裡的蚊蟲也不少，不想被叮得滿身包，就別忘了噴防蚊液。另外，水分的補充很重要，記得帶上你的水壺，園裡很多地方都有飲水機供遊客裝水，如果沒有水壺，去販賣機買飲料也行。

選對地鐵站和園區入口

國家胡姬花園是植物園的大重點，最近的路線是從東陵門進出，不少人在逛完植物園後會走到登普西山去找東西吃。不論是從東陵門還是登普西山，都可以從鄰近的納比雅站(Napier, TE12)搭地鐵回烏節路或市區。

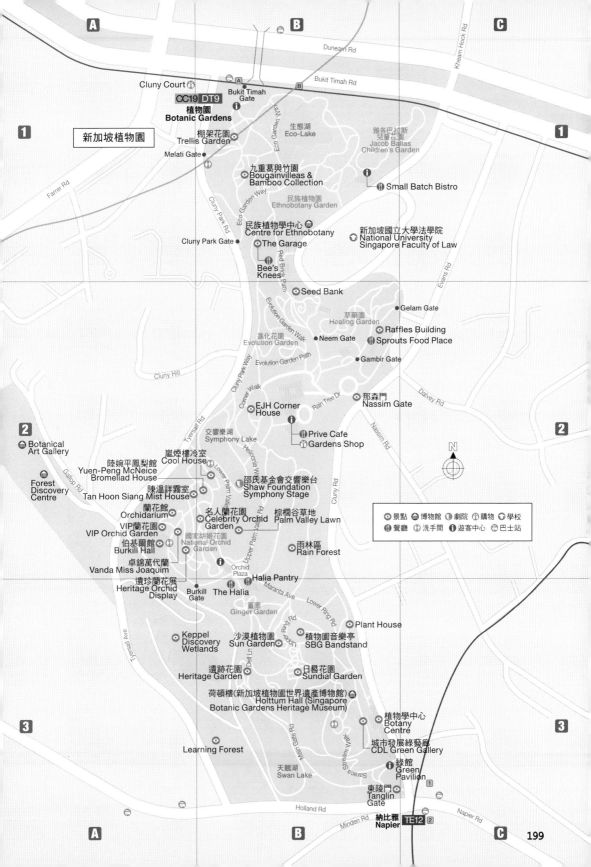

A B C

Dunearn Rd

Bukit Timah Rd

Kheam Hock Rd

Cluny Court

Bukit Timah
Gate

CC19 **DT9**
植物園
Botanic Gardens

新加坡植物園

1

生態湖
Eco-Lake

雅各巴拉斯
兒童花園
Jacob Ballas
Children's Garden

棚架花園
Trellis Garden

Melati Gate

九重葛與竹園
Bougainvilleas &
Bamboo Collection

Small Batch Bistro

民族植物園
Ethnobotany Garden

Farrer Rd

Eco Garden Way

Cluny Park Rd

民族植物學中心
Centre for Ethnobotany

Cluny Park Gate

The Garage

新加坡國立大學法學院
National University
Singapore Faculty of Law

Bee's
Knees

Red Brick Path

Evans Rd

Seed Bank

Evolution Garden Walk

草藥園
Healing Garden

Gelam Gate

進化花園
Evolution Garden

Neem Gate

Raffles Building

Sprouts Food Place

Cluny Hill

Evolution Garden Path

Cluny Park Way

Gambir Gate

Corner Walk

Rain Tree Dr

那森門
Nassim Gate

Dalvey Rd

2

Botanical
Art Gallery

EJH Corner
House

交響樂湖
Symphony Lake

Prive Cafe

Gardens Shop

Nassim Rd

N

2

Forest
Discovery
Centre

Gallop Rd

嵐煙樓冷室
Cool House

陸婉平鳳梨館
Yuen-Peng McNeice
Bromeliad House

Tyersall Rd

Lower Palm Valley Rd

陳溫詳霧室
Tan Hoon Siang Mist House

邵氏基金會交響樂台
Shaw Foundation
Symphony Stage

棕櫚谷草地
Palm Valley Lawn

Cluny Rd

景點   博物館   劇院   購物   學校
餐廳   洗手間   遊客中心   巴士站

蘭花館
Orchidarium

VIP蘭花園
VIP Orchid Garden

名人蘭花園
Celebrity Orchid
Garden

Upper Palm Valley Rd

Heliconia Walk

伯基爾館
Burkill Hall

國家胡姬花園
National Orchid
Garden

雨林區
Rain Forest

卓錦萬代蘭
Vanda Miss Joaquim

遺珍蘭花展
Heritage Orchid
Display

Orchid
Plaza

Halia Pantry

Burkill
Gate

The Halia

Maranta Ave

Lower Ring Rd

薑園
Ginger Garden

Plant House

3

Tyersall Ave

Keppel
Discovery
Wetlands

Ring Rd

沙漠植物園
Sun Garden

Dell Ln

植物園音樂亭
SBG Bandstand

3

遺跡花園
Heritage Garden

日晷花園
Sundial Garden

荷頓樓(新加坡植物園世界遺產博物館)
Holttum Hall (Singapore
Botanic Gardens Heritage Museum)

Main Gate Rd

植物學中心
Botany
Centre

城市發展綠藝廊
CDL Green Gallery

Learning Forest

天鵝湖
Swan Lake

Saraca Stream Walk

綠館
Green
Pavilion

東陵門
Tanglin
Gate

Holland Rd

Minden Rd

納比雅
Napier **TE12**

Napier Rd

199

拈花惹草，這正是你在新加坡植物園該做的事。

MAP
P.199
A2B2

國家胡姬花園
National Orchid Garden

如何前往

◎ 距東陵門約800公尺

◎ 距武吉知馬門約1.4公里

info

🕐 每日08:30~19:00 (最後入園時間18:00)

💲 成人15元，60歲以上3元，12歲以下免費。

　胡姬就是蘭花，也就是英文Orchid以福建話來發音。新加坡培育混種蘭花的歷史悠久，打從安妮絲卓錦小姐以卓錦萬代蘭揚名立萬起，新加坡人就相當熱中此道。1928年，植物園開啟了蘭花培植計劃，時至今日，園內已有超過1千種純種蘭花與2千多種混種蘭花，種類之多全球居冠。這些混種蘭花堪稱是園藝學家的藝術品，由於聲名遠播而成了新加坡的親善大使，作用有如中國的貓熊。

　在VIP蘭花園裡，收藏著最卓越的品種，並冠以重要貴賓的名字，如柴契爾夫人、明仁天皇、潘基文夫婦等，以榮耀這些人的貢獻。至於其他來訪名人則有另一處「名人蘭花園」收藏，包括周迅、孫燕姿、裴勇浚等都蘭上有名。

嵐煙樓冷室模擬熱帶地區高海拔的雲霧林環境，包括亞、非、中南美洲的原生蘭花特有種，當中也有造型古怪的特有種。除了蘭花，也有不少豬籠草等食肉植物。

陸婉平鳳梨館是園裡唯一不是展示蘭花的地方，擁有超過200種鳳梨屬植物，大多來自美國的苗圃。

伯基爾館在1969年之前是植物園園長的住所，位於園內的制高點，可飽覽胡姬花園、雨林區、棕櫚谷。

陳溫詳霧室展示胡姬園的稀有種或得獎蘭花，這裡的蘭花擁有奇特香氣，甚至也有散發臭味的怪品種，因為它們是靠著蠅授粉的緣故。

名人蘭花園裡的蘭花

石斛蘭
大陸女星：周迅

萬代蘭
寶萊塢一哥：沙魯克罕

石斛蘭
新加坡歌手：孫燕姿

苞舌蘭
黑猩猩專家：珍古德

石斛蘭
資深歐巴：裴勇浚

DiD YOU KnoW

關於卓錦萬代蘭 Vanda Miss Joaquim的兩三事

◎ 卓錦萬代蘭是由虎克萬代蘭與棒葉萬代蘭混交出的品種。

◎ 其名字來自亞美尼亞裔園藝家安妮絲卓錦小姐(Agnes Joaquim)，但至今仍無法確定她是無意發現還是有意培育出新品種。

◎ 卓錦萬代蘭最早出現在文獻上，是1893年新加坡植物園園長的描述。

◎ 1899年安妮絲卓錦小姐以卓錦萬代蘭拿下當年花卉競賽冠軍，可惜三個月後就因癌症病逝。

◎ 1981年4月15日，卓錦萬代蘭在40多種花卉中脫穎而出，被選為新加坡的國花。理由是她充滿生氣的顏色、端莊含蓄的氣質，以及堅韌不拔的特性，都與新加坡精神相似。

◎ 近期研究發現，卓錦萬代蘭的父、母株，其實都屬於鳳蝶蘭屬，因此學界已將其學名改為「卓錦鳳蝶蘭」(Papilionanthe Miss Joaquim)，不過一般人完全沒有理由知道這項更正。

◎ 卓錦萬代蘭四季開花，花序最多可達12朵。

形形色色的薑，有的生著驚人的大葉子，有的開著美麗的薑花，原來薑不僅能為菜餚提味去腥，更可以賞心悅目。

 MAP P.199 B3 薑園
Ginger Garden

如何前往

◎ 距東陵門約800公尺

◎ 距武吉知馬門約1.4公里

info

🕐 每日08:30~19:00 (最後入園時間18:00)

💲 成人15元，60歲以上3元，12歲以下免費。

薑園裡瀑布背後的亞馬遜睡蓮池，宛如世外桃源般恬靜。

沒想到薑這種植物居然可以擁有自己的一片花園，而且薑科植物竟然超過250個品種。原本薑對你來說，可能只是那經常出現在雞湯裡，讓人誤以為筍片而一口咬下的辛辣物體，不過這座薑園卻能令你對薑從此改觀，原來薑也是美麗的植物。

 **MAP P.199 B3** 世界遺產博物館
SBG Heritage Museum

如何前往

◎ 距東陵門約450公尺

◎ 距武吉知馬門約1.9公里

info

🕐 09:00~18:00 🚫 每月最後1個週一 💲 免費

博物館位於1921年建成的荷頓樓(Holttum Hall)內，這裡從前是園長辦公室與實驗室。

新加坡植物園何以成為世界文化遺產，就讓這間博物館來告訴你答案。館內利用歷史照片、文物、標本、植物繪畫與珍罕書籍，向遊客娓娓道來這一路的發展過程。其中不乏觸碰式螢幕的互動展示，若你聽到一個老邁的聲音，那是第一任園長Henry N. Ridley在100歲生日時的口述錄音檔。

前園長Eric Holttum在1925至1949年，就在這裡研究蘭花的培育技術。

新加坡獨步全球的蘭花植栽技術與歷史，在這裡有全方位的展示。

Halia

融合料理

must eat!
新加坡風辣椒蟹
蟹義大利麵26元
平日套餐55元起
推薦菜

Halia即馬來文「薑」的意思，餐廳雖非全部都是薑料理，但許多菜的確都有薑的影子。因為薑味道強烈，要能善用薑的特性，才不致搶了主菜風采。

高大的棕櫚樹將餐廳圍繞，隱身在林木間，十分清涼；木頭搭出的戶外平台，到了晚上只有稀微燈光、燭光和月光，映照著用餐的人影，更有情調。

🗺P.199B3 ◎ 距東陵門約800公尺 ◎ 距東陵門約650公尺 ☎8444-1148 ◎午餐：12:00～15:00，晚餐：18:00~20:30。 💲$$$ 🌐www.thehalia.com

---

◉ **MAP P.199 B2** 草藥園
Healing Garden

草藥園平和寧靜，給人放鬆和療癒的感覺，似乎連靈魂都獲得了沉澱。

如何前往

◎ 距東陵門約1.6公里
◎ 距武吉知馬門約850公尺

info

⏰05:00~19:30 🚫週二 💲免費

草藥園佔地2.5公頃，種植400多種東南亞地區的藥用植物。這裡植物的分區很有意思，是依照對身體各部位的療效來規劃，譬如呼吸系統、消化系統、生殖系統等。在這麼多藥草包圍下，即使沒有真的接受治療，也好像變得健康了，大概是出於心理作用吧……

◉ **MAP P.199 B2** 進化花園
Evolution Garden

如何前往

◎ 距東陵門約1.7公里
◎ 距武吉知馬門約750公尺

這座1.5公頃的小花園，展示了地球自盤古以來的植物演化進程，這一區的植物以樹蕨和蘇鐵為主，進入這片原始叢林，彷彿回到了侏儸紀時代。

在電影裡，如果是在這場景大概有87%的機率會有恐龍衝出來。

如果恐龍時代有魔戒，這些大概就是恐龍版的樹人。

E J H Corner House

法式料理

這棟殖民時期的老房子建於1910年，當時是副園長E J H Corner（1929~1945）的居所，他是研究熱帶植物的專家。如今老房子改為高級法式餐廳Roia，行政主廚帶著個人豐富的背景故事為靈感，以經典法菜的烹調手法為基礎，結合當季有機食材，從園內採集藥草和花卉入菜，讓植物園不只是踏青之處，更躋身美食聖地。

🗺P.199B2 ◎ 距東陵門約1.3公里 ◎ 距武吉知馬門約1公里 ☎8908-1705 ◎週四至週日午餐12:00~15:00，週三至週日晚餐18:00~23:30 🚫週一和週二 💲$$$$$ 🌐www.roia.sg

must eat!
3道式套餐
118元起
5道式套餐
158元起
推薦菜

🔊 **在植物園賣RISIS的蘭花飾品，也是很合理的**
新加坡飾品名牌RISIS在植物園內有3間店，分別位於國家胡姬花園、東陵門遊客中心與那森門遊客中心。展售的紀念品以胡姬花首飾最璀璨奪目，一共精選50多種花朵，先裹上銅衣保存胡姬原有構造，接著包上一層鎳，再鍍上24K金，就完成朵朵獨一無二的飾品，最後再設計加工為項鍊、戒指、耳環、別針等，創意與技術皆令人讚嘆。

⏰08:30~14:30、15:30~19:00 🌐www.risis.com

©RISIS

離開植物園後,還可以去哪些地方?

MAP
P.205
E2F2

登普西山
Dempsey Hill

如何前往

◎ 搭乘接駁巴士(Shuttle Bus)

◎ 從植物園:在東陵門(Tanglin Gate, Botany Centre)和那森門(Nassim Gate, Visitor Centre)的站牌上車,搭至登普西山的Blk 8D站或Blk 13站下車。

◎ 從烏節路:在偉樂坊 (Wheelock Place) 旁邊的戶外停車場設有站牌。

◎08:45~20:30,每30~60分鐘一班。時刻表時有變動,請上網確認。

◎ 搭乘地鐵湯申-東海岸線至納比雅站(Napier, TE12),走出口2,可步行前往登普西山東側。

info

🌐www.dempseyhill.com

登普西山原為英軍駐紮營地,獨特的殖民地木造營房,頗得幾許愜意情調。由於四周環繞著高級住宅,因而進駐不少特色餐廳、酒吧、藝廊等,均以高格調的裝潢和服務,吸引人前來享受慵懶悠閒的下午。

©Dempsey Hill

這座造型奇趣的水池,便是登普西山象徵性的地標。

登普西山分為Dempsey Cluster、Minden Cluster、Loewen Cluster三個區域,範圍並不算小。

MAP
P.205E2

Margarita's
墨西哥料理

🚌在Dempsey Hill Blk 13站牌下車,步行可達。 🏠Blk 11, Dempsey Rd, #01-19 ☎6471-3228 🕐11:30~22:30 💲$$ 🃏www.margaritasrestaurante.com

must eat!
雞肉沙拉
22元起

店內所有傢俱擺飾不惜千里從墨西哥運來,只為重現原汁原味的墨西哥風情。來到這裡,不可錯過碎肉番茄檸檬泥拌Quesillo白乳酪、包裹在酥脆餅皮內的雞肉沙拉,以及鮮蝦Picadidas。餐後啜飲一杯龍舌蘭酒特調檸檬的Blue Margarita's,勁辣滋味瞬間通暢全身!

MAP
P.205E2

Samy's Curry
印度料理

🚌在Dempsey Hill Blk 13站牌下車,步行5分鐘可達。 🏠25 Dempsey Rd ☎6472-2080 🕐11:00~15:00、18:00~22:00 🚫週二 💲$$ 🃏www.samyscurry.com

這是新加坡奧運首金得主史庫林的愛店,開業於1963年。在此可享用最道地的印度美食,招牌的咖哩魚頭幾乎桌桌必點,豐盈的香氣引人食慾,濃郁湯汁中還有茄子、秋葵等蔬菜,辣勁十足。此外也推薦咖哩雞Masala Chicken,雞肉燉煮軟嫩入味,香辣中帶著微微甜味,絕妙的口感與調味讓人回味無窮。

must eat!
咖哩魚頭
25元起
咖哩雞7元

203

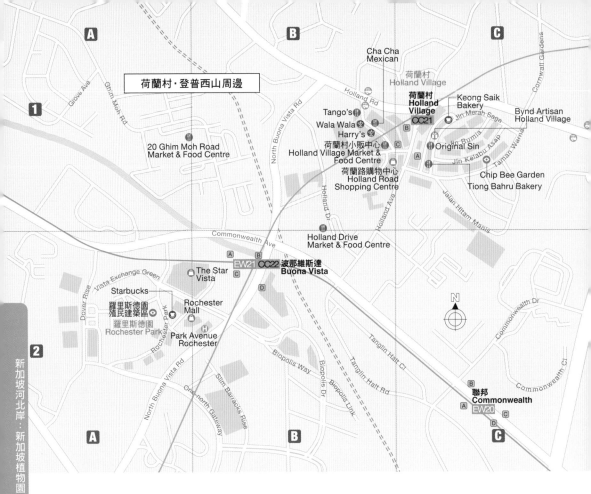

荷蘭村・登普西山周邊

A | B | C

1

Cha Cha Mexican
荷蘭村 Holland Village
Hollandrd
荷蘭村 Holland Village CC21
Keong Saik Bakery
Bynd Artisan Holland Village
Tango's
Wala Wala
Harry's
荷蘭村小販中心 Holland Village Market & Food Centre
荷蘭路購物中心 Holland Road Shopping Centre
Original Sin
Jin Merah Saga
Jin Kelabu Asap
Chip Bee Garden
Tiong Bahru Bakery
Jalan Hitam Manis

20 Ghim Moh Road Market & Food Centre
North Buona Vista Rd
Holland Dr
Holland Ave

Commonwealth Ave
Holland Drive Market & Food Centre

EW21 CC22 波那維斯達 Buona Vista

The Star Vista
Starbucks
羅里斯德園殖民建築區
羅里斯德園 Rochester Park
Park Avenue Rochester
Rochester Mall

Vista Exchange Green
Dover Rise
Rochester Park
North Buona Vista Rd
One-north Gateway
Slim Barracks Rise
Biopolis Way
Biopolis Dr
Biopolis Link
Tanglin Halt Rd
Tanglin Halt Cl

N

Commonwealth Dr
Commonwealth Ct

聯邦 Commonwealth EW20

2

A | B | C

新加坡河北岸：新加坡植物園

| MAP P.205F2 | Open Farm Community 香草農場料理 |

時令蔬菜拼盤 22元起、午間套餐42元起 推薦菜

🚇距Napier站出口2約450公尺 🏠130E Minden Road ☎6471-0306 🕐午餐：週一至週五12:00~15:00，晚餐：每天18:00~23:00，Brunch：週六和週日11:00~16:00。 💲$$ 🌐www.openfarmcommunity.com

這是新加坡首家結合城市農場的概念餐廳，以自家後院的香草和植物入菜，透過各式天然香料調味，端出賞心悅目的健康佳餚，曾獲得MICHELIN Plate的榮譽肯定。推薦時令蔬菜拼盤或烤花椰菜拼盤，以及烤雞腿、烤魚和牛肉等。這裡也推出導覽之旅，在農場專家帶領下參觀蔬菜果園，與食物重新建立連結。

| MAP P.205E2 | 冰淇淋博物館Museum of Ice Cream 博物館 |

🚇在Loewen Gardens(Blk 75E)站牌下車，步行可達。 🏠100 Loewen Road Dempsey Hill 🕐週四至週日10:00~21:00，週一和週三10:00~18:00。 ⓧ週二 💲週一至週五每人37元，週六和週日每人43元。12歲以下需有成人陪伴才能入場，2歲以下免費。可事先上網預訂門票和時段。 🌐www.museu-moficecream.com/singapore

從紐約掀起熱潮，在新加坡開設亞洲首家分館，希望透過冰淇淋喚醒兒時回憶。全館擁有10多個主題空間，放眼所及都是粉紅色，包括磁鐵字母牆、跳跳氣墊床、拱型走廊、掛滿香蕉的叢林隧道，以及鋪滿上萬個巧克力條的糖果池等，讓人童心大發。值回票價的是，沿途會陸續遇上多個冰淇淋攤位，口味選擇多樣，可免費吃到飽。

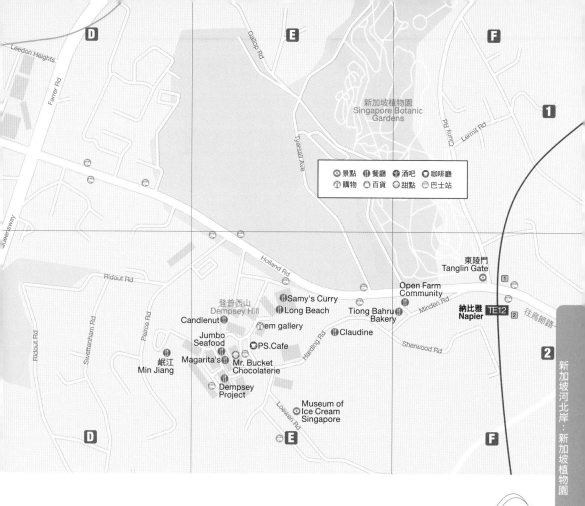

新加坡植物園
Singapore Botanic Gardens

◎ 景點	🍴 餐廳	🍷 酒吧	☕ 咖啡廳
🎁 購物	🏬 百貨	🍰 甜點	🚌 巴士站

Leedon Heights
Farrer Rd
Galllop Rd
Lermit Rd
Cluny Rd

Queensway
Tyersall Ave
Holland Rd

東陵門
Tanglin Gate
Open Farm Community
Ridout Rd
Peirce Rd
Swettenham Rd
登普西山
Dempsey Hill
Samy's Curry
Long Beach
Tiong Bahru Bakery
Minden Rd
納比雅 Napier TE12
往烏節路

Candlenut
nem gallery
Claudine
Sherwood Rd

Jumbo Seafood
PS.Cafe
Harding Rd

岷江
Min Jiang
Magarita's
Mr. Bucket Chocolaterie

Dempsey Project

Loewen Rd
Museum of Ice Cream Singapore

MAP P.204 B1C1

荷蘭村
Holland Village

如何前往

◎ **從植物園**：在東陵門斜對面的公車站(Opp S'pore Botanic Gdns，13011)，搭乘7、77號公車至Holland Village站(11261)下車，或搭106號公車至Holland Village Stn站(11419)即達。

◎ **從市區**：搭乘地鐵環線至荷蘭村站(Holland Village, CC21)即達。

荷蘭村由於環境清幽，遠離市區的擁擠喧囂，因此特別受到歐美旅居人士的青睞，區內洋溢著異國氛圍。除了住在本地的居民外，在荷蘭村的街道上也可看到不少外來觀光客，他們來到這個住宅區的目的只有兩個，那就是追求傳說中的美食和

Lorong Mambong靠近Holland Rd的一端，是荷蘭村夜店的聚集地，成排的酒吧、咖啡屋及餐廳，各類音樂在街道迴響，散發一股奇異魅力。

在Lorong Mambong上有許多中價位餐廳，不少新加坡知名連鎖餐飲店都是從這一帶發跡的。

©新加坡旅遊局

本土設計小店，以及享受遠離市中心的夜生活！

位於Holland Ave的荷蘭路購物中心，從古玩、雜貨、手工藝、二手書、陶瓷器到各種服飾店等，懷舊與現代並存，適合尋寶。

荷蘭村小販中心販賣在地風味小吃，攤位種類繁多，價格親民，適合想省錢的旅客。

| MAP P.204C1 | 恭食烘焙坊Keong Saik Bakery 甜點咖啡店 |

must eat! Sor Hei 5.5元起、丹麥酥4.8元起、咖啡3.8元起

📍距Holland Village站出口A約250公尺 ⏰44 Jalan Merah Saga #01-42, Chip Bee Gardens ☎9145-8891 ⏱週一至週五08:30~19:00，週六與週日08:00~18:00。 💲 $ 🌐www.keongsaikbakery.com

2017年在牛車水的恭錫路（Keong Saik Road）開業，以早期華人移民的時代為背景，向聚集在此的媽姐們致敬，因而推出甜酥麵包「Sor Hei」，粵語是「梳起」的意思，外形宛如媽姐們宣示終身不嫁時所梳起的優雅髮髻，外脆內軟，成為鎮店招牌。而後搬遷至此，白色的老房子舖以復古地磚，提供蛋糕、瑞士捲、丹麥酥、焦糖奶油酥捲等，搭配茶或咖啡，享受片刻的懷舊氛圍。

| MAP P.204B1 | Wala Wala Café Bar 酒吧 |

📍距Holland Village站出口B約250公尺 ⏰31 Lorong Mambong ☎6462-4288 ⏱16:00~01:00(週六延至02:00) 💲 $ $ 🌐www.walawala.sg

must eat! 啤酒一杯13元起、雞翅14元起、披薩12元起

Wala Wala開設於1993年，是荷蘭村歷史悠久的老牌酒吧。1樓設為用餐區與露天咖啡座，可以觀賞電視播放的球類賽事，一邊品嚐薄皮披薩、義大利麵、沙拉、雞翅、辣番茄奶油醬牛肉丸，或乾脆來一份啤酒套餐，讓心情隨著店裡的音樂搖擺飛揚。

| MAP P.204C1 | Bynd Artisan 文具皮革精品 |

📍距Holland Village站出口A約200公尺 ⏰44 Jalan Merah Saga #01-54, Chip Bee Gardens ☎6475-1680 ⏱10:00~20:00 🌐www.byndartisan.com

本土品牌Bynd Artisan創立於2014年，幕後推手Winnie和James夫妻檔，繼承了祖父1940年代開設的書籍裝訂廠，堅持以工匠精神打造個性化的紙製品和皮革用具，並定期舉辦工作坊。陳列架上擺滿筆記本的皮製封面和配件小物，提供自行搭配組裝個人專屬的筆記本，也展售提袋、皮包、帽子、名片夾等皮製商品，現場還有資深工匠能在商品上以鉛字排版，為客人印上名字。

| MAP P.204C1 | Original Sin 素食地中海料理 |

📍距Holland Village站出口A約150公尺 ⏰43 Jalan Merah Saga #01-62, Chip Bee Gardens ☎6475-5605 ⏱11:30~14:00、18:00~22:30 💲 $ $ $ 🌐www.originalsin.com.sg

這是提供素食的地中海料理餐廳，1997年開業，烹調方式涵蓋北非、希臘、土耳其與南歐的特色，強調天然健康的飲食概念，採用新鮮蔬果食材，佐以美酒、香草及香料，調理成清淡養生的餐點，從前菜、沙拉、主菜、披薩到義大利麵、甜品等，一應俱全。

must eat! 義大利麵30元起、沙拉20元起

順遊羅里斯德園的黑白屋

被當地人稱為「黑白屋」的羅里斯德園（Rochester Park），原是建於1920年代的英國軍官官邸，坐落於綠意林蔭中，充滿歐洲殖民風情。自2005年起，這些老建築經過整修後，不少餐廳先後在此開設，比如星巴克、Rochester Cafe等。鄰近也有大型購物中心和飯店，形成獨具魅力的休閒去處。

🗺P.204A2 🚇乘地鐵東西線在「Buona Vista」站下車，走出口C，沿North Buona Vista Rd.南行可達。

就算地鐵到不了，還是要勇往直前地走一遭！

其他區域
Other Areas

萬態野生動物世界
新加坡動物園　　　烏敏島
　　　　　　　　　　星耀樟宜
武吉知馬自然保護區

加東．東海岸

其他區域？為什麼會有這種分區？各位看倌，先別驚慌，這純粹是一本書做到最後，難免有些遺珠之憾，如果捨棄不放，可能會有讀者要大聲疾呼：這本書真夠遜，連這麼重要的景點都沒有？不瞞您說，小編甚是玻璃心，禁不起這種批評，因此特別開了這樣的分區，好讓這些景點有個歸宿。

位於新加坡東南海岸馬林百列的加東區、新加坡中北部實里達蓄水池上段旁的萬態野生動物世界，都是錯過可惜的景點，前者聚集了最道地的娘惹美食與文化，後者擁有世界首座夜間動物園；最後再將搭機回國前必逛的星耀樟宜收納進來。

不過有幾個景點沒有地鐵可以直達，必須轉搭公車，好家在，你買了這本書，該怎麼去，我們來告訴你！

從視覺到味覺，新加坡沒有比加東地區更⋯⋯的地方了！

色彩綺麗的坤成路洋房，直可與舊金山的阿拉莫廣場相比擬，若將其形容為「東方的彩繪少女」，應該很是貼切。

其他區域：加東

◎ 搭乘地鐵湯申-東海岸線至馬林百列站(Marine Parade, TE26)，可步行前往加東和東海岸。
◎ 搭乘地鐵東西線或環線至巴耶利峇站(Paya Lebar, EW8/CC9)，沿如切路步行約2公里可達東海岸路。
◎ 搭乘公車：從禧街(Hill St.)或余東旋街(Eu tong Sen St)的站牌，搭乘12或32號公車，在東海岸路的Opp Roxy Sq站(92111)，或Opp The Holy Family Ch站(92121)下車，可步行前往各景點。

至少預留時間
只逛加東區：2小時
還要去東海岸公園騎車：4小時

🍴 👕 👁 MAP P.004 C2 加東
Katong

1920年代，由於港務貿易興盛，土生華人多半經商致富，紛紛將平房改建為樓層洋房，而早期靠海的加東佔了地利之便，逐漸成為土生華人聚集的大本營，其獨特的建築與飲食文化強烈影響了加東地區，包括將芽籠士乃和加東垂直串連的如切路。

從加東往南走，穿過馬林百列(Marine Parade)社區可抵達東海岸公園，這裡擁有綿延沙灘和15公里長的濱海林蔭大道，是新加坡居民熱愛的休閒去處，也是情侶約會的好地方。地鐵湯申-東海岸線在馬林百列設有車站，通車後，無論前往加東或東海岸公園，對觀光客來說更加便利。

造訪加東理由

1 大部分遊客來這裡，還是為了吃娘惹菜與南洋美食

2 到東海岸路上逛逛土生華人的藝品小店

3 去東海岸公園騎自行車，消耗連日來的卡路里

怎麼玩加東才聰明？

列好吃逛清單直接殺過去

加東區是個吃東西的地方，幾乎各類型的南洋小吃都可在此一網打盡，因此可別在第一家店就吃飽了，留點肚子多吃幾家，才不枉費專程坐車來這一趟。

租單車要帶護照

如果真的吃太飽，需要消化一下，乾脆下午去東海岸公園騎個單車，動一動，晚上還可以再吃好幾碗。但是記得出門要帶上護照，因為租車要押證件，沒證件，你就只能慢跑了。

提前預約娘惹文化導覽

對於娘惹文化有興趣的人，不妨提前預約導覽(需付費)，可參觀土生華人建築、家具服飾陳列收藏、認識娘惹飲食文化。

避開中午最熱的時段

中午12點到下午3點紫外線最強，這段時間盡量找餐館或咖啡廳坐坐，等太陽小一點再去看洋樓建築或從事戶外活動。

加東區的精華就在東海岸路與如切路上，成排盡是琳琅滿目的店屋，就算不逛裡面的店家，光是建築物本身就很有看頭。

手工精巧的珠繡鞋，永遠是土生華人店裡最奪目的主角。

純手工縫繡的娘惹傳統服飾，在東海岸路上的店鋪可買到。

其他區域：加東

209

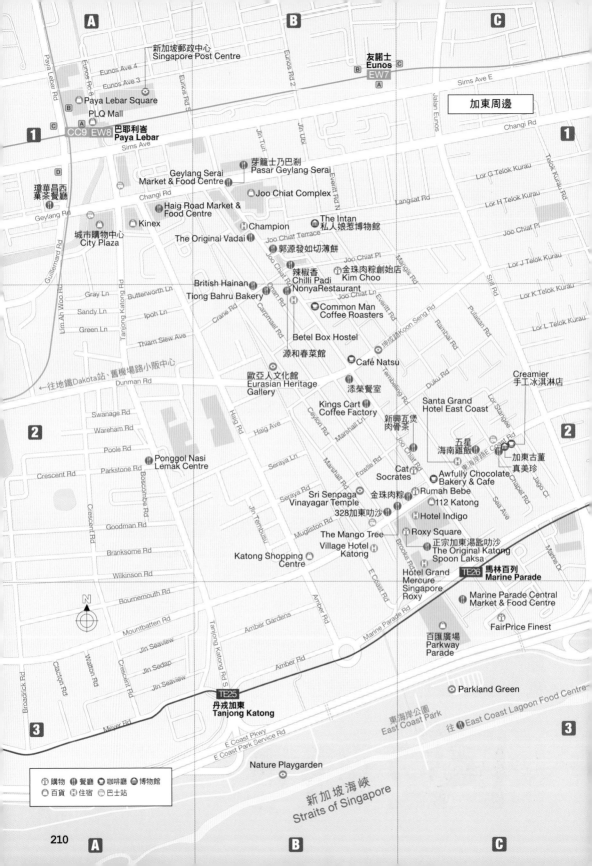

新加坡郵政中心
Singapore Post Centre

友諾士
Eunos
EW7

加東周邊

Paya Lebar Square
PLQ Mall

巴耶利峇
Paya Lebar
CC9 EW8

Sims Ave

瓊華昌西
菓茶餐廳

芽籠士乃巴刹
Pasar Geylang Serai

Geylang Serai
Market & Food Centre

Joo Chiat Complex

Haig Road Market &
Food Centre

城市購物中心
City Plaza

Kinex

Champion

The Intan
私人娘惹博物館

The Original Vadai

郭源發如切薄餅

辣椒香
Chilli Padi
NonyaRestaurant

金珠肉粽創始店
Kim Choo

British Hainan
Tiong Bahru Bakery

Common Man
Coffee Roasters

Betel Box Hostel

源和春菜館

Café Natsu

歐亞人文化館
Eurasian Heritage
Gallery

添榮餐室

Santa Grand
Hotel East Coast

Creamier
手工冰淇淋店

Kings Cart
Coffee Factory

新興瓦煲
肉骨茶

五星
海南雞飯

加東古董

真美珍

Ponggol Nasi
Lemak Centre

Cat
Socrates

Awfully Chocolate
Bakery & Cafe

Sri Senpaga
Vinayagar Temple

金珠肉粽

Rumah Bebe

112 Katong

328加東叻沙

Hotel Indigo

The Mango Tree

Roxy Square

Village Hotel
Katong

正宗加東湯匙叻沙
The Original Katong
Spoon Laksa

Katong Shopping
Centre

Hotel Grand
Mercure
Singapore
Roxy

馬林百列
Marine Parade
TE26

Marine Parade Central
Market & Food Centre

FairPrice Finest

百匯廣場
Parkway
Parade

Parkland Green

丹戎加東
Tanjong Katong
TE25

東海岸公園
East Coast Park

East Coast Lagoon Food Centre

Nature Playgarden

新加坡海峽
Straits of Singapore

購物   餐廳   咖啡廳   博物館
百貨   住宿   巴士站

加東的土生華人文化，無論建築、工藝還是甜點、菜餚，都很華麗。

MAP P.210 B2

坤成路
Koon Seng Road

如何前往

◎ 從East Coast Rd沿Joo Chiat Rd往北走約550公尺即達

　　這一帶曾是土生華人富商的居住地，從牆面裝飾的氣派與華麗，不難想見他們的生活是何等優渥。和店屋相同的是，這些洋房也都具備中國、馬來與歐式的混合風格，構造出既衝突又和諧的平衡美感。

加東區最令人驚豔的土生華人住宅，就位於如切路與Tembeling Rd之間的坤成路上。

牆面漆上不同的顏色，大都是素雅的粉色系或亮色系，給人既繽紛又雅致的印象。

外牆上的大紅牡丹磁磚，圖案象徵榮華富貴，而動物圖形代表對美好生活的各種想望。

每戶門前都自有庭院，結構較為寬敞，雕飾更加細緻，是它們與店屋最大的不同之處。

must eat!
娘惹粽 5.5元起
迷你娘惹粽 2.5元起
推薦菜

金珠肉粽
娘惹肉粽店

🏠 **109/111 E. Coast Rd**

位於東海岸路的「金珠」販售粽子和各式娘惹糕餅，娘惹粽與中華粽雖出同源，但用料做法不同，口味也有差異。娘惹粽內餡的豬肉先用香料調味，加上冬瓜粒，在糯米包覆下，可吃出甜、鹹、辣等混合滋味，再以香蘭葉包裹，散發淡淡清香。

📍P.210C2　🚇距Marine Parade站出口3約400公尺　☎6741-2125　🕐每日10:00~22:00　💲$　🌐www.kimchoo.com

金珠創立於1945年，創始人李金珠自幼學習娘惹廚藝，婚後為了改善經濟而擺起肉粽攤，沒想到就賣出了名堂。

📢 **新加坡旅客詢問中心就在金珠喔!**

除了肉粽賣場，金珠的1樓側間展售娘惹服飾精品，並設有新加坡旅客詢問中心，提供旅遊訊息、免費Wifi、各種徒步導覽之旅、代售票券、販售紀念品。2樓附設小型娘惹文化展示館，不定期開設各種珠繡手作課程和導覽活動。

🕐09:00~21:00

Rumah Bebe

MAP P.210 C2

如何前往

◎距Marine Parade站出口3約400公尺

info

⌖ 113 E. Coast Rd　☎ 6247-8781

🕒 09:30~18:30　㊡週一

🌐 www.rumahbebe.com

　想要量身訂作最道地的娘惹傳統服裝，歡迎來到Bebe的店。從衣裙、珠鞋、鈕扣別針到手提包等，完全純手工縫製刺繡，圖案花紋相當細膩，百看不厭，價格則依材質與作工精緻度而有不同。據說當地年輕女孩會買來跟牛仔褲混搭，創造全新的流行時尚。

Bebe的主人薛妤湄憑著對娘惹文化的熱忱，苦心鑽研娘惹服飾與珠繡，終於將這門藝術發揚光大。

精細繁複的珠鞋圖案，宛如陳列在博物館裡的傑作，與一般坊間看到的珠鞋不可同日而語。

2樓的迷你展示館，帶領遊客走進娘惹的私領域。

店裡販售傳統娘惹菜餚及糕點，請事先預約。

大門強烈而鮮明的色彩感，讓遊客的視線不容易錯過這裡。

店鋪內部也十分傳統有味道。

加東古董屋
Katong Antique House

MAP P.210 C2

代的生活，都濃縮在這間小店屋裡。

星馬土生華人數個世

每件收藏品都標誌著土生華人的集體記憶，想參觀請事先預約，由專人導覽約45分鐘。

如何前往

◎ 距Marine Parade站出口3約600公尺

info

⌖ 208 E. Coast Rd　☎ 6345-8544

🕒 11:00~18:30，採導覽預約制，行程約45分鐘。

💲現場導覽每人15元起，請事先打電話或發送電子郵件預約。　@katongantiquehouse@gmail.com

　這間私人博物館由已故屋主Peter Wee創設於1979年，他本身是第四代土生華

人，屋裡的傢俱裝飾、碗盤器皿、服飾鞋帽、喜慶用品、書畫藝品等，全是他從星馬各地蒐羅而來，也有不少是他祖先留傳下來的物品。Peter Wee過世後，由Eric Ang和Angeline Kong接手傳承遺志，繼續推廣土生華人文化。

用餐選擇

享受**南洋美食**，是加東區的重頭好戲！

328加東叻沙
南洋小吃

must eat!
叻沙7.3元起
烏打1.9元起
推薦菜

🏠 51 E. Coast Rd、218 E. Coast Rd

328在東海岸路上開了兩間店面，一進店內，牆上一張張與明星藝人的合照便知道其高人氣。這裡的叻沙湯頭濃郁飽滿，既有海鮮的鮮甜（添加了大蝦仁和蚶肉），也有椰漿的辛辣香韻。為了方便客人食用，店家將粉條剪成一小段，可以直接用湯匙吃。除了招牌叻沙，店內也販售烏打(Otak)和港式點心。

🚇 P.210B2 🚉 距Marine Parade站出口3約600公尺 🕐 09:30~21:30 💲 $ 🌐 www.328katonglaksa.sg

五星海南雞飯
南洋美食

must eat!
雞肉
1人份約6.5元起
雞飯1.2元起
推薦菜

🏠 191 East Coast Rd

因為一舉拿下「海南雞飯新四大天王」票選活動榜首，使這家老店迅速在觀光客間口耳相傳。最大賣點是菜園雞，也就是農場裡長大的土雞，由於活動量大，肌肉結實，體型比一般肉雞小，油脂很少，煮出來的雞湯和雞飯油香其實不濃，不過皮薄肉嫩、咬勁十足，而且不油膩，因此累積不少愛好者。

🚇 P.210C2 🚉 距Marine Parade站出口3約550公尺 ☎ 6344-5911 🕐 10:00~02:00 💲 $ $ 🌐 www.fivestarchickenrice.com

其他區域：加東

must eat!
咖椰烤麵包
1份2.4元
茶或咖啡
1.6元起
推薦菜

真美珍茶室
南洋小吃

🏠 204 E. Coast Rd

像這樣傳統的海南咖啡店，在新加坡已經不多見了，這裡仍然保存了簡樸的店屋格局，時空彷彿定格在1950年代。店裡的烤麵包是圓形的，剖半後抹上現做咖椰醬，軟香甜美，口感與長方形的炭烤土司截然不同。採用傳統海南手法沖泡出的咖啡，濃郁醇厚，讓視覺、味覺與心靈都滿載了新加坡的往日情懷。店面曾停業3年，2021年整裝後重新開張，增添了露天座位，但古早氛圍依然不變。

🚇 P.210C2 🚉 距Marine Parade站出口3約600公尺 ☎ 6345-0419 🕐 08:00~16:00 ❌ 週一 💲 $ 🌐 www.chinmeechin.sg

213

Awfully Chocolate Bakery & Cafe

西式甜點

must eat!
All Chocolate
蛋糕6吋45元、8吋88元、Super Stacked Chocolate Cake 8.9元起
推薦菜

 131 E. Coast Rd

Awfully Chocolate是新加坡知名連鎖巧克力蛋糕品牌，這間位於東海岸路的旗艦店，不僅有巧克力甜點，也供應融合新加坡特色的西式料理。主打招牌All Chocolate蛋糕有6吋及8吋可選擇，另外推薦Super Stacked Chocolate Cake，多層次的巧克力與綿密蛋糕交錯，口感豐富；Chocolate Praline Cake內餡層層夾著榛果，外表綴以脆薄餅和黑巧克力屑，滋味濃郁。

⚑P.210C2 ◉距Marine Parade站出口3約400公尺 ☎6345-2190 ◷週一至週五11:00~22:00，週六和週日08:00~22:00。 ⑤$$$ ⓦwww.awfullychocolate.com

The Mango Tree

印度海鮮

must eat!
卡利卡特咖哩蟹（稱重）100克14元起、芒果烤餅6元
推薦菜

 91 East Coast Rd

在創業之前，老闆曾經去印度旅行，過程中他嚐到印度沿岸美味的海鮮料理，並發現當地人將芒果樹視為聖樹，於是他決定以此為發想，將芒果和海鮮定位為餐廳兩大重點，所以來到這裡，點餐時可朝這兩個方向選擇。

⚑P.210C2 ◉距Marine Parade站出口3約450公尺 ☎6440-1285 ◷午餐：每天11:30~14:30，晚餐：週一至週四18:00~22:30，週五18:00~22:30，週六17:30~22:30，週日17:30~22:00。 ㊡週二 ⑤$$

ⓦwww.themangotree.com.sg

正宗加東湯匙叻沙
The Original Katong Spoon Laksa

南洋小吃

must eat!
叻沙
每碗5.5元起
推薦菜

 Roxy Square #01-64

綽號Janggut的黃老闆於1940年代在加東販售娘惹叻沙，堅持只以湯匙為餐具，並將粗米粉剪短，方便客人快速舀起來送入口中，從此打響「加東湯匙叻沙」名號。採用新鮮椰漿烹調，將粗米粉浸潤得金黃油亮，搭配份量剛好的辣椒油，再加入蝦仁和蚶肉等配料，濃醇香辣。不敢吃辣的人，可以請店家不要加辣椒醬。

⚑P.210C2 ◉距Marine Parade站出口3或4約500公尺 ◉50 East Coast Road, Roxy Square ☎9889-6576 ◷10:30~15:30 ㊡週二和週三 ⑤$ ⓕwww.facebook.com/janggutlaksa

延伸行程

吃太飽，就去東海岸公園；還很餓，就去芽籠士乃或舊機場路。

MAP P.004 B2

舊機場路小販中心
Old Airport Road Food Centre

如何前往

◎從加東：在東海岸路上的92119或92129站牌，搭乘10、32號公車至Blk 22站(81179)，下車後就在馬路斜對面。

◎從市區：搭乘地鐵環線至達科達站(Dakota, CC8)，從出口A，往橋的反方向走約400公尺即達。

info

⌖51 Old Airport Rd ⏰每日約08:00~24:00

　　在樟宜機場落成後，原先的加冷機場便封閉不再使用，而位於舊機場路的這座小販中心，每到用餐時刻依然人潮洶湧，建議你選擇非用餐時間前往，不然花上一段時間等待是絕對無法避免的。

環線地鐵通車後，舊機場路小販中心就更熱門了，就算是非用餐時段，這裡也不見冷清。

攤位編號 01-32 ｜ 南星福建炒蝦麵

⏰10:00~17:00

福建炒蝦麵 5元起 must eat! 推薦菜

生意非常好的店家，用餐時間1個小時得炒50盤以上。成品有些像炒米粉，但因為淋上大量湯頭去炒，溼度較足，味道也香。這湯頭可是有學問的，使用蝦殼、豬肉、蛤蜊等熬煮，味道香甜，難怪如此受歡迎，也讓這攤小吃獲得米其林必比登推薦。

攤位編號 01-108 ｜ 大巴窯囉惹

⏰12:00~19:00 休週日

囉惹 3元起 must eat! 推薦菜

囉惹由炸豆腐、鳳梨、豆芽菜、小黃瓜、蝦片、油條等組成，其他店家通常是在點餐後，把事先切好的原料放入，再淋上由蝦醬和醋調製成的黑色醬汁。但是大巴窯則是在點餐後才開始切鳳梨、黃瓜、油條、豆腐，以傳統炭烤方式，再加上純正的檳城蝦醬，口感爽脆，不同於一般。

攤位編號 01-85 ｜ 選記沙爹王

⏰17:00~21:00 休週一和週二

沙爹 每串0.8元起 must eat! 推薦菜

選記賣的是自創的中式沙爹，燒烤火候掌控得恰到好處。除了獨家醬汁與鳳梨切片與眾不同，由於店主不是穆斯林，因此這裡的沙爹選擇還多了豬肉。如果你想試試有別於馬來風味的沙爹，不妨來此品嚐。

攤位編號 01-107 & 127 ｜ 老伴豆花

⏰09:30~21:30

豆花 2元起 must eat! 推薦菜

老伴豆花有多間分店，其中位於舊機場路的這間是本店。店內豆花有原味及杏仁兩種口味，一碗份量不算小，吃起來豆味濃郁、不會過甜，口感也很滑順。

攤位編號 01-12 ｜ 老夫子炒粿條

⏰11:45~22:00

炒粿條 5元起 must eat! 推薦菜

這間店的特色是老闆堅持一份現點現炒粿條，即使用餐時間大排長龍也不妥協，若不想排隊記得避開午餐時間前來。老闆將粿條和甜醬、辣椒炒出甜甜辣辣的滋味，不油不膩，豆芽亦炒得爽脆。

芽籠士乃
Geylang Serai

如何前往

從東海岸路沿如切路往北步行，約800公尺可進入範圍。或搭乘地鐵東西線至Paya Lebar站，走出口E或F即達。

芽籠士乃是早期馬來民族聚居的地方，無論店鋪風格、市場型態或美食口味，仍保留著馬來傳統文化，每年的開齋節就是在此盛大舉行。從東海岸路可沿著如切路(Joo Chiat Rd)往北走，經過坤成路交叉口之後，就慢慢進入芽籠士乃的範圍，可順遊開在店屋中的各種商店、餐館和咖啡廳，最後抵達芽籠士乃巴剎。

開齋節期間，街邊豎起牌坊燈飾，大型市集裡販售傳統美食、生活用品與服飾，營業至深夜，遊客身處其中也能感受熱鬧氛圍。

郭源發如切薄餅

📍從東海岸路走如切路往北約1公里。距Paya Lebar站出口E或F約1.1公里。 📍95 Joo Chiat Road ☎9677-3441 🕐09:00~14:00 ⊗週一 🌐www.joochiatpopiah.com

薄餅一份4元起 推薦菜

1938年，郭家祖先從福建來到新加坡，同時帶來家鄉的薄餅小吃，落腳在如切路這棟店屋。有了手工食譜和祖傳祕方的加持，家族後代也練就一身功夫，將麵糰拋在空中旋轉，在灼熱的平底鍋上將烤好的麵糰做成薄如紙張的餅皮，歷經80多年，已是家族引以為傲的遺產。

這裡賣的薄餅份量特別大，餡料特別豐厚，採用天然麵粉與原料製成的新鮮餅皮，不加防腐劑，咬起來柔軟卻不失彈性。

芽籠士乃巴剎
Pasar Geylang Serai

📍距Paya Lebar站出口E或F約850公尺 📍位於Geylang Serai與Changi Rd交叉口 🕐06:00~21:00，各攤營業時間不同。

芽籠士乃巴剎是新加坡最大的馬來傳統市場，所有馬來人的日常生活用品應有盡有，如沙龍服裝、頭巾、桌墊、床罩等。鮮豔的熱帶水果也隨處可見，馬來菜餚常用的食材包括香茅、椰漿、檸檬草等，這裡通通都有。2樓設有小販中心，可品嚐炸香蕉、烏打等馬來小吃，適合遊客前來感受庶民生活型態。

知名的Traditional Haig Road Putu Piring在1樓設攤，專賣嘟嘟糕(Putu Piring，蒸米糕)，內餡有椰糖、花生、巧克力、榴槤等口味可選擇，4個一盒約3.5元起。

Mr. Teh Tarik Eating House位於芽籠士乃巴剎1樓，各種中式、馬來和印度小吃聚集，24小時營業。

辣椒香
Chilli Padi Nonya Restaurant

📍距Paya Lebar站出口E或F約1公里。從東海岸路走如切路往北約1.1公里。 📍11 Joo Chiat Place #01-03 ☎6275-1002 🕐11:30~14:30、17:30~21:30 ⊗週六和週日 🌐www.chillipadi.com.sg

娘惹菜的特色在於香料的使用，舉凡藍薑、黃薑、香茅、洋蔥、椰漿、咖哩、檸檬葉、亞參果及各式辣椒等，都是提味功臣，再搭配主廚的好手藝，讓Chilli Padi從1997年起，連連榮獲新加坡各類美食評選獎項。此外，Chilli Padi也開設了分店，分別以下午茶、Buffet與外帶型態呈現，詳情可上網查詢。

烏達包菜捲6元 花籃餅11元 黑果雞17元起 推薦菜

<table>
MAP
P.210B2
</table>

Common Man Coffee Roasters

📍從東海岸路走如切路往北約900公尺　🏠185 Joo Chiat Road
☎6877-4863　🕐週一07:30~17:00，週二至週四和週日
07:30~17:00、18:00~22:00，週五和週六07:30~17:00、
18:00~23:00。　🌐commonmancoffeeroasters.com

走進午後恬靜的如切路，Common Man和這棟古樸
典雅的房子彷彿老朋友般，情投意合，無論是最受歡迎
的窗邊露天座位，或低調的屋內角落，都能享
用新鮮豐盛的早午餐，比如蘑菇酪梨吐司
組、自製Granola麥片佐優格水果、養生蔬
菜沙拉等，可搭配咖啡師親手調製的特色
咖啡。

咖啡6元起
早餐18元起
午餐26元起

2013年在羅伯申碼頭開設首家分店，除了
將咖啡文化帶入社區，更擁有烘焙工坊、
咖啡師學院，提供業界批發與零售。如今
已是本土精品咖啡的人氣品牌。

其他區域：加東

MAP
P.210
B3C3

東海岸公園
East Coast Park

如何前往

從Marine Parade站出口3往右沿Marine
Parade Central走，經地下通道可達，路程約
800公尺。

　　來到氣氛悠閒的東海岸公園，光是走在
林蔭大道上就是幸福的事，從海上吹來
的微風輕拂，為炎熱的新加坡趕走不少
暑氣。人們在沙灘上嬉戲，在岸邊慢跑、
野餐和烤肉，享受悠閒時光。東海岸公園
最熱門的活動就是騎單車、玩滑板和直
排輪，如果技癢，這裡有店鋪可租借，不
妨試試身手。

這畫面有點像80年代的青春國片。

糾眾到東海岸公園烤肉，是許多當地人例行性的假日活動。

雖然沒幾個人想在東海岸的海水裡游泳，但在沙灘上玩耍的人倒是不少。

不租自行車，光是散散步也是挺愜意的。

這幾年有愈來愈多遊客喜歡來到東海岸公園騎腳踏車，大概是為了消除連日暴飲暴食的罪惡感吧…

一家人出遊，就要租這種腳踏車界的RV。

🔊 **來東海岸就是要租單車，不然要幹嘛？**

在東海岸公園，
不用刻意尋找，
散步一小段路自
然就會遇到單車
出租店。租車的
價格與時間各家
皆異，但行情都
差不多，大約1小時10元起。租的時候要押證件。
另外要提醒的是，租車之後一定要注意時間，並保
留一點時間騎回出租站，以免時間超過被收取第3
個小時的費用。

🌐gocycling.sg/singapore

來**新加坡野生動物園區**不只是看動物而已，更是在體驗全新的看動物的方法！

在這裡，很容易就能與動物們近距離相見。

其他區域：萬態野生動物世界

◎ 搭乘地鐵南北線至宏茂橋站(Ang Mo Kio, NS16)，從出口C出站，往右循指標走室內通道，經AMK Hub購物中心至Bus Interchange，轉搭138號公車。或搭至蔡厝港站(Choa Chu Kang, NS4)，走出口C至Choa Chu Kang Interchange，轉搭927號公車。皆可於Singapore Zoo站(48131)下車，即達動物園門口。
◎ 搭乘地鐵湯申-東海岸線至春葉站(Springleaf, TE4)，走出口3至Bef Springleaf Rd站牌，轉搭138號公車可達。
◎ 138號公車是循環路線，所以要回去時在原下車的站牌(48131)搭車，便可回到宏茂橋地鐵站。若參觀夜間野生動物園，離開的時間太晚，在公車站附近也有排班的計程車站。

至少預留時間
單看一園：3小時
遊玩三園：1天
四園都想玩：2天

80 Mandai Lake Rd
6269-3411
www.wrs.com.sg

MAP
P.004
B1

萬態野生動物世界
Mandai Wildlife Reserve

　　萬態野生動物世界位於新加坡北部，鄰近實里達上段蓄水池(Upper Seletar Reservoir)，面積廣達126公頃，規劃了五座園區，分別是：開放式設計的新加坡動物園、全球首座夜間野生動物園、擁有全球最大淡水水族館的河川生態園、號稱全亞洲最大的鳥禽公園，以及結合冒險元素的雨林探險園。此外，還有許多新景點和休閒設施仍陸續開放中，包括萬態雨林度假酒店、兒童室內遊樂設施、動物園學校和露營區等。

　　除了娛樂價值，這裡也保育了不少瀕危物種，並成功復育了馬來穿山甲、蘇門答臘猩猩、雲豹、科摩多巨蜥、阿拉伯狒狒等動物，可謂功在地球。

來新加坡動物園，觀看動物表演是必體驗之一。

造訪萬態野生動物世界理由

1 感受開放式動物園的魅力

2 全球首創的夜間動物園

3 親手餵食鵜鶘、長頸鹿，或是和鳥兒、動物一起吃早餐

4 作為家長，小孩開心，你也輕鬆

萬態野生動物世界的每個主題園區，都是校外教學的好地點。

河川生態園巨大的水族箱，讓人就像唸了水避水咒般，得以窺探水面下的世界。

善用接駁車暢遊萬態野生動物世界

從地鐵南北線的卡迪地鐵站（Khatib, NS14），每天有接駁車Mandai Khatib Shuttle可前往萬態野生動物世界，路線中有2個停靠站，分別是「Bird Paradise and Mandai Wildlife West」(站牌編號48111)和「Singapore Zoo, River Wonders and Night Safari」(站牌編號48131)。如有異動，請以官網公告為準。

🚏從卡迪地鐵站出口A附近的站牌上車

🕐08:30~23:40，平均10~15分鐘一班，23:00~00:00每20分鐘一班，視交通狀況而定。

💲卡迪地鐵站至萬態：每人3元，7歲以下免費。萬態至卡迪地鐵站：免費（包括萬態內所有站牌）。車資不收現金，可使用易通卡或信用卡支付。

跨園套票ParkHopper Plus

四大園區各有特色，只看其中一間，未免可惜，但動物園的票並不算便宜，還好園方有推出跨園套票，比一張張買要划算許多。跨園套票可使用於各園區一次，效期長達7天，如果你待在新加坡的時間夠長，不必急著在一天內把所有園區看遍。跨園套票價錢如下：

園區套票方案	成人	3~12歲
4園套票Plus*	110元	80元
雙園套票：		
夜間動物園+飛禽公園、動物園、河川生態園（三選一）	90元	60元
動物園+河川生態園、動物園+飛禽公園、飛禽公園+河川生態園	80元	50元

*4園套票Plus：遊賞新加坡動物園、夜間野生動物園、河川生態園、新加坡飛禽公園，並包含遊園導覽車服務、亞馬遜河探險遊船及兒童旋轉木馬體驗。

*雨林探險園區開放後，套票方案與價格易有變動，請以官網公告為準。

建議遊玩順序

如果你打算一天之內遊遍三園，建議順序是：新加坡動物園→河川生態園或飛禽公園(二選一)→夜間野生動物園。這樣可以參觀的時間較長，才不會浪費時間。如果想玩遍四園，入住萬態雨林度假酒店最方便。

吃飽再進夜間動物園

夜間野生動物園晚上7點15才開園，但園外的餐廳6點便開始營業，因此來得早的話，可以先吃飽飯再入園。

掌握活動時刻表

入園後的第一件事，就是先掃描園內的QR Code或下載Mandai App，搜尋地圖與當日表演活動的時刻表等各種資訊，安排一下遊賞的順序。

遊園小叮嚀

記得做好防曬，帶個水壺，隨時補充水份。如果帶著小小孩，這裡也有出租嬰兒車，這有多重要？相信有小孩的人就懂。

四大動物生態園區，包你從來沒有像這樣子看過鳥禽和動物。

美麗的孟加拉白虎，這是基因使然，並不是白化症喔。

MAP P.220 B1 新加坡動物園 Singapore Zoo

info

● 08:30~18:00（最後入場時間為17:00）

● 成人49元、3~12歲34元，門票皆包含遊園導覽車。另推出雙園套票和4園套票，詳見官網或P.219。 www.mandai.com

　動物園？台灣多的是，為何要千里迢迢跑到新加坡來看？這當然是因為這裡有其過人之處。首先，新加坡動物園與其他動物園最大的差異，就在於其「開放式」的概念，利用小溪流、岩壁或水塘等天然屏障隔離動物，而不是使用鐵欄杆，讓人覺得動物就在身邊，充滿探險的刺激感。其他像是親手餵食長頸鹿、與紅毛猩猩共進早餐、各式各樣的動物表演，也不是其他動物園容易見得到的。

其他區域：萬態野生動物世界

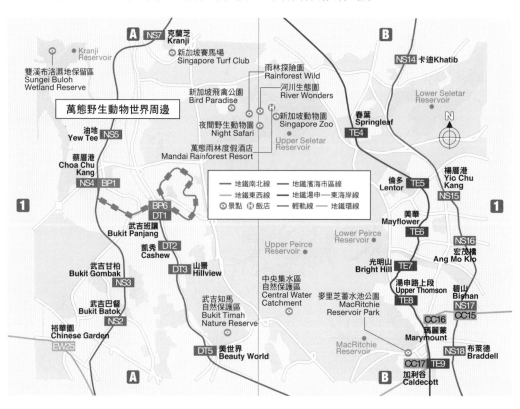

馬來貘：聽説你們台灣有個插畫家一直冒用我的名諱？

亞洲象：其實我是LeBron James的球迷，看我學得有多像…

蘇門答臘紅毛猩猩表示：已睏~

幸好中間隔著一道溝，不然我們的攝影師就因公殉職了。

Highlights

1 脆弱森林 Fragile Forest

走進脆弱森林，就像來到縮小版的野生雨林區，冠鳩在地面行走，草叢邊有體型嬌小敏捷的鼷鹿，爬上觀景台後，能觀察狐猴和高掛在樹枝上的馬來狐蝠，讓人近距離觸摸脆弱的雨林生態，提醒我們反思雨林保育問題。

狐蝠

2 動物表演

透過動物表演，不但可觀賞到精彩演出，還能藉此更了解動物們的習性。各項動物表演場次如下：

表演	地點	時間
海洋動物表演	邵氏基金會劇場	10:30、17:00
動物之友群星見面會	動物夥伴劇場	11:00、14:00
舞動起來	動物夥伴劇場	16:00
探野世界表演	邵氏基金會劇場	12:00、14:30

＊以上僅供參考，如有變動，以官網公告為準。

3 餵食動物

動物園每天都有開放餵食不同動物的固定時段，幾乎每小時都有1~3個場次。基本上這些餵食秀就是讓遊客觀看動物們放飯，不過包括長頸鹿、白犀牛、斑馬、大象等動物在內，遊客可在現場購買飼料親手餵食，為這群可愛的肚皮貢獻一己心力。由於時段經常調整，為免耽誤各位的餵食大計，這裡就不提供時刻表，請在入園後自行掃描QR Code，搜尋當日最新時刻。

4 兒童世界 Kidzworld

帶著小朋友的家長最需要的，就是有個地方能讓孩子放電，自己也偷懶休息一下，兒童世界就是這樣的地方。這裡有每個小孩都愛的水上樂園(記得幫他們帶泳褲)、遊戲樹溜滑梯，還可以和迷你馬、山羊、兔子之類的可愛動物互動或一起散步！

⏰09:00~18:00
◎ 旋轉木馬
⏰10:00~17:45 ⑤每人4元

節省腿力是為了看更多動物

動物園內的道路長達2.2公里，不想花力氣或時間走路，可以善用已包含在門票內的遊園車(Tram)，在任一站點上下車。同時車上還有導覽解說，可以深入了解這些動物。

雖然我比較想和女神吃早餐，不過和紅毛猩猩…也不錯啦~

野趣早餐(Breakfast in the Wild)是新加坡動物園引以為傲的一項創舉，當你正準備享用豐盛的自助早餐時，一群紅毛猩猩就在你身旁晃來晃去，如果你帶小孩去的話，他們一定愛死你了(當然前提是他們不討厭猩猩)。

地點：Ah Meng Restaurant ⏰09:00~10:30 (動物只在09:30~10:00之間出現)
⑤成人47元、6~12歲37元

新加坡動物園小檔案

開幕日期：1973年6月27日
斥資：9百萬新幣
佔地：28公頃
物種：超過300種(26%為受威脅物種)
動物數量：超過3,000隻

MAP P.220 A1B1

河川生態園
River Wonders

info

🕙園區10:00~19:00，亞馬遜河探索
11:00~18:00。 💲園區成人43元、3~12歲31元。
另推出雙園套票和4園套票Plus，詳見P.219。

🌐www.mandai.com

　　這是亞洲首座以河川為主題的野生動物園，園內以世界各大淡水河生態為靈感，設計出北美密西西比河、非洲剛果河、尼羅河、印度恆河、東南亞湄公河、中國長江，以及南美洲亞馬遜河流域等區域。走逛其中，可以看見世界上最大的淡水魚類——湄公河大鯰，也能在長江展區看見稀有的揚子鱷。

模樣奇特的密西西比匙吻鱘，是密西西比河區的明星動物。

湄公河大鯰果然不是浪得虛名，最大曾有身長3.2公尺、重達300公斤的紀錄。

亞馬遜食人魚口中的利牙，叫人不寒而慄。

在工作人員解說下，立刻增進不少魚類知識。

1 野蠻亞馬遜 Wild Amazonia

這一區最精彩的就是搭乘亞馬遜河探索遊船(Amazon River Quest)。航行在蜿蜒的河道，運氣好的話，就能在岸邊發現美洲豹、大食蟻獸、南美貘等珍稀動物的身影。下船後沿著步道經過松鼠猴生態林(Squirrel Monkey Forest)，最後來到亞馬遜洪溢林(Amazon Flooded Forest)，可觀賞大水獺、海牛、食人魚及巨骨舌魚在水面下的生活景象。
◎亞馬遜河探索遊船
💲每人5元 ⓘ106公分以下兒童不得搭乘

2 大熊貓森林 Giant Panda Forest

大熊貓森林住著中國贈送給新加坡的一對大熊貓——凱凱與嘉嘉，以及牠們的寶寶，是園裡的招牌明星動物。另外這裡還養著同樣珍貴的小熊貓，被暱稱為火狐，也擁有超高人氣。

3 動物見面會 Animal Encounters

園方每日都會安排4到5場動物見面會，工作人員會詳細解說每種動物的生態習性，並讓遊客親手觸摸這些難得一見的動物。由於安排的動物及場次並不固定，建議入園後先確認當日活動時刻表。

河川生態園小檔案

開幕日期：2014年2月28日
斥資：1億6千萬新幣
佔地：12公頃
總水量：34,000立方公尺
物種：400種植物、200種動物(40種為受威脅物種)
動物數量：超過6千隻

園，有一種要去safari的感覺。探訪夜間動物

在夜晚，和眾多遊客一起觀賞夜行動物輪番演出，別有一種荒野樂趣。

最大的困擾是，黑夜裡的動物都拍得不是很清楚，但儘管如此，千萬千萬不要使用閃光燈，請務必檢查手機或相機的閃光燈切換到強制關閉模式。

夜間野生動物園
Night Safari

MAP P.220 A1B1

info

🕐 19:15～午夜12:00，餐廳和商店18:30開始營業。 💲成人55元、3~12歲38元，票價包含乘坐導覽專車。另推出雙園套票和4園套票Plus，詳見P.219。

🌐 www.mandai.com

　夜間野生動物園成立於1994年，是全世界第一座夜間動物園，而取名為Night Safari，就是有叢林探險的意思。這裡的動物同樣也不用圍籬圍起，而是使用溪流、岩石、樹幹等天然屏障，夜間探訪花豹、蟒蛇等叢林生物，更有真實感。這裡主要有兩種遊園方式，一是乘坐遊園車，一是步行穿越園方規劃的小徑，兩種截然不同的感受，值得分別嘗試。

夜間野生動物園小檔案
開幕日期：1994年5月26日
斥資：6千3百萬新幣
佔地：35公頃
物種：超過130種(38%為受威脅物種)
動物數量：超過2,500隻

Highlights

1　暮光表演Twilight Performance
　還沒進入動物園，大門廣場上就開始了迎賓表演節目，運用火焰混合燈光帶來精彩絕技秀，點亮每位訪客的夜晚。
🏛 大門廣場(Entrance Courtyard) 🕐 20:00、21:00

2　夜晚精靈動物表演 Creatures of the Night
　暮光表演一結束，請立刻移步至鄰近的表演劇場，因為夜行動物表演馬上就要開始。20分鐘的節目裡，將有許多夜行生物輪番登場，例如小爪水獺、耳廓狐、蟒蛇、鬣狗、藪貓等，觀眾還有機會上台與動物近距離接觸。
🏛 表演劇場(Amphitheatre) 🕐 19:30、20:30、21:30

3　搭乘遊園車 Tram Safari
　遊覽專車行經路線3.2公里，大約45分鐘的行程，沿途可看到如花豹、馬來貘、野牛、羚羊、懶猴、眼鏡猴等動物。在月光下乘坐專車穿越雨林，與各式各樣的動物近距離擦身而過，感受相當奇妙。車上導覽以英文解說。

4　步行小徑
　若想要更靠近動物，園方也規劃了漁貓小徑(Fishing Cat Trail)、花豹小徑(Leopard Trail)、東站小徑(East Lodge Trail)和沙袋鼠小徑(Wallaby Trail)等4條步道，每條路線的步行時間約為20分鐘，可以慢慢探訪夜色籠罩下的叢林景象。

5　餵食動物
　在月光下與印度犀牛近距離互動，讓牠們從你手中餵取食物。整個配套除了餵食，還包括一次專業攝影和3張電子照片。
🏛 東站小徑 🕐 17:30
💲每份配套12元，身高滿120公分才能參加。

©Mandai Wildlife Reserve

©Mandai Wildlife Reserve

其他區域：萬態野生動物世界

MAP P.220 A1

新加坡飛禽公園
Bird Paradise

info

🕐08:30~18:00 💲成人49元、3~12歲兒童34元，門票包含乘坐導覽車。另推出雙園套票和4園套票Plus，詳見P.219。 🌐www.mandai.com

❗記得提前查好每項表演節目的當日時刻表，以免錯過。

公園內建立了8座超大型鳥舍，按照飛禽的類別與原生地打造自由飛翔的家，包括「緋紅濕地」、「神秘巴布亞」、「亞洲珍禽」、「澳大利亞內陸」、「彩鸚谷」、「亞馬遜之寶」、「紐格威森林非洲翼境」，以及號稱全球最大的亞南極企鵝棲息地之一的「企鵝灣」。走累了，不妨搭乘遊園導覽車，玩得省時也省力。

飛禽公園裡的鳥類超過3,500多隻，品種多達400餘種，千奇百怪，令人嘆為觀止。

所有的鳥舍以木棧道連接，漫遊其中，尋找鳥兒的蹤跡。

擁有峇里島梯田造景的「亞洲珍禽」，能近距離看見藍喉皺盔犀鳥、大眼斑雉等30多種稀有珍禽。

Highlights

1 緋紅濕地

這是公園中唯一沒有任何樑柱的鳥舍，不僅複製了拉丁美洲的沿海濕地，讓粉紅琵鷺、金剛鸚鵡和美洲紅鶴等珍稀鳥類在此落地生根，還能毫無障礙的自由高飛。尤其當紅鶴群聚時，遠遠望去，一片桃色粉紅，相當壯觀。

2 企鵝灣

企鵝灣內的海灘是模仿Macquarie Island(位於紐西蘭和南極洲之間)的景觀設計打造，成為國王企鵝、巴布亞企鵝、岩跳企鵝的最佳棲息地。可以觀賞這些企鵝如何在水中快速游泳與覓食，以及步行的可愛模樣。

3 鳥兒表演秀

當然別錯過天際劇場裡的「猛禽表演」，各種老鷹在訓練師的指揮下呼嘯而來，有時還會演出爆笑舉動，逗得觀眾哈哈大笑；同時還能近距離觀看白腹海鵰、火雞禿鷲，見證這些兇猛的掠食者；「展翅高飛」由園內眾多鳥兒領銜演出，熱鬧非凡。
地點：天際劇場(Sky Amphitheatre)
🕐猛禽表演10:30、14:00。展翅高飛表演12:30、17:00。

4 餵食鳥兒

飛禽公園每天在不同時段會推出各種鳥兒的餵食活動，幾乎每天都有6~7個場次(通常上午和下午各一場)，需另付費。比如在「神秘巴布亞」親近不會飛的雙垂鶴鴕，在「亞洲珍禽」近距離餵食鵜鶘和鸛鳥，在「彩鸚谷」感受群鸚鵡蜂擁而至的驚喜。由於時段容易調整，為免耽誤各位的餵食大計，這裡就不提供時刻表，請在入園後自行掃描QR Code，搜尋當日最新時刻。

新加坡飛禽公園小檔案
開幕日期：2023年5月8日
(從裕廊飛禽公園搬遷而來)
佔地：17公頃
物種：超過400種
鳥禽數量：超過3,500隻

DiD YOU KnoW

你的門票，就是對野生動物保育的莫大支持!

在萬態野生動物世界裡，有50多個野生動物保護計畫正在進行中。而萬態野生動物集團向大眾承諾，會將部分收入使用於支持新加坡和東南亞的保育計畫。因此遊客只要參觀任何一座動物園區，其購買的門票就是在幫助這項保育活動。

\ 萬態野生動物世界新景點，持續登場中⋯⋯ /

萬態野生動物世界正在持續進化中，除了老牌知名的三大主題動物園和一座飛禽公園，目前已完成一條長3.3公里的木板步行道(Mandai Boardwalk)，環繞在動物園與河川生態園之間，遊客可免費漫步其中，沿途欣賞實里達蓄水池上段的雨林風光。步行道的入口位於河川生態園旁。

©Mandai Wildlife Reserve

雨林探險園Rainforest Wild

2025年，將迎來第5座野生生態園Rainforest Wild，佔地12.6公頃，穿梭在亞洲熱帶雨林中，可觀看馬來亞虎、馬來亞太陽熊以及弗朗索瓦葉猴（François' langur）等動物。園區更打造了一座巨型洞穴，深220公尺，裡頭棲息著洞穴賽蛇、蠍子、嘶嘶蟑螂與各種爬行動物和無脊椎動物。為了滿足喜歡尋求刺激的遊客，也設置各種極限設備，提供攀爬、跳躍和繩索垂降等體驗，成為亞洲首個將冒險元素融入設計的動物園。開放日期請鎖定官網公告。

©Mandai Wildlife Reserve

萬態雨林度假酒店
Mandai Rainforest Resort

由悅榕莊(Banyan Tree)經營的萬態雨林度假酒店，坐落於新加坡動物園大門前方，佔地4.6公頃，涵蓋一棟四層樓建築和24座豆莢造型的樹屋，提供338間客房和餐廳、健身房、SPA療程等設施，可俯瞰實里達蓄水池美景，名符其實地住在熱帶雨林中。為落實環保理念，由知名建築師團隊WOW Architects操刀，設計一系列節能措施，讓能源和水的消耗降至最低，並鼓勵房客一起來實踐。預計2025年開幕。

©Mandai Wildlife Reserve

回國前一定要逛的旅遊新地標，沒想到，玩機場也能玩出新高度！

王牌景點 ❸

其他區域：星耀樟宜

全球最高的室內瀑布是重頭戲，白天陽光閃耀，夜晚上演水舞秀，震撼感官與人心。

◎ 從市區：搭乘地鐵東西線或濱海市區線在Changi Airport站(Changi Airport, CG2)下車，循指標步行可達。
◎ 從樟宜機場入境大廳：從第一航廈入境大廳可直達。從第二、三航廈的入境大廳，循著Jewel的指標走，通過行人天橋可達。從第四航廈則需搭乘免費接駁巴士至第三航廈，再循Jewel指標走可達。

至少預留時間
吃吃喝喝+逛街：2小時~半天
賞景點玩娛樂設施：1天

MAP
P.004
C2

星耀樟宜
Jewel Changi Airport

　　由知名建築師Moshe Safdie操刀，以鋼材結合玻璃屋的概念，構成充滿未來感的橢圓形外觀，再將自然生態深植於135,700平方公尺的寬廣面積中，彷彿置身綠洲，轉身卻有將近300家商店和餐廳鋪展在眼前，娛樂遊戲與美麗花園並存，對旅客和當地居民來說，星耀樟宜已超越了航空樞紐的美名，躋身為新加坡必訪的人氣休閒景點。

造訪星耀樟宜理由

1. 比樟宜機場還火紅的時尚休閒景點
2. 到全球最高的室內瀑布拍出網美照
3. 把它當作室內遊樂園來玩
4. 在綠意花園中逛街吃美食超愜意

怎麼玩星耀樟宜才聰明？

特別預留時間

星耀樟宜一旦入坑，沒待上3小時絕對大喊不過癮。你可以依照個人行程的規劃，選擇要在入境之後，或離境之前，預留一段充裕時間來好好地逛，以免錯過。

拉著行李怎麼玩

別擔心，在星耀樟宜一樓設有行李寄放處(Baggage Storage)，但必須付費，依照存放行李箱的尺寸大小計價，約從5~18元不等。

善用提前辦理登機

星耀樟宜一樓設有Early Check-In櫃檯，可以在準備回國當天提早至少3小時到此辦理登機、托運行李，並領取登機證，然後就可以把握時間玩個夠。

依時間多寡安排遊逛順序

如果你只有1~3小時，森林谷雨漩渦是必訪拍照地，緊接著，愛逛街的，就鎖定品牌店家直接衝吧!至於吃貨就選個餐廳或咖啡館好好享用。如果有半天或是專程來玩的，一定要到頂樓的星空花園散步、大玩娛樂設施。

橢圓玻璃屋長200公尺、寬150公尺，重達6,000公噸，是一座象徵未來主義風格的綠建築。

把世界級機場變身為時尚生活新地標，不時散發主題樂園般的光芒，就是星耀樟宜的獨家魅力。

「讓新加坡走向世界，讓世界走進新加坡」，是星耀樟宜的招商理念，因此本土品牌店家佔了50%，也引進眾多首度進駐新加坡的國際品牌。

重量級景觀、美食購物土洋品牌齊聚，宛如遊樂園的機場，讓人玩到不想搭機回國!

MAP P.004 C2

資生堂森林谷
Shiseido Forest Valley

info

⊙從每層樓都有出入口可進入森林谷

⊙森林谷:24小時

星耀樟宜最閃亮的主角，就是玻璃圓頂籠罩下的資生堂森林谷(Shiseido Forest Valley)，900棵綠樹和6萬欉灌木種植於層層階梯之間，溫度涼爽宜人。森林谷兩旁還設有兩條步道，沿著步道緩緩往上，可俯瞰整個園林造景。無論從哪個角度取景，都能拍出網美照。

俯瞰森林谷的最佳拍照取景時機，就是Skytrain行駛經過的瞬間。此外走上天懸橋(Canopy Bridge)雲端漫步，從23公尺高的角度接近瀑布，也是獨一無二的體驗。

青翠綠樹種滿森林谷，置身其中，享受芬多精的洗禮。

星耀樟宜雨漩渦
Jewel Rain Vortex

位居森林谷正中央的星耀樟宜雨漩渦，以40公尺高的力道從天傾瀉而下，清涼的雨霧瀰漫在空氣中，散發著芬多精，榮登全球最高的室內瀑布。陽光下氣勢恢弘，夜晚則上演水舞聲光秀。

⊙瀑布:週一至週四11:00~22:00，週五至週日10:00~23:00。水舞聲光秀:週一至週四20:00、21:00，週五至週日20:00、21:00、22:00。

雨漩渦與空調系統相互協調作用，能降低室內溫度，集到的雨水也會在建築中重新利用。

DID YOU KNOW

星耀樟宜原本只是個停車場?

星耀樟宜的所在地，原本是樟宜機場第一航廈的露天停車場，起初只打算增建擴充停車位，但經過樟宜機場集團(Changi Airport Group)評估之後，竟轉化為一個超大型綜合開發計畫，並邀請凱德集團(Capitaland)按 51:49 的股權比例組建合資企業，共同打造了星耀樟宜。

把機場變身為秘密花園

由知名建築師Moshe Safdie領軍的設計團隊，為了符合機場的本質，捨棄了主流市場喜愛的具象主題，反其道以秘密花園、人間仙境為概念，在玻璃屋共同的屋頂籠罩下，讓森林谷成為圓心，周圍層層環繞著所有商店、餐廳和花園，而支撐屋頂的鋼材樑柱被巧妙藏在樹林之間，呈現出視覺空間上的通透感。同時屋頂玻璃設有隔音、隔熱效果，並經過反覆測試，確保玻璃的反射光不會干擾航班飛行的正常運行。

其他區域:星耀樟宜

國際VS. 本土美食齊聚

MAP P.004 C2

來自世界各地的知名餐廳和本土美食，全都散布在B2至5樓之間，選擇相當多樣。

Violet Oon娘惹餐廳擺設典雅，洋溢南洋風情。以特調的叻沙醬烹煮的創意招牌菜Dry Laksa，相當開胃。

info

☕各店家營業時間不同

在挑高寬敞的空間裡匯集了眾多潮牌餐廳和咖啡館。來自紐約的漢堡店 Shake Shack、正宗丹麥冰淇淋Anderson's of Denmark、以龍蝦漢堡聞名的英國連鎖餐館Burger & Lobster，以及創立於2017年的新品牌Luckin Coffee，主打著每一批咖啡都由WBC冠軍團隊精心調配。

除了國際風味，本土美食更加搶眼。由獅城娘惹料理大師溫美玉經營的餐廳Violet Oon，帶來獲獎無數的經典佳餚；而松發肉骨茶、三巴旺白米粉、Birds of Paradise、PS. Café等，各擁一片天；還有寬敞的美食街，在地小吃齊聚。

星空花園
Canopy Park

MAP P.004 C2

步行網&蹦跳網
Walking Net & Bouncing Net

懸掛在花園和購物中心上方25公尺高的步行網，長達50公尺，踩著有彈性的網格在空中漫步或奔跑，考驗體力與平衡感。完全不用鐵架支撐的蹦跳網，以250公尺長的網

格通道，同樣高掛於花園上空，讓大人小孩都能盡情彈跳、釋放體能。

☕10:00~21:00 ⑤步行網：成人18.9元、3~12歲13.9元。蹦跳網：成人24.9元、3~12歲19.9元。以上價格均包含星空花園門票。 ❶蹦跳網入場體驗每人45分鐘。身高必須滿110公分才能入場。

info

☕週一至週四10:00~21:00，週五至週日10:00~22:00。 ⑤每人8元，3~12歲必須由成人陪同。另推出各種套票，詳見官網公告。

頂樓的星空花園擁有景觀、餐飲和眾多休閒娛樂設施，適合親子或三五好友一起同樂。設施門票包括：造型童趣的神奇滑梯(Discovery Slides)、地面不斷釋放薄霧的雲霧碗(Foggy Bowls)、繽紛悅目的花卉園(Petal Garden)和灌木花園(Topiary Walk)。必須額外購票的則有：步行網、蹦跳網、樹籬迷宮、鏡子迷宮和天懸橋。

樹籬迷宮&鏡子迷宮
Hedge Maze & Mirror Maze

喜歡靜態休閒的話，不妨逛逛樹籬迷宮或鏡子迷宮。穿過無數望不見底的小徑，破解玄機，最後登上瞭望台，俯視整座綠林迷宮，心曠神怡。而以花園為主題的鏡子迷宮，上方有著層層綠蔭，透過鏡面的折射，讓人彷彿置身在綠林中，但小心別撞上鏡子裡的自己啊！

☕10:00~21:00 ⑤鏡子迷宮：成人18.9元、3~12歲13.9元。樹籬迷宮：成人13.9元、3~12歲11.9元。以上價格均包含星空花園門票。 ❶身高必須滿110公分才能入場，3~12歲必須由成人陪同。

無論慢慢散步或瘋玩遊樂設施，都有陽光和綠意相伴。涼爽舒適的星空花園，

加持，在星耀樟宜逛街也成為一種享受。有了森林谷的綠意

位於4樓的寶可夢中心同步販售官方原創商品，包括神奇寶貝玩偶、各種皮卡丘公仔、文具和各種周邊收藏品。

超市FairPrice Finest在地下1樓擁有寬廣空間，各種在地風味的糕餅、醬料包、泡麵、風味茶等伴手禮，應有盡有。

本土品牌的兒童書店My Greatest Child，從世界各地採購各類兒童讀物，售價經濟實惠。

MAP P.004 C2 在綠意花園中逛街買伴手禮

info
大部分商店10:00~22:00

　這裡有東南亞最大的Nike商店，以及日本在亞洲開設的唯一永久店面－新加坡寶可夢中心。其他還包括Adidas、Puma、Foot Locker、Desigual等休閒品牌。最吸引觀光客的當然是新加坡本土設計產品，推薦流行服飾精品店PAZZION和Pedro、以瑞士卷打響名號的裕佳西餅店、販售生活雜貨的Turtle、專賣獅城風格紀念品的I Love SG等，都各具特色。

MAP P.004 C2 樟宜時空體驗館
Changi Experience Studio

info
位於星耀樟宜4樓　週一至週五11:00~20:00，週六和週日10:00~20:00。另推出各式套票，請見官網資訊。　成人25元，5~12歲17元，5歲以下免費。兒童須由成人陪同。

　這座多媒體互動館設有10個區域，透過高科技與趣味的遊戲互動，讓遊客由淺入深掌握樟宜機場的背後故事，認識機場運作背後的奧秘。

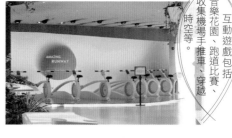

互動遊戲包括音樂花園、跑道比賽、收集機場手推車、穿越時空等。

想玩機場?直接住進星耀樟宜吧!

不用懷疑，星耀樟宜裡真的有一家旅館YOTELAIR，跳脫傳統飯店的營運方式，沒有櫃檯服務人員，旅客必須自行操作機器登記入住。以飛機艙為設計概念，規劃出膠囊旅館般的小巧客房，比如雙人房、家庭房等，由機器人全天候待命，提供各種服務，深受年輕人歡迎。此外也有以小時計費的鐘點房，適合轉機旅客。
星耀樟宜#04-280，介於第一航廈和第二航廈之間。　6407-7888　www.yotel.com

別以為新加坡只有買東西、吃東西和遊樂園，幾10分鐘車程再加船程，就能置身世外桃源。

烏敏島
Pulau Ubin
MAP P.004 C1

info

☎6542-4842　⏰渡輪行駛時間06:00~天黑　💲渡輪每趟費用3元，單車出租依時數每輛10~15元不等。必須支付現金。　❗記得做好防曬、帶飲用水，避免穿涼鞋和拖鞋，以防蚊蟲叮咬。

　　坐落於新加坡東北部外海的烏敏島，仍保有古早的傳統鄉村景觀，居民坐在自家門前聊天，氣氛悠閒，安靜的村子裡最喧鬧的聲音，竟是空曠街道中傳來遊客騎單車的鐵鍊回音，以及小徑旁的鳥叫蟲鳴。

　　島上規劃了幾條單車路線，對自然生態有興趣的人，推薦往東前進仄爪哇濕地；喜歡沙灘的人，請朝著NPCC Campsite方向往北騎至終點，就是美麗海灘，路長約3公里。

島上部分的海畔屬於岩岸，因為這裡昔日曾是花崗岩石場，許多新加坡的建築石材即來自於此。

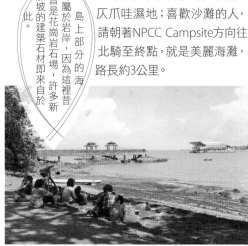

從碼頭上岸、穿過迎賓牌坊之後，右側是遊客中心和花崗岩海岸，左側街道有幾家單車出租店和小吃店。

仄爪哇濕地
Chek Jawa Wetlands

沿著單車路線大約3.3公里可抵達這片100公頃的原始濕地，同時坐擁沿海森林、岩石沙灘、海草潟湖和紅樹林沼澤等6種生態系統，孕育豐富的自然資源。可以沿著1公里長的海岸木板道觀賞奇妙豐富的海邊植物與生物，也可以登上20公尺高的Jejawi Tower，尋找白領翠鳥和黃冠鵯等鳥類，俯覽茂密叢林與海洋交織而成的壯麗景色。

DiD YOU KnoW

隱居數百年才被發現的自然寶藏

由於位置偏遠，烏敏島上的仄爪哇濕地直到西元2000年才被新加坡政府發現，揭開了神祕面紗。生活在這種濕地生態裡，許多生物通常會在海水降至海平面0.5公尺時才會顯現出來，有興趣研究的人，不妨事先查詢潮汐的時間，讓自己能幸運地遇見濕地中的多樣生物。

其他區域：星耀樟宜

新加坡
濱海灣 聖淘沙
新加坡河岸

39

City Target

作者　戴鎂珍・蔣育荏
攝影　墨刻編輯部
主編　戴鎂珍
封面設計　羅婕云
美術設計　許靜萍・駱如蘭・羅婕云
地圖繪製　Nina・墨刻編輯部

出版公司
墨刻出版股份有限公司
地址：115台北市南港區昆陽街16號7樓
電話：886-2-2500-7008／傳真：886-2-2500-7796／
E-mail：mook_service@hmg.com.tw

發行公司
英屬蓋曼群島商家庭傳媒股份有限公司城邦分公司
城邦讀書花園：www.cite.com.tw
劃撥：19863813／戶名：書虫股份有限公司
香港發行所城邦（香港）出版集團有限公司
地址：香港九龍土瓜灣土瓜灣道86號順聯工業大廈6樓A室
電話：852-2508-6231／傳真：852-2578-9337／
E-mail：hkcite@biznetvigator.com
城邦（馬新）出版集團Cite (M) Sdn Bhd
地址：41, Jalan Radin Anum, Bandar Baru Sri Petaling,
57000 Kuala Lumpur, Malaysia.
電話：(603)90563833／傳真：(603)90576622／
E-mail：service@cite.my

製版・印刷　漾格科技股份有限公司
城邦書號KV4039　初版2024年7月
定價380元
ISBN978-626-398-046-4・978-626-398-053-2 (EPUB)
MOOK官網www.mook.com.tw
Facebook粉絲團
MOOK墨刻出版 www.facebook.com/travelmook
版權所有・翻印必究

執行長　何飛鵬
PCH集團生活旅遊事業總經理暨墨刻出版社長　李淑霞

行銷公司
業務經理　詹顏嘉
業務專員　劉玫玟
行銷企畫經理　呂妙君
行銷企畫主任　許立心
行政專員　呂瑜珊
印務部經理　王竟為

總編輯　汪雨菁
資深主編　呂宛霖
採訪編輯　趙思語・李冠瑩・蔡嘉榛
資深美術設計主任　羅婕云
資深美術設計　李英娟
叢書編輯　唐德容・林昱霖
影音企劃執行　邱名晨

新加坡/戴鎂珍, 蔣育荏作. -- 初版. --
臺北市：墨刻出版股份有限公司出版：
英屬蓋曼群島商家庭傳媒股份有限公
司城邦分公司發行, 2024.07
232面；16.8×23公分. -- (Mook city
target ; 39)
ISBN 978-626-398-046-4(平裝)

1.CST: 旅遊 2.CST: 新加坡

738.79　　　　　　　113009016